전남대학교 철학연구교육센터 근대호남유학연구 총서 2

노사학파 문인들의 삶과 사유

| 직전 제자를 중심으로 |

전남대학교 철학연구교육센터 근대호남유학연구 총서 ❷

노사학과 문인들의 삶과 사유

| 직전 제자를 중심으로 |

근대호남유학연구단

박학래 · 이향준 · 이형성 · 조우진 공저

전남대학교출판문화원

■ 근대호남유학연구 총서를 내면서

전남대학교 철학연구교육센터는 2019년부터 한국연구재단 인문사회연구소 사업에 선정되어 노사(蘆沙) 기정진(奇正鎭, 1798~1879) 선생의 철학을 중심으로 노사학파 연구를 진행하고 있습니다. 노사 선생은 「외필(猥筆)」, 「납량사의(納凉私議)」 등을 통해 독창적인 이기론(理氣論)을 주장한 호남의 거유(巨儒)이며, 노사학파는 직전, 재전, 삼전, 사전 제자를 포함해 8천여 명으로 구성된 거대한 지적 공동체입니다. 따라서 노사학파는 근대호남유학의 실체를 규명하기 위해서 반드시 거쳐 가야 할 관문이라고 할 수 있습니다.

노사학파는 성리학에 대한 이론적 탐구는 물론 조선 말기 국운이 기우는 상황에서 호남 의병 운동 확산에 주도적인 역할을 함으로써 진정한 유학자로서의 삶을 보여주는 사표(師表)입니다. 하지만 그들의 삶은 근대 사회에 유학의 쇠락을 보여주는 지표(指標)이기도 합니다. 유학과 삶의 관계를 고민하는 현재의 우리들에게 노사학파는 좋은 지적 탐구의 대상이라고 할 수 있습니다.

철학연구교육센터는 체계적인 노사학파 연구를 위해 노사학파 문집의 조사와 정리 및 해제 작업을 하고 있습니다. 또한 유학의 문화 콘텐츠 개발을 위해 노사학파가 남긴 유·무형의 문화유산들에 대한 실태조사를 진행하고 있습니다. 마지막으로 노사학파의 학술적 논쟁이었던 「외필(猥筆)」, 「납량사의(納凉私議)」, 「이통설(理通說)」 등의 관련 자료를 추출하여 자료집으로 편찬할 계획입니다.

본 사업단은 이와 같은 연구 결과를 토대로 매년 근대호남유학총서를 연속적으로 출판할 예정입니다. 총서에는 본 사업단 연구원들의 연구뿐만 아니라 기존에 노사학파에 관한 다른 연구자들의 논문 또한 포함할 것입니다. 이 자리를 빌려 총서에 원고를 싣도록 허락해주신 모든 분들께 깊은 감사의 말씀을 드립니다.

노사학파에 대한 광범위하고 체계적인 연구가 부족한 상황에서 근대호남유학총서 시리즈는 노사학파를 연구하고자 하는 이들에게 좋은 길잡이가 될 것입니다. 부디 저희 사업단의 연구가 노사학파에 대한 관심을 불러일으키고 호남유학의 문화적 유산을 되새겨보는 기회가 되기를 바랍니다.

감사합니다.

철학연구교육센터 센터장 양순자

■ 해제

1.

이 책은 전남대학교 철학연구교육센터의 '근대호남유학연구단'에서 간행하는 근대호남유학 총서 2로서 기정진의 직전문인 연구를 모은 것이다. 연구단은 2019년 9월부터 한국 연구재단의 지원을 받아 노사(蘆沙) 기정진(奇正鎭, 1798~1879)을 주축으로 형성된 노사학파(蘆沙學派)를 대상으로 인물, 행적 및 사상, 유물유적 등을 광범위하게 탐구하고 있다. 자연스럽게 조사와 연구의 성과물을 일련의 총서로 발간해야 할 필요성이 제기되었다. 노사학파에 대한 전면적인 연구가 부재한 상태에서 출발했기 때문에 제일 먼저 선택한 작업은 가장 기초적인 두 분야, 즉 인물과 저술의 정리였다. 무엇보다 앞서 기정진의 직전제자들을 대상으로 인물 연구와 그들이 남긴 문집류 저술에 대한 해제 작업이 구체적으로 시도되었고, 이 책은 그 가운데 직전 문인 연구의 성과를 일차적으로 모은 것이다. 이 책에는 모두 7인의 직전 제자군들에 대한 서술이 실려 있다. 그들은 각각 노문삼자(蘆門三子)로 불렸던 정재규(鄭載圭, 1843~1911), 김석구(金錫龜, 1835~1885), 정의림(鄭義林, 1845~1910)을 비롯해서 조의곤(曺毅坤, 1832~1893), 정시림(鄭時林, 1839~1912), 박로술(朴魯述, 1851~1917), 이직현(李直鉉, 1850~1928)이다.

2.

이 책은 노사학파의 인물 연구로는 첫 번째에 해당하는 연구서라고 할 수 있다. 이 때문에 우리는 연구의 수월성을 위해 노사학파의 직전제자군이라는 느슨한 범주만을 기준으로 네 명의 필자가 해당 인물과 연관된 주제를 자유로이 선정해서 내용을 서술할 수 있도록 허용했다. 이 때문에 이 책은 인물 연구라는 큰 틀에서 일관된 성격을 가짐과 동시에 개별 필자의 논의 초점에 따른 내용상의 차이들이 다양성을 확보하는 풍성함을 확보할 수 있었다. 이미 논문으로 게재되었거나, 학술대회를 통해 발표된 글을 모았기 때문에 먼저 편집 순서에 따라 원문들의 출전을 밝혀두기로 한다.

1. 박학래, 「정재규의 강학 활동과 노사학의 계승」, 『대한민국학술원논문집』(인문·사회과학편), 제51집 2호, 2012.
2. 이형성, 「김석구의 리 일원적 사유에서의 선악론과 경론」, 『동양문화연구』 제34집, 영산대학교 동양문화연구원, 2021.
3. 이형성, 「동오 조의곤의 처사적 삶과 천리 지향 연구」, 『동양고전연구』 제82집, 동양고전학회, 2021.
4. 조우진, 「월파 정시림의 주리설 ― 교유관계와 「외필」 논변을 중심으로―」, 『동양철학연구』 105집, 동양철학연구회, 2021.
5. 조우진, 「일신재 정의림의 역할과 위상: 한말 기호학파의 논쟁을 중심으로」, 『호남문화연구』 67집, 조남대 호남학연구원, 2020.
6. 이향준, 「박로술의 외필론」, 『한국철학논집』 69집, 한국철학사연구회, 2021.

7. 이향준, 「이직현의 「호행일기」 고찰」, 『유학연구』 55집, 충남대 유학연구소, 2021.

필자가 서로 다른 탓에 원래 글의 제목과 표기 방식 등에 일정한 변화가 필요했다. 본문의 경우에는 모두 한글 표기를 원칙으로 하되 한자어가 필요한 경우에는 괄호나 꺽쇠를 통해 병기했다. 글의 제목이나 인명의 표기에서 가급적이면 본명을 중심으로 일원화했다. 이 때문에 원래 논문의 제목에 포함된 호는 이 책의 장과 절에서는 대부분 삭제되었고, 그것은 본문의 경우에도 마찬가지이다. 이런 부분을 제외하면 오탈자를 제외하고는 원문의 표기법을 존중했다.

3.

전체적으로 네 몇의 필자가 일곱명의 직전문인을 다루었다. 본문에서 더욱 구체적인 서술이 이뤄지겠지만, 개략적인 내용을 먼저 소개한다면 다음과 같다.

박학래의 경우에는 영남우도의 노사학파 형성에 결정적인 영향을 끼쳤던 정재규의 "위상과 역할, 그리고 정재규를 통해 전개된 강우 지역의 기정진 학맥의 계승 및 확산을 보다 입체적으로 확인하기 위해서는 그의 강학 활동에 대한 보다 입체적인 검토와 더불어 그의 강학 활동을 통해 배출된 문인집단에 대한 보다 체계적인 접근"을 시도했다. 그 결과 "20세기 중후반까지 적지 않은 문인을 지속적으로 배출하며 기정진으로부터 연원하여 정재규를 통해 이어진…정재규의 再傳 및 三傳 제자들의 대체적인 규모와 내용도 함께 정리 분석"하고 있다. 이를 통해 정재규의 강학 활동의 구체적인 양상과 이를 통해 형성된 경상우도 노사학파의 규모 및 구체적 인물군에 관한 통계적 자료들을 얻어낼 수 있었다. 또한 이를 바탕으로 그는 지금껏 학계에서 주목받지 못했던 20세기 중후반 노사학파 재전 및 삼전 문인집단의 연구 필요성을 제기했다.

이형성의 경우에는 김석구를 다루면서 "생애와 노사학 계승성, 태극도에 의거한 리일원론적 성리설, 이명(理明)과 향도(向道)를 위한 경(敬) 중시 내용을 중심으로" 몇 가지 탐구의 방향성을 제시했다. 그는 「태극도」에 대한 김석구의 이해를 "음양의 자발적 능동적 변화를 인정하지 않는 태극일원론적 사유체계"라고 명명했고, 이것이 결국 "현상적 기의 생성원인자로서의 리를 중시하는 리일원적 사유체계"로 환원된다는 점을 지적했다. 반면 "선악개천리(善惡皆天理)"라는 전통적인 성리학적 난문을 "리는 소이연의 원인만 있고 현실적으로 주재하는 소능연의 힘이 없기에 기의 승순과 엄폐에 의한 선과 악이 된다"라는 전제에서 "그 승순과 엄폐는 기가 하는 것이 아니고 리가 그렇게 하는 것이지만 리의 본연이 아니라는 모호한 논지를 전개"했다는 점을 비판했다. 이 때문에 김석구는 이런 모호성을 극복하고자 수양론의 측면에서 "경의 꾸준하고 일관된 유지 상태, 곧 지경(持敬)을 통해 이명(理明)과 향도(向道)의 경향이 이루어지도록" 의도했다는 것이다. 즉 그의 "'이명'과 '향도'를 위한 경 중시 수양론에는 소능연의 힘이 없는 리를 강화시키려는" 철학적 의도가 내재한 것으로 이해했다.

이형성은 조의곤을 다루면서 김석구와는 다른 방향 즉, '처사적 삶과 천리 지향'이라는 측면에서 조망될 수 있다는 점을 강조했다. "강상차록(江上箚錄)과 처사의 주체적 삶, 성리학 기저와 천리 중시, 도를 지향하는 실천과 후학양성을 중심"으로 고찰하면서 이것이 전북 고창지역의 노사학파의 계승 양상과도 상호 연관을 가질 수 있다는 점에 주목했다. 조의곤을 다룬 선행 연구가 전무한 상황에서 이형성은 조의곤의 성리학적 경향성을 파악할 수 있는 주요 자료로서 "16세부터 스승에게 보고 들은 언행과 가르침, 옛 고사에 대한 담론, 그리고 자신이 책을 보며 깨달은 내용을 수시로 기록"한 『강상차록(江上箚錄)』 75조목을 제시했으며 조의곤이 사변적 이론보다는 향리에 세운 동오정(東塢亭)에서 처사로서의 주체적 삶을 지향했지만 그 이면에는 "인간 스스로 천리와 지리에 대한 객관적 성찰과 자신이 타고난 '정성[誠]과 신실함[信]'의 내면적 자각을 통한 구현" 즉 '자각적이고 자율적인 윤리설'이 전제되어 있음을 강조했다. 이에 따르면 조의곤의 "처사적 삶과 천리 중시 양상은 인간의 주체적 자율성을 통해 악을 누르고 선을 지향하면서 '천리의 불변적 실재성'을 중시하는 이론체계"로 규정할 수 있다는 것이다. 이런 점에서 그에게는 "노사학에서 리의 절대적 능동성이 적지 않게 투영"되었음을 확인하면서 그의 문인 29인을 소개함으로써 후속 연구의 확장을 제안하고 있다.

4.

조우진은 노사학파와 보성·화순유학의 상관성을 염두에 두고 이 지역의 대표적인 직전문인인 정시림과 정의림을 다루었다. 즉 지역의 유학적 전통과 노사학파라는 이중적 지평의 교차점들로서 두 사람의 사상사적 위상과 생애, 강학활동과 특히 외필논쟁과정에서 드러난 학술적 특징을 다루었다. 정시림은 보성 출신으로서 강습재(講習齋)를 중심으로 하는 강학 활동을 통해 110명을 상회하는 문인 집단을 배출한 학자였는데, 조우진은 정시림이 기정진을 만나기 전후의 학문적 교유관계를 고찰한 후, 당시 사상계를 흔들었던 외필논쟁에서 「외필상질설」을 남긴 정시림의 성리학적 특징을 추적했다. 그에 의하면 정시림은 리의 의미를 '시키는 것처럼[使之然]' 하는 所以然이자, '그렇게 하지 않을 수 없는 묘[不得不然之妙]'로 정리했고, 이런 주리적(主理的) 입장에서 "윤리적 가치인 선을 실현하는 리의 주재성을 강조했으며, 당시의 시대 상황에서 사람이라면 취해야 태도와 학문에 힘써야 할 이유를 리의 주재성에서 찾았다"는 것이다.

한편 정의림은 보성과 인접한 화순 출신으로서 비교적 널리 알려져 있는 대표적인 직전문인이다. 조우진은 정의림을 탐구하기 위한 기초적 배경으로서 네 가지를 제안하고 있다. 첫째 정의림의 학문과 사상을 담고 있는 『일신재집(日新齋集)』 21권 11책, 『일신재신종록(日新齋信從錄)』 1권, 『일신재선생연원록(日新齋先生淵源錄)』 3권 2책, 『일신재일기(日新齋日記)』가 있다. 둘째는 화순지역을 중심으로 재전, 삼전을 합쳐서 4,000명을 상회하는 문인 집단을 낳았던 강학 활동이다. 셋째 내우외환의 시대 상황에서 위정척사 운동과 의병 활동의 중추적인 역할이다. 넷째 「외필」과 「납량사의」 논쟁사에 참여하여 20세기 초 성리학 논쟁의 가교 역할을 했다. 즉 그는 60세 때(1904)에 「변전우소저노사선생납량사의기의(辨田愚所箸蘆沙先生納凉私議記疑)」와 「변전우소저노사선생 외필변(辨田愚所著蘆沙先生猥筆辨)」을 작성해서 호남지역 노사학파 직전문인군의 외필논쟁에 대한 입장을 살펴볼 수 있는 중요한 저술을 생산했다. 이를 중심으로 정의림의 학술적 위상을 논하면서 조우진은 정의림이 "국가의 위기를 맞이하여 소이연(所以然)의 원리로써 무위(無爲)하는 리를 받아들이면서, 또 시키고 주재하는 사지연(使之然)의 리를 강조했다. 정의림의 위상은 망국의 위기 상황에서 리(理) 중심의 성리학 체계를 바탕으로 현실 세계에 대응하는 이론적 근거를 구상했다"고 제안했다.

나아가 조우진은 정시림과 정의림을 주제화함으로써 결국 '지역학의 측면에서 노사학파의 성리학이 長城[奇正鎭] — 和順[鄭義林] — 寶城[鄭時林]으로 이어지는 중심축을 구축한 실상을 탐구할 것을 제안함으로서 한말에서 20세기로 이어지는 보성과 화순지역의 유학적 흐름의 탐구 필요성을 제기했다.

5.

한편, 이향준은 박로술과 이직현을 다루었는데, 이 두 사람은 지금껏 노사학파의 직전인물군 가운데 다루어지지 않은 인물들 가운데 두 사람이라는 특징을 갖는다. 이처럼 발굴되지 않은 인물을 학술적으로 소개한다는 점에서 이향준의 연구 의의를 찾을 수 있다. 구체적으로 이향준은 "광주지역에서 기정진의 직전제자군을 대표하는 한 사람"으로서 "박로술의 생애와 그의 외필론을 다루었다." 그의 생애와 『석음유고』를 소개한 다음, 외필논쟁의 과정에서 그가 생산한 「전간재의 「외필변」을 변론함[辨田艮齋猥

筆辨](이하 「변외필변」)」을 중심으로 박로술의 성리학적 특징을 다루었다. 모두 21조목 이루어진 「변외필변」의 내용은 기정진의 「외필(猥筆)」과 이를 반박하는 전우(田愚, 1841~1922)의 「외필변(猥筆辨)」에 담긴 주요 논점을 재반박하고 있는데, 이를 통해 이향준은 "기정진-전우-박로술로 이어지는 논쟁의 맥락과 이에 기초한 「변외필변」의 몇몇 논점을 부각시킴으로서 근·현대 호남유학사에서 박로술의 지성사적 위치를 탐색"하고 있다. 이향준에 의하면 「변외필변」은 세 가지 목소리 즉 노사학파의 공통 낱말로서 주리(主理), 주희-이이-기정진으로 이어지는 계보학적 정당성의 옹호, 그리고 「외필」과 「변외필변」을 통해 일관되는 사지연(使之然)으로서 리 개념의 이중성을 포함하고 있다. 따라서 이 연구는 조우진의 탐구에 나타난 정의림의 「전우가 쓴 「외필변」를 변론함[辨田愚所著蘆沙先生猥筆辨」과 박로술의 「변외필변」을 포함하는 보다 더 큰 관점에서의 접근을 통해 호남지역 노사학파 직전문인의 학술적 특징을 탐구할 것을 암시하고 있다.

박로술을 소개하면서 그의 「변외필변」을 주제화한 것과 달리 이향준은 노사학파 직전문인으로서 아직 철학적 주목을 받지 못했던 시암 이직현을 다루면서 그의 「호행일기」(湖行日記)를 주제화했다. 이향준은 "1876년 4월 4일부터 4월 24일까지의 합천에서 장성을 오가는 21일 동안의 행적을 담은 이 일기는 문자 그대로 '노사를 찾아서' 떠난 여정의 기록이다. 이를 통해 우리는 그들의 만남과 이 만남을 통해 나타난 지성사적 장면들, 및 이를 계기로 형성되는 이직현의 성리학적 정체성을 추적할 수 있는 단서 등을 발견할 수 있다"라고 제안했다. 즉 「호행일기」는 경남 합천 출신의 젊은 유학자가 79세의 호남의 노학자를 만나 학문적 사제 관계를 맺어가는 구체적 과정을 보여주는 보기 드문 자료 가운데 하나이다. 이를 통해 이향준은 젊은“이직현의 성리학적 사유가 존화와 주리의 학문적 방향성을 공유하고 있었다는 점”, “영남 노론계의 일원으로서 이직현은 이이와 노사를 주리(主理)라는 일관된 맥락에서 이해하고 수용하고 있었다”는 점, 나아가 이런 동질성에도 불구하고 ‘이직현은 기정진뿐만 아니라, 정재규와 같은 문인군들과 변별되는 성리학적 문제의식을 가지고 있었고, 외부적으로는 당대의 이진상의 심즉리(心卽理)와 같은 성리학적 사유와 대면하면서 자신의 성리학적 사고를 쌓아나가고 있었다’는 점을 지적했다. 물론 그의 연구는 “19세기말 영남의 젊은 유학자가 호남에 기초를 둔 노사학파의 일원이 되는 과정의 한 양상을 학계에 소개하고 있을 뿐”이라는 약점을 가지고 있다는 사실을 고백함으로써 이직현을 학계에 소개하고, 그 다음 수준의 탐구를 자극하는 수준에서 그치고 있다는 점은 유의할 필요가 있을 것이다.

6.

이상의 탐구는 현재 노사학파의 직전문인을 다루는 우리 학계의 연구 경향이 어디까지 이루어졌는지를 보여주는 자료들이다. 즉 노사학파의 연구는 이미 알려진 직전 문인군의 탐구를 심화시키고, 아직 발굴되지 않은 인물들과 텍스트를 주제화하면서, 그 분량과 깊이를 축적하는 단계에 머물고 있다. 이 책과 동시에 이루어지고 있는 근대호남유학연구 저·역서는 한 방향으로는 기정진의 「외필」에서 비롯된 외필논쟁의 자료집을 편찬하고 있고, 또 다른 방향으로는 노사학파 직전 문인군의 100대 문집 해제의 편찬으로 이어지고 있다. 전자로부터는 1878년부터 1903년에 이르는 연관 자료를 편집 번역한 『외필논쟁자료집』 1이 올 해에, 그리고 1904년부터 1941년까지의 자료를 편집 번역한 『외필논쟁자료집』 2가 내년에 편찬될 예정이다. 후자로부터는 올 해에 50인의 문집을 대상으로 하는 『문집해제 1』이 출간될 예정이고, 내년이면 나머지 50인을 포함하는 『문집해제 2』가 편찬될 예정이다. 또한 직전 문인의 개별적인 연구 또한 동시에 진행될 것이다. 따라서 이 책은 지금 당장의 수준보다는 앞으로 이어질 연관된 연구와 탐구들의 진행을 따라서 점점 그 유용성을 더해갈 것으로 예상된다.

7.

노사학파의 연구를 위한 포괄적 접근 기회를 제공한 한국 연구재단의 지원에 감사드린다. 이 총서의 기획이 원만하게 이루어진다면, 적어도 연구자들은 다음 수준의 진전된 연구를 위한 참조 혹은 지침을 얻을 수 있을 것이다. 이 연구를 진행하는 과정에서 여전히 충분히 일관된 맥락의 설정과 구조화에 몇몇 어색함들이 발견되고 있는 수준이라는 점은 부정할 수 없다. 그러나 앞으로 더 나은 관점과 탐구의 가능성을 조심스럽게 전망할 수 있는 것은 이 연구가 아직 초창기 2년을 경과하고 있다는 사실 때문이다. 장기적인 지원이 전제되지 않는다면 이런 가능성을 신뢰하기는 힘들었을 것이다. 또한 연구단의 단장을 맡고 있는 양순자 교수와 공동연구원으로 참여하고 있는 이천승 교수에게도 감사드린다. 필자들 가운데 박학래는 공동연구원으로 나머지 세 사람은 학술연구교수로 활동하고 있다. 나아가 연구단의 실무를 보면서 이 책의 교열 과정에 수고를 아끼지 않은 김형, 조현일 선생에게도 감사드린다. 이 책은 연구단을 구성하는 이 모든 사람들의 신뢰를 배경으로 나타날 수 있었다.

2021. 6.
저자 일동

■ 차 례

정의림의 역할과 위상 | 조우진 204

— 한말 기호학파의 논쟁을 중심으로 —

박로술의 외필론 | 이항준 235

정재규의 강학 활동과 노사학의 계승

— 배출 문인들의 현황 및 활동에 주목하여 —

박 학 래
(군산대학교 역사철학부 교수)

들어가며

'한국 근현대 유학의 특징적 면모 중 하나는 기호 학계와 영남 학계를 불문하고 19세기 중반부터 특정 학자를 중심으로 한 문인 집단이 다수 형성되었고, 이 문인집단은 20세기를 관통하며 그 학맥을 지속하였다는 점이다.[1] 유학의 영향력이 현저히 약화되는 시대 상황에서도 이른바 '한말(韓末) 도학파(道學派)'로 지칭되는 이 시기 유학자들은 각 학파의 종장(宗匠)을 중심으로 주자학에

1) 20세기 중후반까지 각 학파의 문인록이 지속적으로 간행되었던 것에서 이러한 사실을 확인할 수 있다. 20세기 초반부터 20세기 중후반까지 노사학파의 『蘆沙先生淵源錄』, 최익현 문인록인 『苣薇淵源錄』, 연재학파의 『溪山淵源錄』, 간재학파의 「觀善錄」과 『華嶋淵源錄』, 郭鍾錫의 문인록인 『俛門承敎錄』 등이 간행되었으며, 이들 문하에서 배출된 문인들의 문집에도 개별 문인록이 수록되어 각 학파의 학맥이 지속되었음을 확인할 수 있다.

대한 체계적인 이해를 도모하는 한편, 전 시대의 주요 성리학적 쟁점들을 비판적으로 검토하여 특징적인 학설을 수립하였다. 그리고 성리와 의리의 일관 구조를 바탕으로 가중되어가는 대내외적 모순과 제국주의의 침탈에 맞서 유학적 질서를 유지하고 국가 체계를 수호하고자 하는 다양한 실천 지향적인 면모를 보여주었다.

이 시기 각 학파의 종장들과 이들 문하에서 배출된 문인들이 보여준 활동 가운데 주목되는 것은 지속적이면서도 폭넓게 펼친 강학 활동을 통해 각 학파의 외연을 확대하였다는 점이다. 각 학파의 종장들은 자신의 근거지를 중심으로 한 강학 활동 이외에 다른 지역의 학자들과 폭넓은 교유를 진행하였을 뿐만 아니라 여러 지역을 대상으로 한 유력(遊歷) 등 다양한 활동을 통해 학문적 영향력을 확대하였다. 그리고 이를 통해 자신의 근거지 이외 지역에서 여러 문인을 자신의 문하로 이끌었다. 이렇게 배출된 문인들도 급변하는 시대 상황에서 다양한 학문 활동을 전개하면서 자신들의 스승들과 마찬가지로 지속적인 강학 활동을 펼치며 유학적 가치를 부지(扶持)하며 자신이 속한 학파의 면모를 유지하는 데 주력하였다.

19세기 중반 이후 다양한 학문 활동을 통해 전통 유학의 흐름을 지속하는 학문 활동이 지속되는 가운데 호남을 중심으로 그 학문적 외연을 강우(江右) 지역으로까지 확대한 대표적인 문인집단은 기정진(奇正鎭, 1798~1879)을 중심으로 한 '노사학파(蘆沙學派)'였다. 노사학파는 기정진 생전에 이미 강우 지역에서 다수의 문인을 배출하며 그 지역적 외연을 확대하였을 뿐만 아니라 기정진 사후에도 이 지역의 직전 제자들을 중심으로 폭넓은 강학 활동이 전개되어 지역적 외연을 보다 확대하였을 뿐만 아니라 그 학맥도 20세기 후반까지 유지하였다. 특히 강우 지역에서는 노사학파의 중심을 이룬 주요 문인들을 중심으로 자신들의 학문적 기반이 되는 노사학(蘆沙學)의 체계적인 정리, 그리고 이를 기초로 한 노사학의 확산이 폭넓게 이루어졌다. 퇴계 계열의 영남 학맥뿐만 아니라 율곡을 연원으로 하는 기호 학맥으로부터 연원하는 다양한 학파의 문인들이 착종하고 있었던 당시 강우 지역에서 노사학이 호남 지역에 비견될 정도로 뿌리를 내릴 수 있었던 것은 본고에서 고찰하는 정재규(鄭載圭, 1843~1911)를 비롯하여 강우 지역을 배경으로 성장한 노사학파의 핵심 문인들이 폭넓은 강학 활동과 타 학파 학자들과의 교유, 그리고 실천지향적 면모를 다각도로 펼쳤기 때문이라 할 수 있다.

본고에서 고찰하는 정재규는 기정진 생전에 이미 노사학파 내에서 학문적 역량을 인정받아 김석구(金錫龜, 1835~1885), 정의림(鄭義林, 1845~1910)과 더불어 '노문삼자(蘆門三子)'로 일컬어질 정도로 탁월한 학문적 성취를 이룬 문인이었다. 그리고 기정진 사후에는 기우만(奇宇萬, 1846~1916)을 비롯한 노사학파 핵심 문인들과 함께 『노사집(蘆沙集)』 간행을 비롯하여 학파 내의 주요 사안을 펼쳐나가는 데 주도적인 역할을 담당하였다. 뿐만 아니라 그는 강우 지역 내에서 활발한 학문 활동을 전개하고 있던 한주학파(寒洲學派), 성재학파(性齋學派) 문인들을 비롯하여, 기호 학계의 중심을 이루고 있던 화서학파(華西學派), 연재학파(淵齋學派) 등의 주요 인물들과 지속적으로 교유하며 학문적 영향력을 강화하였다. 특히 그는 기정진 사후에 본격화하는 노사학파 내부의 주요 강회를 통해 노사학에 대한 체계적인 이해와 계승을 주도하였다. 영호남을 넘나들며 펼쳐진 그의 강학 활동은 노사학파 문인들의 학문적 결집 및 일체감 조성에 기여하였을 뿐만 아니라 기정진 학맥의 지속적인 계승에 결정적인 역할을 담당하였다. 아울러 그는 노사학에 대한 계승뿐만 아니라 기정진이 보여준 실천지향적 면모를 이어받아 20세기 초반의 실천적인 의병 활동을 비롯하여 다각적인 실천적 면모를 보여 학문과 실천 양면에서 노사학파의 중심이라는 평가를 도출하기에 충분한 위상과 역할을 담당하였다.

이렇듯 기정진 사후에 노사학파 내에서 핵심적인 역할을 담당한 정재규의 학문 활동과 학문적 입장에 대해 그동안 학계의 관심은 만족할 만한 수준은 아니지만 어느 정도 구체화되어 왔다. 1998년에 열린 한국동양철학회 학술대회를 통해 정재규에 대한 첫 개별 연구 논문이 제출된 이후,[2] 단속적이지만 정재규의 학문 활동에 대한 연구 논문이 지속적으로 제출되었다. 특히 2010년부터 경상대 남명학연구소가 주최한 강우 지역의 학문과 관련한 학술대회를 통해 정재규에 관한 연구 논문들이 다수 발표되었으며,[3] 최근에는 정재규에 대한 첫 박사학위 논문[4]도 제출되는 등

2) 한국동양철학회(1998), 『노사학파의 유리철학과 윤리적 실천 성향』, 1998년 한국동양철학회 학술대회 발표논문집.

3) 정재규의 학문 활동과 관련한 기존의 연구 성과는 다음과 같다. 정병련(1996), 「田良齋의 〈納凉私議〉비판과 奇蘆沙 문하의 防護論」, 『퇴계학보』 91.; 박학래(2002), 「蘆沙學派의 理氣論 - 田愚의 노사설 비판에 대한 鄭載圭의 반비판을 중심으로」, 『韓國思想史學』 19.; 김낙진(2010), 「奇正鎭과 田愚의 성리학적 쟁점과 鄭載圭의 성리설」, 『南冥學硏究』 29.; 崔錫起

노사학파 문인들에 관한 연구가 아직 소략한 학계의 현실을 감안할 때, 정재규의 학문과 사상에 대한 학계의 관심은 어느 정도 궤도에 오르고 있다고 할 수 있다.[5)]

정재규에 대한 일련의 연구 논문에서 여러 연구자들이 비중 있게 검토한 것 중 하나는 그의 강학 활동이었다.[6)] 정재규는 노사학파 전체 문인 가운데에서 가장 영향력이 컸던 문인 중 한 사람이었을 뿐만 아니라 강우 지역 내 문인 가운데 가장 핵심적인 위치를 차지하고 있었다. 지속적인 교육활동을 통해 어느 누구보다 많은 문인을 배출하며 노사학을 강우 지역 내에 뿌리내리는 데 결정적인 역할을 하였기 때문에 그의 강학 활동에 대해 연구자들이 관심을 기울이는 것은 자연스러운 것이었다고 할 수 있다.

(2010), 「老柏軒 鄭載圭의 學問精神과 『대학』 해석」, 『南冥學研究』 29.; 김봉곤(2010), 「嶺南地域 蘆沙學派의 成長과 門人 鄭載圭의 役割」, 『南冥學研究』 29.; 姜貞和(2010), 「老柏軒 鄭載圭의 삶과 학문」, 『南冥學研究』 29.; 정우락(2010), 「시로 노래한 학문의 세계 : 老柏軒 鄭載圭論」, 『南冥學研究』 29.; 全丙哲(2010), 「老柏軒 鄭載圭의 南冥學 繼承과 19세기 儒學史에서의 의미」, 『南冥學研究』 29.; 강정화(2018), 「老柏軒 鄭載圭의 「頭流錄」에 나타난 일생의 한 국면」, 『韓國漢文學研究』 71.; 이상익(2020), 「奇正鎭의 「猥筆」과 이에 대한 田愚와 鄭載圭의 논변」, 『退溪學論叢』 35.

4) 김성희(2020), 「老柏軒 鄭載圭의 思想的 基底와 詩世界」, 경상대 대학원 박사학위논문.

5) 전남대 철학연구교육센터는 2019년에 한국연구재단이 지원하는 인문사회연구소 연구 사업에 선정되어 「근대호남유학연구 - 노사학파를 중심으로」라는 주제의 연구 과제를 진행하고 있다. 이 연구 과제의 추진에 따라 향후 정재규를 비롯한 경상우도 지역의 노사학파 문인에 관한 연구도 본격화될 것으로 예상된다.

6) 최석기의 「老柏軒 鄭載圭의 學問精神과 『대학』 해석」을 비롯하여 강정화, 김봉곤, 정우락 등 여러 연구자의 연구 논문에서 지속적으로 정재규의 강학 활동이 검토되었다. 또한 김성희의 박사논문에서도 정재규의 강학 활동이 비중 있게 다뤄졌다.

그동안 여러 연구 논문을 통해 정재규가 펼친 강학 활동의 대체, 이를테면 그가 정해서 시행한 學規를 비롯하여 지속적이면서도 폭넓게 전개한 강학의 내용과 그의 문하에서 배출된 문인 및 이들의 지역적 분포 등에 대한 대체적인 내용이 밝혀졌다. 하지만 이 연구들은 강학 활동을 제한적으로 파악하여[7] 정재규의 강학 활동을 교육활동 및 문인 배출에만 한정하기도 하였고, 그의 문하에서 배출된 문인에 대한 검토도 제한적인 자료에만 의존하여 검토하는[8] 등 정재규의 강학 활동을 포괄적이면서도 체계적으로 파악하는 데 일정한 한계점을 드러냈다고 할 수 있다. 노사학파 내에서 정재규가 차지하고 있던 위상과 역할, 그리고 정재규를 통해 전개된 강우 지역의 기정진 학맥의 계승 및 확산을 보다 입체적으로 확인하기 위해서는 그의 강학 활동에 대한 보다 입체적인 검토와 더불어 그의 강학 활동을 통해 배출된 문인집단에 대한 보다 체계적인 접근이 필요하다고 할 수 있다.

본고에서는 선행 연구의 성과와 제한점에 유의하여 정재규의

7) '학문을 닦고 연구함', '학술이나 道義의 뜻을 해설하며 토론함'이라는 講學과 講論의 사전적 의미에 유의한다면, 강학 활동은 단순히 교육활동만으로 한정할 수 없다. 문인 배출을 위한 교육활동을 포함한 다양한 학문 활동이 강학이라는 점에 주목하여 본고에서는 강학 활동을 다양한 학문 주제를 중심으로 펼쳐진 토론 및 연구, 교육활동 등을 포괄한 광의의 개념으로 이해하여 정재규의 강학 활동을 확인하고자 한다.

8) 정재규 문하에서 배출된 문인 분석의 경우, 『老柏軒先生文集附錄』 卷5에 수록된 「門人錄」에 수록된 문인들만을 대상으로 검토하고, 이후에 간행된 『蘆沙先生淵源錄』에 수록된 문인들과의 비교 검토를 진행하지 않았다. 이에 따라 정재규의 문인 전체의 규모가 상대적으로 작아졌다. 또한 정재규의 직전 제자 문하에서 배출됨 재전 제자에 대한 분석도 이루어지지 않는 등 일정한 제한점이 드러났다.

강학 활동을 입체적으로 정리 분석하고, 그의 강학 활동을 통해 배출된 문인들에 대해 다양한 자료를 검토하여 종합적으로 정리하고자 한다. 특히 그의 문하에서 배출된 문인들도 정재규와 마찬가지로 지속적인 강학 활동을 펼쳐 20세기 중후반까지 적지 않은 문인을 지속적으로 배출하며 기정진으로부터 연원하여 정재규를 통해 이어진 노사학파의 학맥을 계승하였다는 점에 주목하여 정재규의 재전(再傳) 및 삼전(三傳) 제자들의 대체적인 규모와 내용도 함께 정리 분석하고자 한다.

노사학의 계승과 강학 활동의 전개

■ 노사학의 수수 및 강학을 위한 기반 마련

일찍부터 학문적 두각을 나타낸 정재규는 22세 때인 1864년에 삼가 지역의 대표적인 노론 학자인 최유윤(崔惟允, 1809～1877)[9]의 인도와 가문 내 인사들의 전폭적인 지원에 힘입어 기정진 문하에 입문하였다. 어려서부터 조부 정언민(鄭彦民, 1794～1869)과

9) 최유윤은 강우 지역의 대표적인 기호 계열 학자이다. 그는 30세 이후 과거에 대한 뜻을 버리고 홀로 성리학에 관한 탐구를 진행한 후, 1850년대에 이르러 宋來熙(1791～1867), 宋達洙(1808～1858) 등에게 예학과 관련한 여러 주제에 대해 질정하며 학문에 대한 이해를 심화하였다. 이후 기정진에게 理氣心性을 비롯한 주요 성리학적 주제에 대해 질정하며 자신의 학문 체계를 구체화하였다. 그의 문집인『夢關集』에는 기정진에게 보낸 편지 3편과 기정진의 답신, 그리고 기정진과 주고받은 問目이 실려 있다. 상세한 검토가 필요하겠지만, 최유윤은 적어도 성리설의 측면에서는 기정진의 입장을 수용한 것으로 보인다.『夢關集』卷2, 8b～18a,「上蘆沙奇先生」등 참조.

재종숙 정방한(鄭邦漢, 1808~1861) 등 가문 인사로부터 훈도를 받으며 착실하게 학문을 익힌 정재규였지만, 그는 기정진과의 첫 만남을 통해 자신의 학문이 미성숙하였음을 확인하였다. 그리고 기정진으로부터 위기지학(爲己之學)을 지향해야 함과 함께 체계적인 독서의 필요성 등을 훈도 받은 후 고향으로 돌아왔다. 이후 그는 기정진이 손수 적어준 '뒷면을 살펴 돌아보고 절대로 앞만 탐내어서는 안 된다.[照顧後面, 切忌貪前.]'는 독서법에 따라 『소학』을 비롯하여 사서(四書) 등 여러 경전에 대한 독서와 끊임없는 사색을 통해 학문적 성장을 착실히 일구어 나갔다.[10] 그리고 1871년에 이르러 다시 호남의 장성을 찾았을 때 기정진으로부터 그동안의 학문적 성취를 인정받았다.[11]

기정진 문하에 입문한 후 7여 년에 걸친 독자적인 학문적 노력과 이에 따른 성취를 평가 받은 정재규는 이후 매년 스승의 강학처를 찾거나 혹은 편지를 주고받으며 인물성동이(人物性同異), 태극(太極)과 음양(陰陽) 등 주요 성리학적 주제에 대해 기정진의 학문적 입장을 전수받는 한편, 자신의 독서 과정에서 제기된 주요 의문점에 대해 질정하여 답변을 이끌어 내는 등 꾸준히 학문적 성장을 이루어 나갔다. 그리고 1875년 10월에 이르러 다시 장성을 찾은 정재규는 김석구, 정의림과 함께 기정진으로부터 그의 주저 중 하나인 「납량사의(納凉私議)」를 전달받았고, 사흘 밤낮에

10) 『老柏軒集附錄』 卷1, 4b~5a, 「年譜」, '22歲條'.; 5a~b, '23歲條'.; 『松沙先生文集』 卷35, 「徵士老柏軒鄭公墓碣銘」. "又書照顧後面切忌貪, 前八字以贈之, 歸則處靜, 自小學次第四子, 作初上學工夫, 刻勵緊密, 忘食忘寢."

11) 『老柏軒集附錄』 卷1, 8a, 「年譜」, '29歲條'.; 『松沙先生文集』 卷35, 「徵士老柏軒鄭公墓碣銘」.

걸쳐 스승 및 동문들과 함께 이 저작에 대한 강론을 진행하는 등 노사학에 대한 체계적인 이해를 도모하였다.[12] 당시까지 일반에게 공개되지 않았던 기정진의 핵심 저작인 「납량사의」를 전수받고 스승과 함께 강론을 진행하였다는 것은 정재규의 학파 내 위상이 이때 이미 확인되었음을 의미하는 것이라 할 수 있다. 정재규는 이듬해에도 다시 장성을 찾아 김석구, 정의림과 함께 「납량사의」 이외에 「태극도설」에 대해 강론을 진행하는 등 기정진의 학문에 대한 계승을 보다 구체화하였다.[13] 이때에도 정재규는 동문들과의 강론 이외에 기정진과의 주요 성리학적 주제에 대해 문답을 지속하였다.

1879년 1월에 이르러 정재규는 자신의 문하에 입문한 초기 문인이자 종제(從弟)인 정면규(鄭冕奎, 1850~1916)와 권운환(權雲煥, 1853~1918)을 대동하고 다시 장성을 찾았다.[14] 이때 그는 김석구, 정의림과 함께 기정진의 이기론적 입장이 집약된 「외필(猥筆)」을 전달받았다. 「외필」은 기정진의 초기 제자 중 한 사람인 조성가(趙性家, 1824~1904)가 율곡이 제시한 '기자이(機自爾)' 등의 언

---

12) 『老柏軒集附錄』 卷1, 8a, 「年譜」, '33歲條'. "往拜蘆沙先生, 與金大谷錫龜鄭日新義林受讀納凉私議. 蘆沙先生嘗病世之論, 性者昧於理分, 故因讀湖洛諸說, 而深加辨論. 著爲此議, 未嘗示人. 至是始出示之. 先生與金鄭二公達四晝夜講論, 不輟." 『蘆沙先生文集』에 수록된 기정진의 「年譜」에는 1879년 1월에 김석구, 정재규, 정의림에게 「納凉私議」와 「猥筆」을 보여주고 이들로부터 "독실하게 믿겠습니다."라는 대답을 받았다고 기록되어 차이가 있다.

13) 『老柏軒集附錄』 卷1, 10b~11a, 「年譜」, '34歲條'.

14) 정재규의 문인 배출은 기정진 문하에 입문한 이후부터 진행된 것으로 보인다. 문인 배출을 위한 체계적인 강학 활동은 기정진 사후에 본격화되지만, 학자적 명성이 어느 정도 구체화되기 시작한 30대부터 그의 문하에 몇몇 문인들이 입문하였다. 자세한 내용은 Ⅲ장 참조.

급이 기(氣)의 자발적인 운동 변화로 이해될 수 있지 않은가라고 질정하자, 기정진이 세유(世儒)들이 이기(理氣)에 대해 오해할 것을 우려하여 오랫동안 자신이 고민해 온 이기론적 입장을 구체화한 저작이다. 81세 때인 1878년에 이 저작을 저술하고 일반에 공개하지 않고 비장하고 있었던 기정진은 이때에 이르러 자신의 아끼는 제자이자 노사학 계승의 중심이 될 노문삼자에게 이 저술을 전하며 "예전에 이 기록이 있다는 말을 들었느냐?"라고 물었고, 정재규를 비롯한 노문삼자는 "들었다"고 대답한 후 함께 이 저술을 읽었다. 그리고 기정진은 노문삼자에게 뜻을 물었고, 정재규 등 노문삼자는 "원컨대 독실하게 믿겠습니다."라고 대답하고 기정진의 이기론적 입장을 계승하고자 하는 뜻을 분명히 하였다.[15) 이 시기에 정재규는 기정진의 문하에 입문한 이후 15여 년간 계속된 기정진과의 학문 수수 내용을 구체적으로 정리한 「사상기문(沙上記聞)」(1879)도 완성하는 등 노사학 계승의 뜻을 스스로도 구체화하였다.

정재규가 노문삼자의 일원으로서 기정진의 핵심 저작을 전수받고 이에 대한 강론에 참여하였다는 것은 그가 노사학파 내에서 핵심적인 위치에 자리하였음을 의미하는 것이라 할 수 있다. 다시 말해 정재규는 기정진으로부터 그의 핵심 저작을 손수 전해 받고, 또 기정진과 함께 이에 대한 강론을 전개함으로써 노사학파 내의 핵심 문인으로서의 위상을 확인받은 것이다. 그리고 이러한 일련의 강론은 정재규를 비롯한 노문삼자가 기정진 사후에 노사학파를 이끌어 갈 핵심 문인임을 확인시킨 상징적

15) 『蘆沙先生文集』 附錄 卷1, 35a~b, 「年譜」, '82歲條'.

인 조치이었다고 할 수 있다.

이렇듯 기정진 생전에 노사학파 내의 핵심 문인으로 부상한 정재규는 기정진 사후에 보다 구체적으로 강학 활동을 표면화하고자 노력하였다. 그리고 그는 본격적인 강학 활동을 전개하기에 앞서 강학의 기반이 되는 기정진의 학문과 사상을 정리하고 그 내용을 확인하는 데 관심을 기울였다.

정재규는 기정진 사망한 후 여러 동문들과 함께 장례를 주도하는 한편, 1880년 여름부터 기정진의 유문(遺文)을 교열하는 작업에 착수하였다.[16] 기우만의 주도로 가장(家藏)된 초고가 수습되는 등 문집 간행을 위한 기초 작업이 이루어지자, 정재규는 이를 편차하고 교열하는 등 문집 간행 작업에 참여하였다. 그리고 순조롭게 문집 간행 작업이 진행되어 1883년 봄에 이르러 『노사집』 초간본이 목활자로 담대헌(澹對軒)에서 인행(印行)되었다.

『노사집』 간행 작업과 별도로 1880년부터 김석구와 정의림 등 노사학파 내 주요 문인들은 『답문류편(答問類編)』 간행에 대한 논의를 시작하였다. 이 논의에 당시 노사학파의 중심을 이루었던 기우만 등이 참여하여 『답문류편』 간행을 결정하였고, 이어 주요 동문들은 이 저작의 편집 작업을 정재규에게 맡기로 결정하였다. 동문들로부터 『답문류편』 편집을 부탁받은 정재규는 곧바로 산청의 동문 김현옥(金顯玉, 1844~1910)과 함께 『노사집』 간행을 위해 수습한 여러 글을 모아 분류하고 오류를 정정하는 등 『답문류편』 편찬 작업에 착수하였다. 그리고 7년여에 걸친 오랜 작업 끝에 1887년 1월에 이르러 『답문류편』 간행을 마무리 지었다.

16) 『老柏軒集附錄』 卷1, 13a, 「年譜」, '37歲條'.

일련의 기정진 관련 저작이 간행될 때, 정재규는 "선생께서 살아계실 때는 도(道)가 선생에게 있었지만, 선생께서 돌아가시니 도가 유서(遺書)에 있다."[17]고 전제하고, "노옹(蘆翁)의 학문이 강론되지 않으면 세유의 학설이 정해지지 않고, 세유의 설이 정해지지 않으면 우리나라 선현의 설이 밝혀지지 않을 것이다. 선현의 설이 밝혀지지 않으면 천고토록 내려온 성학(聖學)의 전수가 마침내 어두워질 것이다."[18]라는 지적하며 무엇보다 기정진의 학문을 체계적으로 정립하는 것이 유학의 전통을 부지하는 것이자 노사학에 대한 강학에 우선하는 것이라 생각하였다. 그리고 이러한 인식에 기초하여 정재규는 『노사집』을 비롯한 기정진의 여러 저술을 간행하는 데 주도적인 역할을 담당하며 노사학 강론을 위한 기반을 마련하는 데 주력하였던 것이다.[19]

『노사집』과 『답문류편』 간행이 가지는 의미는 정재규를 비롯하여 노사학파 내 주요 문인들에게 각별한 것이었다. 기정진의 학문에 대한 계승 의지가 뚜렷했던 문인들은 스승이 천명한 도를 구하고자 하면 반드시 그의 언어 문자에서 시작해야 한다고 생각했고, 『노사집』을 도를 꿰뚫는 대전(大全)으로, 『답문류편』을 도를 강명하는 연수(淵藪)로 받아들였다. 그리고 『노사집』에 근거하

17) 『答問類編』 2a~b, 「凡例」. "惟念先生在道在先生, 先生亡道在遺書."

18) 『老柏軒集附錄』 卷3, 15a, 「事狀」. "蘆翁之學不講, 世儒之說不定, 世儒之說不定, 我東先賢之旨不明, 先賢之旨不明, 千古聖學之傳遂晦."

19) 정재규는 『答問類編』의 「범례」에 附記된 글을 통해 "대들보가 갑자기 무너졌으니, 이 유서가 없으면 어떻게 선생의 도를 기술하겠는가? 이에 참망함을 헤아리지 않고 몇 권을 편집하였다."고 술회하고, "의심쩍어 감히 독단할 수 없는 점이 있으면 金錫龜에게 편지를 보내 서로 바로잡았다."고 기술하였다. 『答問類編』 2a~b, 「凡例」.

여 기정진 학문의 요체를 얻고, 『답문류편』을 참조하여 그 단서를 궁구해야 한다면 입덕(入德)의 문과 진도(進道)의 단계가 여기에서 벗어나지 않을 것이라 확신하였다.[20]

이렇듯 기정진 사후에 정재규는 여러 동문들과 함께 『노사집』과 『답문류편』의 간행을 주도하며 기정진의 학문에 대한 계승 의지를 확인하였다. 그리고 이러한 일련의 저작 간행은 노사학의 계승과 확산을 위한 발판을 마련하는 조치였다.[21] 다시 말해 일련의 노사학 관련 저작들의 간행은 노사학파 문인들이 향후 전개할 노사학의 계승과 확산의 밑거름이었으며, 노사학의 체계적 이해를 위한 발판이 되었던 셈이었다.

■ 동문 및 문인들과의 강론을 통한 노사학의 정립

일련의 기정진 관련 저작의 간행 작업을 일차적으로 마무리 지은 정재규는 기정진 학문에 대한 체계적인 이해를 도모하며 노사학의 계승 및 확산을 위한 구체적인 활동을 추진하였다. 기정진 생전에 이미 몇몇 문인을 문하로 받아들였던[22] 정재규는 일차적인 문집 간행 작업 이후 동문들과의 연대를 강화하면서 노사학파 내부의 학문적 일체감을 조성하기 위해 펼쳐진 폭넓은

---

20) 『答問類編』「序」, 2a～b. "先生之道大矣, 固不可謂盡在言語文字之間, 而欲求先生之道者, 必由言語文字始。竊伏以爲原集貫道之大全也, 是編講道之淵藪也。學者苟能本之原集, 得其要領, 參之是編, 究其端緒, 則入德之門路, 進道之階級, 實不外是,"

21) 기정진 문인들은 『答問類編』이 강습에 도움이 되도록 편집되었음을 분명히 명시하였다. 『答問類編』 1a, 「凡例」. "名曰答問類編, 以資講習,"

22) 정재규의 강학 활동에 따른 문인 배출에 대해서는 다음 절인 '3) 강우 지역의 노사학 부식을 위한 교육 활동의 전개' 참조.

강학 활동을 주도하였다.

1887년 1월에 『답문류편』 간행을 마무리 지은 정재규는 그해 3월에 『답문류편』 편집을 주도했던 김현옥을 비롯하여 평소 학문적 교유를 진행했던 강우 지역의 학자인 조용소(趙鏞韶), 이병두(李炳斗), 그리고 자신의 문인인 이택환(李宅煥, 1854~1924), 권운환, 권기덕(權基德, 1856~1898) 등이 산청의 회계산(會稽山) 아래 지곡(智谷)에 마련한 강사(講社)에 그를 주강(主講)으로 초청하자 주저 없이 참여하여 강론을 펼쳤다.[23] 이른바 '회계강사(會稽講社)'는 정재규의 문인인 권운환이 10여 명의 동지들과 함께 창설한 강우 지역의 대표적인 노사학파 문인들의 정기적인 강회였다. 정재규는 이 강사의 약규(約規)를 손수 첨삭하여 바로 잡았을 정도로 적지 않은 관심을 기울였으며,[24] 특히 이 강사에 주강으로 참여한 후에 강학 내용을 정리하여 강사에 참여한 문인들에게 보내는 등 이 강사를 기정진 학문의 계승과 확산의 공간으로 활용하였다.[25]

회계강사 회합 이후 강우 지역 내에서의 노사학 계승 및 확산에 주력한 정재규는 강우 지역 내의 대표적인 동문인 최숙민(崔淑

23) 『老柏軒集附錄』 卷1, 13a, 「年譜」, '45歲條'.

24) 최숙민의 기록에 따르면, 회계강사는 권운환의 주도로 창설된 이후 강회에 참여한 문인이 4, 50명에 달할 정도로 번성하였다. 하지만 산청의 주요 문인이 이거함에 따라 강사가 퇴락할 것으로 예측되어 정재규와 최숙민이 이 강사를 새롭게 일신하고자 講案을 수정하여 '觀善禊'로 이름을 변경하여 뇌룡정과 신안정사에서 1년에 두 차례 모임을 가졌다.(『溪南集』 卷23, 4b~5a, 「觀善禊修案序」) 이와 관련한 자세한 내용은 김성희(2020), 58~59쪽 참조.

25) 『老柏軒先生文集』 卷26, 「答會稽講社諸公講目」.

民, 1837~1905)을 비롯하여 김현옥, 권운환 등 십 수인의 동문 및 자신의 문인들과 함께 지리산 산행을 단행하였다. 이 산행을 통해 스승인 기정진에 대한 추념과 계승 의지를 뚜렷이 하고자 한 정재규는 자신들의 지리산 산행을 공자 및 주자에 견주었으며, 인근 지역에 산재한 문인들의 집을 일일이 방문하는 등 강우 지역의 동문 및 문인들과의 결속을 다지는 행보를 펼치면서 문인 내부의 결속을 강화하였다. 아울러 그는 이 산행을 통해 강우 지역을 대표하는 상징적인 유현(儒賢)인 조식(曺植, 1501~1572)에 대한 존숭의 뜻도 함께 확인하면서 강우 지역 내에서 자신이 감당해야 할 역할과 책무를 확인하기도 하였다.[26]

회계강사에의 참여와 지리산 산행을 통해 강우 지역 내의 동문 및 자신의 문인들과 노사학 계승 및 확산에 대한 의지를 확인한[27] 정재규는 1891년부터 자신의 강학 활동을 보다 확대하여 노사학파 전반에 걸쳐 학파적 결속과 학문적 일체감을 조성하는 데 관심을 기울였다.[28] 1891년 2월에 호남의 정의림이 자신의 거처를 방문하자[29] 그는 최숙민 등과 함께 호남 지역을 포함

26) 정재규가 단행한 이 시기의 지리산행에 대한 자세한 내용은 강정화(2018), 참조.

27) 이러한 정재규의 행보는 김현옥이 결성한 '岳陽亭小學講契'의 참여에서도 확인된다. 정재규는 1891년 8월에 하동 악양정에서 열린 강회에 참석하여 『小學』을 강론하였다. 『老柏軒集附錄』 卷1, 13a, 「年譜」, '49歲條'.

28) 이 시기 영호남 동문 및 문인들의 강회에 앞서 185년 2월에 호남의 기우만이 정재규를 방문하자 뇌룡정과 신안정사를 방문하여 정재규를 비롯하여 강우 지역 문인들과 강회를 개최하였다. 『松沙先生附錄』 卷1, 12b~13a, 「年譜」, '46歲條'. 하지만 이 강회에는 강우 문인을 중심으로 한 강회에 호남의 기우만이 참석한 강회였다는 점에서 그 성격이 1891년 종산강회와는 구분된다고 할 수 있다.

29) 정의림의 연보에는 그가 삼가를 방문한 시기가 1890년 12월로 기록되어

한 노사학파 주요 문인들을 망라한 강회의 개최를 논의하였다.[30] 그리고 그해 8월에 구례 화엄사에서 강우 및 호남 지역의 동문 및 문인 50여 명이 참석한 가운데 '종산강회(鍾山講會)'를 개최하였다.[31]

이 강회에서는 정재규과 정의림을 수강(受講)으로, 최숙민이 평정(平訂)으로, 김현옥을 집례(執禮)로 각각 정하고, 정의림의 종제인 정창림(鄭昌林, 1847~1916)이 독법(讀法)을 각각 맡아 연령순으로 좌석을 정해 순서대로 강론이 진행되었다. 경사자전(經史子傳)에 대한 강론을 비롯하여 천인성명(天人性命)의 리(理)와 예악제작(禮樂制作)의 도(道) 등이 남김없이 논의된 이 강회에서 정재규는 대체로 엇갈리는 논의를 절충하는 역할을 맡았으며, 정의림과 최숙민은 이 논의를 우익(羽翼)하였다. 강론 중 의심나는 것은 서로 바로 잡는 등 성대하게 진행된 이 강회의 내용에 대해 정면규와 권기덕이 빠짐없이 기록하였다.[32] 강회가 끝난 후 정재규는 "각자 집으로 돌아가 오늘의 모임을 잊지 않도록 해야 할 것이며, 함께 강학에 힘쓰면 곧 선사(先師)의 교육을 거의 만의 하나도 저버리지 않게 될 것"이라고 하여 문인 내부의 지속적인

있다. 정의림은 한 해 전에 모친상을 당한 정재규를 위로하고자 강우 지역의 방문을 결행하였고, 그의 문인들과 함께 정재규 이외에 조성가 등을 방문하였다. 정의림은 정재규가 복원한 뇌룡정에서 강회를 열어 노사학에 대한 이해를 도모하기도 하였다. 『日新齋先生淵源錄』 卷1, 12a, 「年譜」, 42歲條.

30) 『月波集』 卷1, 18b, 「鍾山講會錄序」.

31) 『老柏軒集附錄』 卷1, 13a, 「年譜」, '49歲條'.; 『月波集』 卷1, 18a~19a, 「鍾山講會錄序」.

32) 최종적으로 이 강회의 내용은 권기덕의 「鍾山講錄」으로 정리되었다. 『三山遺稿』 卷5, 「鍾山講錄」 참조.

강학 및 이를 통한 문인 내부의 학문적 결속과 확산을 강조하였다.[33)]

영호남을 망라한 노사학파 문인들의 학파적 결집 및 학문적 일체감 조성을 주도한 정재규는 이후에도 학파 내부 문인들의 학문적 동질성을 조성하기 위한 노력을 지속하였다. 1892년 5월에는 동문인 최숙민, 김현옥, 정면규 등과 「태극도설」, 「외필」 등을 강론하며 리를 중심으로 한 기정진의 성리설에 대한 체계적인 이해를 도모하였고, 1893년 3월과 1896년 4월에는 호남을 유력하여 이 지역의 동문 및 문인들과 함께 강론을 펼치는 등 영호남을 넘나들며 노사학파 내부의 학문적 결집을 도모하는 일련의 강학 활동을 전개하였다.[34)]

정재규가 주도한 노사학파 내부의 강학 교재는 『노사집』과 『답문류편』이었다고 할 수 있다. 기정진 사후 10여 년간 노사학파 문인들의 강학 활동이 전개되면서 1883년 목활자본으로 간행된 초간본 『노사집』이 문인들의 수요를 감당할 수 없게 되었고, 문인 내부에서는 문인들의 수요에 부응할 수 있도록 『노사본』 중간에 대한 여론이 비등했다.[35)] 더구나 초간본에 미처 수록하지 못한 「연보」와 「행장」이 이때에 찬술된 만큼 이를 추록할 필요성이 제기되었다. 이에 따라 1898년에 문집의 체제는 초간본을

33) 『月波集』 卷1, 19a, 「鍾山講會錄序」.

34) 1896년 4월의 호남 유력은 당시 거의를 도모한 강우의 주요 인사들과 정재규가 연계된 것에 대해 체포령이 내려지자 피신한 것이었다. 비록 체포를 염려한 호남행이었지만, 정재규는 정의림, 정시림과 함께 장흥의 천관산을 유력하는 한편, 강학과 酬唱을 진행하며 노사학파 문인들의 결집을 도모하였다. 『老柏軒集附錄』 卷1, 13a, 「年譜」, '54歲條'.

35) 『老柏軒集』 卷36, 1a, 「蘆沙先生文集重刊跋」.

그대로 유지한 채 연보와 행장을 추록하여 목활자본으로 『노사집』 중간본이 간행되었다. 중간본 간행과 관련하여 정재규는 행장을 맡은 조성가와 논의를 진행하는 한편,[36] 중간본의 발문을 작성하여 학파 문인들에게 스승의 학문을 올바로 계승할 것을 촉구하였다.[37]

노사학에 대한 체계적인 정리와 계승 의식의 구체화, 그리고 일련의 학파적 결집을 주도한 정재규는 1901년 5월에 이르러 산청의 신안정사(新安精舍)에서 기우만, 최숙민, 조성주(趙性宙, 1821~1919) 등과 회합을 갖고 보다 완정한 체계를 갖춘 목판본 『노사집』 간행에 대해 논의를 시작하였다. 그리고 그해 7월부터 신안정사에 『노사집』 삼간(三刊)을 위한 간역소를 설치하고 본격적인 간행에 착수하였다. 기우만을 중심으로 한 학파 동문들은 최익현(崔益鉉, 1833~1906)에게 기정진의 신도비명(神道碑銘)을 부탁하는 등 착실하게 간역 작업을 진행하였다. 그러던 중 강우 지역의 연재학파 문인인 권봉희(權鳳熙, 1837~1902), 권명희(權命熙, 1865~1923), 최동민(崔東敏) 등이 「외필」과 「납량사의」 등 기정진의 주요 저작이 율곡설과 배치된다는 점을 거론하며 문집 간행의 중지를 요청하였고, 이에 대해 정재규 등 노사학파 문인들은 정중하게 거절의 뜻을 밝혔다. 이렇게 문집 간행을 둘러싸고 논란이 촉발된 후, 강우 지역의 연재학파 문인들은 송병선(宋秉璿, 1836~1905)과 송병순(宋秉珣, 1839~1912) 등 자신들의 스승을 비롯하여 당시 기호학계를 주도하던 간재학파(艮齋學派)의 종장인

36) 『老柏軒集附錄』 卷1, 13a, 「年譜」, '51歲條'.
37) 『老柏軒集』 卷36, 1a~2a, 「蘆沙先生文集重刊跋」.

전우(田愚, 1841~1922) 등에게 이 사실을 알렸고, 이것이 계기가 되어 기정진의 주요 저술을 둘러싼 논란은 광범위한 논쟁으로 확대되었다.[38]

이후 전우를 비롯하여 범 기호계열 학자들의 이론적 비판이 비등하게 되었고, 정재규는 정의림과 함께 노사학파 문인들에게 통문을 돌려 학파 내부의 동요를 막는 한편,[39] 기정진 학설에 대해 이론적 공박을 주도한 전우의 비판서에 대해 일련의 반비판서를 작성하며 학설 논쟁을 주도하였다. 1901년에 논란이 불거져 이후 2년여에 걸쳐 진행된 이 학설 논쟁은 기정진의 주요 저술 이외에 최익현이 작성한 기정진의 신도비명도 논란의 대상이 되어 기호학계의 학파 간 연대와 대립 양상으로 비화되기도 하였다. 그리고 이 과정에서 정재규를 비롯한 노사학파 문인들은 전우를 위시한 타 학파 학자들의 이론적 비판에 맞서 학문적으로 대응하며 학파의 동요를 안정화시켰다.

1900년대 초반에 불거진 기정진 학설에 대한 범 기호 계열의 전방위적 비판이 제기되었음에도 불구하고 노사학파 내부의 분열이나 혼란이 구체화되지 않았던 것은 정재규를 비롯한 학파 내부의 주요 문인들이 주도한 지속적인 강학 활동이 이미 자리하고 있었기 때문이었다. 기정진 사후 3년 만에 『노사집』 간행이 이루

38) 『蘆沙集』 간행을 계기로 불거진 기호학계의 논쟁 과정 및 내용에 대해서는 박학래(2008), 「蘆沙 奇正鎭의 性理說을 둘러싼 기호학계의 논쟁 - 「猥筆」을 중심으로」, 『民族文化硏究』 48.; 박학래(2010), 「奇正鎭의 「納凉私議」를 둘러싼 畿湖學界의 論爭」, 『유교사상문화연구』 39. 등 참조.

39) 정재규는 「辨誣文示諸同志」를, 정의림은 「節酌辨誣文」, 「通告嶺南列邑章甫文」, 「通告湖南列邑章甫文」 등을 각각 작성하여 문인 내부의 동요를 차단하고자 하였다.

어지고, 이후 『답문류편』 간행을 비롯하여 거듭된 『노사집』의 간행이 진행되었다는 것은 그만큼 노사학파 문인들의 학파적 결집이 굳건했음을 의미하는 것이었으며, 특히 지속적으로 문인 내부에서 진행된 강론은 기정진 학설에 대한 문인들의 계승 및 수호 의지가 강화되어 있었음을 의미하는 것이라 할 수 있다. 그리고 이 과정에서 정재규가 주도적인 역할을 담당했다는 것은 그만큼 그가 기정진 사후에 노사학파 문인 내부에서 적어도 학문적인 계승의 측면에서 적전(嫡傳)의 위치에 있음을 반증하는 것이라 할 수 있다.

이러한 측면에서 기우만은 정재규 사후에 그의 「묘갈명(墓碣銘)」을 통해 "노사 선생의 문하에 공(정재규)이 있고 없느냐에 선생의 학문이 전해지는가의 여부가 달려 있으며, 선생의 학문이 전해지는가의 여부에 따라 도의 명회(明晦)가 판가름 난다."고 지적하고, "공이 태어난 것이 어찌 하늘의 뜻이 아니겠는가?"[40]라고 하여 정재규의 노사학파 내 위상을 확인하였다. 나아가 기우만은 공자 문하의 안회(顔回)를 염두에 두고 기정진 문하의 호학자(好學者)로 정재규를 지목하였다.[41] 이러한 평가는 정재규의 문인인 권재규(權在奎, 1870~1952)를 비롯하여 여러 학자에게로 이어져 대체적으로 강우 지역의 정재규 문인 및 교유 학자들은 정재규를 '담옹적전(澹翁傳嫡)', '노문전적(蘆門傳嫡)'으로 평가하였

40) 奇宇萬, 『松沙集』 卷35, 1a. 「徵士老柏軒鄭公墓碣銘 并序」. "余謂先生之門, 公之有無, 而師學之傳否繫焉, 師學之傳否, 而道明晦判焉, 其生亦何嘗非天意."

41) 『松沙集』 卷35, 4a. 「徵士老柏軒鄭公墓碣銘 并序」. "蘆沙之門, 孰爲好學, 非余阿私, 衆推老柏."

다.[42] 이처럼 정재규를 노사학파의 적전 내지 핵심으로 평가한 것은 기정진 사후에 지역을 넘나들며 펼친 정재규의 폭넓은 강학 활동에 주목한 결과라 할 수 있으며, 그가 펼친 강학 활동의 밑거름에는 기정진 학문에 대한 존숭과 계승에서 남달랐던 그의 학문 성취가 자리한다고 할 수 있다.

■ 강우 지역의 노사학 부식(扶植)을 위한 교육활동의 전개

기정진 사후에 노사학의 체계적인 정리와 계승을 주도한 정재규는 앞서 밝힌 대로 기정진 생전에 이미 몇몇 문인을 문하에 두는 등 30대부터 교육활동을 전개하였다. 그리고 기정진 사후인 40대부터 본격적인 교육활동을 비롯하여 다양하고 폭넓은 강학 활동에 매진하여 자신의 근거지인 삼가를 중심으로 강우 지역에서 다수의 문인을 배출하였다. ([표 1] 참조)

기정진 생전에 진행된 그의 초기 교육활동은 다분히 제한적이었다고 할 수 있다. 기정진 문하에 입문한 후 정재규의 관심은 본격적인 독서와 사색을 통해 학문적 성취를 이루고자 하는 것에 중심을 두어졌기 때문에 그의 교육활동은 제한적일 수밖에 없었다. 따라서 30세 전후한 시기의 교육 관련 강학 활동은 체계적인 강학을 통한 문인 배출이라기보다는 자신의 인적 관계망에 기초한 제한적인 활동일 수밖에 없었다. 이에 따라 그는 기정진 문하에 입문한 후 일정 정도의 학문적 성취를 이루며 기정진으로부터

42) 權在奎, 『而堂先生文集』 卷32, 「老柏書舍釋菜時告由文」.; 鄭誾敎, 『竹醒文集』 卷1, 「挽鄭艾山厚允載圭」.; 柳遠重, 『西岡先生文集』 卷15, 「老柏軒先生年譜序」.

[표 1] 정재규의 주요 강학 활동

시기	나이	장소	1내용
1870년 윤10월	28	三嘉 鄕校	朴致馥, 許愈를 三嘉鄕校의 講學에서 만남
1876년 4월	34	長城 下沙	同門 金錫龜, 鄭義林과 「太極圖說」, 「納凉私議」를 강론함.
1879년 1월	37	長城 下沙	從弟 鄭冕奎, 門人 權雲煥을 데리고 奇正鎭을 배알한 후 同門 金錫龜, 鄭義林과 함께 「猥筆」을 받아 강론함.
1884년 겨울	42	三嘉 鄕校	三嘉縣令으로 부임한 申斗善의 초청으로 三嘉鄕校에서 許愈와 함께 강학. 『擊蒙要訣』을 강한 후 차례로 『大學』·『家禮』를 강론함. 매월 초하루와 보름에 정기적으로 강학하고, 강학 후에 큰 소리로 「白鹿洞規」를 읽게 함.
1885년 봄	43	三嘉 雷龍亭 / 丹城 新安精舍	申斗善에게 요청하여 曹植의 강학처였던 雷龍亭을 중건한 후 許愈와 함께 그곳에서 강학. 奇宇萬이 방문하여 雷龍亭과 新安精舍를 둘러보고 함께 강회.
1887년 3월	45	山淸 智谷	同門 金顯玉·趙鏞韶·李炳斗와 문인 李宅煥·權雲煥·權基德 등과 함께 山淸 會稽山 아래 智谷에서 '會稽講社'를 결성하고 主講으로 강학. 매년 강학 실시.
1888년 12월	46	三嘉 松谷	「會稽講社諸公講目」 저술.
1891년 8월	49	河東 岳陽亭	鄭汝昌의 강학처인 河東의 岳陽亭에서 영호남 문인 수십 명이 함께 모여 『小學』 강론.
1891년 8월	49	求禮 華嚴寺	求禮 華嚴寺에서 '鍾山講會' 개최, 동문 鄭義林과 수십 명의 문인들이 모여 며칠 동안 강론. 문인 權基德이 강학 내용을 「鍾山日記」로 정리.
1892년	50	三嘉 鳳棲齋	鳳棲齋에 기거하며 「學規」 저술
1892년 4월	50	山淸 涵一臺	新安江 위의 涵一臺에서 어린 학동들에게 강학.
1892년 5월	50	三嘉 鳳棲齋	동문 崔琡民, 金顯玉 및 문인 鄭冕奎 등과 함께 「太極圖說」과 「猥筆」을 강론
1893년 가을	51	宜寧 敬慕亭	宜寧南氏의 先齋인 敬慕亭에서 門人 南廷燮 등이 초청하여 여러 사람이 모여 설강하고 『大學』을 講하도록 함.

시기	나이	장소	내용
1896년 4월	54	湖南 一帶	의병운동가들에 대한 체포를 피해 호남지방으로 피신하여 鄭時林, 정의림 등과 天冠山, 月嶽山 등지를 逍遙. 따르는 자가 수십 인이었으며, 이들과 함께 강학과 唱酬를 진행.
1897년 10월	55	三嘉 雷龍亭	許愈와 함께 『寒洲集』을 열람함
1897년 겨울	55	宜寧 竹村草堂	安東權氏 가문의 초청으로 宜寧에 있는 竹村 權思學[43]의 장수처인 죽촌초당에서 수개월 동안 머무르며 강학.
1898년 3월	56	宜寧 武夷溪	宜寧의 武夷溪을 유람하며 사우들이 수계하고 매년 회강할 것을 청하자 허락. 후에 門人 南昌熙·南台熙 兄弟가 계상에 정자를 설치하여 회강의 장소를 삼고 정재규에게 이름을 청하자 「偶愛亭記」를 지어줌.
1898년 11월	56	三嘉 勿溪亭	先世의 묘각인 勿溪亭의 상량문을 짓고, 이곳에 기거하며 講道.
1899년 4월	57	三嘉 觀善堂	三嘉 古縣의 觀善堂의 강회에 주강으로 참석하여 강론 門人 鄭洪圭·鄭贊圭 兄弟가 배종.
1899년 11월	57	三嘉 雷龍亭	허유와 뇌룡정에서 만나 程子의 「好學論」을 강론. 문인 宋在洛·鄭淳中 등 십 수인이 참석.
1900년 여름	58	丹城 新安精舍	丹城 新安精舍에서 피서하면서 문인들과 『大學』을 會講. 문인 權雲煥·朴熙珵·南廷瑀·權奎權·權鳳鉉·李敎文·李敎宇와 韓愉 등이 참석.
1900년 여름	58	晋州 大源菴	晋州의 白雲洞을 유람한 후 大源菴에 들어가 『近思錄』을 강론.
1902년 4월	60	三嘉 臨淵亭	6세조 鄭宗仁의 장수처인 臨淵亭을 중건한 후 기문을 작성하고, 이곳에 기거하며 講道.

43) 竹村 權思學(1758~1832)은 宋煥箕의 문인이다. 『朱子家禮』와 『家禮輯覽』을 근간으로 관례와 혼례에 대한 행례 규범을 정리한 『二禮輯略』을 비롯하여 문집 『竹村集』을 남겼다.

학자적 자질을 인정받은 후인 30세 전후에 그의 종제인 정면규와 우연한 기회를 통해 조우한 권운환, 그리고 그의 처남인 진박(陳樸, 1852～?) 등을 문하로 받아들여 그들에게 착실히 기정진의 학문을 전수하였다.

정재규는 초기 제자인 정면규와 권운환을 기정진의 문하로 직접 인도하여 기정진의 문인으로 위치 지우기도 하였다.[44] 물론 진박도 기정진의 문하로 이끌었으며, 길지 않지만 기정진으로부터 직접 학문을 익히도록 배려하였다. 정재규가 문하의 초기 제자들을 기정진 문하로 입문시킨 것은 자신뿐만 아니라 자신의 문인들을 노사학파의 일원으로 위치지어 보다 광범위하게 강우 지역에서 노사학 계승 및 확산을 이끌고자 하였기 때문이라 할 수 있다.[45]

앞서 지적한 바와 같이, 30대부터 제한적으로 진행된 그의 교육 활동은 40대 이후 보다 본격화하기 시작하였다. 후술하겠지만 40대 초반부터 삼가 지역의 유풍 진작을 위한 강학 활동의 전면에서 활동한 그는 50대에 접어들어 자신의 강학처인 봉서재(鳳棲齋)와 물계정(勿溪亭)을 중심으로 체계적인 교육활동에 나섰다. 50세 때인 1892년 봉서재에 거처하며 문인들에 대한 교육을 본격화한 그는 체계적인 강학을 위해 「학규(學規)」를 제정하여 시행하는 등 체계적인 교육 활동을 전개하였다.

---

44) 『老柏軒集附錄』 卷1, 13a, 「年譜」, '37歲條'.

45) 기정진 문하의 말년 제자로 입문한 정재규의 문인들은 동문 선배 문인들과의 학문적 교유를 강화하며 노사학의 계승에 힘을 보탰으며, 기정진 사후에 정재규를 중심으로 펼쳐진 각종 사업에 참여하여 강우 지역의 노사학 확산에 적지 않은 역할을 담당하였다.

본격적인 교육활동에 나선 정재규는 선행연구에서도 언급되었듯이[46] 무너져 가는 유교적 질서를 목도하면서 절박한 위기의식을 느끼고 있었다. 그리고 이 위기를 돌파하기 위해서는 무엇보다 올바른 태도와 자세를 갖춘 유학적 지식인으로서 '독서종자(讀書種子)'가 양성되어야 한다고 생각하였고, 문하의 문인들에게 올바른 독서종자로 성장하기 위해서는 무엇보다 일상에서 올바른 태도와 자세를 갖추어야 한다고 강조하였다. 이러한 생각을 바탕으로 그는 1892년 봉서재를 중심으로 교육활동을 본격화하면서 「학규」를 제정하여 체계적인 문인 교육을 진행하였던 것이다.

그는 「학규」를 통해 문인들이 추구해야 할 학문의 방향과 내용을 요령 있게 정리하여 제시하였는데, 「학규」의 주요 골자는 대체적으로 율곡의 『격몽요결(擊蒙要訣)』을 중심으로 『논어』, 『맹자』, 『소학』 등의 내용을 참고한 것이었다. 아울러 그는 당시 시대적 상황을 고려하여 「학규」의 내용을 마련하였으며, 이를 통해 문하의 문인들이 올바른 독서종자로 성장하기를 기대하였다.

정재규는 총 7개 조목으로 구성된 「학규」의 첫 조목으로 '뜻을 세울 것'[立志]를 강조하였다. 기정진으로부터 학문을 하는 데 있어 무엇보다 입지가 선결되어야 함을 전수받았던[47] 그는 율곡의 『격몽요결』을 참고하여 '입지'를 가장 먼저 내세우며, "천지를 위하여 마음을 세우고, 생민(生民)을 위하여 표준을 세우며, 전성(前

46) 최석기(2010), 117～122쪽 참조. 최석기는 이 논문을 통해 동시대 강우지역 학자들에 비해 정재규가 '독서종자'에 대한 언급을 가장 많이 하였고, 이를 통해 '道를 구하는 인재를 양성하여 도가 없어지지 않고 전해지도록 보전하고자' 독서종자배양론을 제기하였다고 지적하였다.

47) 『老柏軒集』 卷27, 2b, 「沙上記聞」. "先生曰, 若要爲學, 先要立志."

聖)을 위하여 끊어진 학문을 잇고, 만세(萬歲)를 위하여 태평을 열어야 함."을 제시하였다.[48] 그가 수기치인(修己治人)을 지향하는 유학의 도를 지향하면서 계왕개래(繼往開來)해야 할 것을 자임해야 함을 역설하며 입지를 강조한 의도는 무엇보다 개항 이후 신학문이 물밀듯이 밀려오고 유학의 영향력이 약화되는 상황에서 문인들에게 유학의 도에 대한 신뢰를 바탕으로 유학적 지식인, 즉 '독서종자'로 성장할 것을 스스로 다짐하고 기약해야 함을 역설하기 위한 것이었다고 할 수 있다. 이러한 의도는 그가 초기 문인 중 한 사람인 전기주(全基柱, 1855~1917)에게 입지의 의미를 제시하며 '거세게 쏟아져 내리는 파도 속에서도 우뚝하게 움직이지 않고 굳게 서 있는 지주(砥柱)', '모진 바람과 거센 눈보라 속에서 꿋꿋하게 서 있는 한송(寒松)'을 거론하고, "무릇 선비로서 도에 뜻을 두었다면, 모름지기 이런 기력을 갖추고서 이런 절개를 부식하여야 절개와 지조를 바야흐로 떨어뜨리지 않을 수 있을 것"이라고 역설한 데에서도 확인할 수 있다.[49] 이처럼 그가 일련의 글을 통해 문인들에게 입지를 강조한 것은 이러한 시대 상황과 무관치 않다고 할 수 있다.[50]

아울러 정재규는 입지를 강조하며 "도로 스스로 임무로 삼아 현인을 희망하고 성인을 희구하라."[51]고 강조하였는데, 이때 그

48) 『老柏軒集』 卷27, 25a, 「學規」. "爲天地立心, 爲生民立極, 爲往聖繼絕學, 爲萬世開太平."

49) 『老柏軒集』 卷31, 27a~b, 「書贈全邦彦」.

50) 정재규는 「학규」 이외에 여러 글을 통해 입지의 중요성을 강조하였다. 김성희(2020), 61~64쪽 참조.

51) 『老柏軒集』 卷27, 25a, 「學規」. "以道自任, 希賢希聖."

가 제시한 도는 유교적 전통에 따라 고원(高遠)한 것이 아니라 구체적인 일상에 있는 것이었다. 그래서 그는 문인들에게 "도는 사람에게서 멀리 있지 않다."고 거듭 강조하며, "그 도를 행하는 것은 자신에게 달려 있으니, 지지부진하게 기다리지 말아야 하며 두렵고 어렵다고 망설이지도 말아야 한다."[52]고 하여 일상에서 도의 과감한 실천을 주문하였다.

입지를 바탕으로 정재규는 「학규」의 두 번째 조목으로 '검신(檢身)', 즉 '몸을 검속할 것'을 제시하였다. 그는 일상에서의 행위를 올바로 해야 할 것을 제시하며 "선왕(先王)의 법이 아니면 감히 복종하지 않아야 하고, 선왕의 법이 아니면 감히 도를 말하지 않아야 하며, 선왕의 덕이 아니면 감히 행하지 말아야 한다."[53]고 제시하여 유학의 전통 규범에 근거한 실천을 명시하였다. 그리고 그는 일상생활에서 실천해야 할 행동 규범, 즉 몸을 검속하는 구체적인 방법으로 『격몽요결』의 「지신(持身)」 장에서 제시된 구용(九容)을 명시하였다.[54]

이어 그는 『논어』에서 공자가 언급한 '주충신(主忠信)',[55] 즉 '충(忠)과 신(信)을 주로 할 것'을 「학규」의 세 번째 조목으로 제시하고, 이에 대한 주자의 설명인 "사람이 충성스럽고 신실하지

52) 『老柏軒集』 卷27, 25a, 「學規」. "道不遠人, 爲之在我, 莫更遲疑等待, 莫更畏難趑趄."

53) 『老柏軒集』 卷27, 25a, 「學規」. "非先王之法, 服不敢服, 非先王之法, 言不敢道, 非先王之德行, 不敢行."

54) 『老柏軒集』 卷27, 25a, 「學規」. "足容必重, 手容必恭, 目容必端, 口容必止, 聲容必靜, 頭容必直, 氣容必肅, 立容必德, 色容必莊."

55) '主忠信'은 『논어』의 「學而」, 「子罕」, 「顔淵」 등 세 번에 걸쳐 공자가 언급하였다.

않으면 일이 모두 성실하지 못하여, 악을 행하기는 쉽고 선을 행하기는 어렵다."라는 내용을 부기하였다.[56] 그리고 그는 "인도(人道)는 오직 충과 신에 있으니 충과 신은 덕에 나아가는 소이"임을 적시하여 자신과 타인에 대한 태도를 엄중히 할 것을 제시하였다.[57]

정재규는 부양억음(扶陽抑陰)하고 존화양이(尊華攘夷)하며 순리치기(順理治氣)하는 것이 성현의 대법(大法)이자 학문의 요전(要詮)이라 파악하고 있었다.[58] 학문을 익힌다는 것은 단순히 유학적 지식을 습득하는데 머무는 것이 아니라 의리를 구현하고 실천을 담보하는 것이라 파악한 그는 학문의 중심 중 하나가 의리의 구현이라고 생각하였다. 그리고 이러한 생각을 「학규」의 네 번째 조목에 반영하여 '여명절(厲名節)', 즉 '명분과 절의에 힘쓸 것'을 제시하였다. 그는 혼란했던 시대 상황 하에서 무미건조한 창백한 유학적 지식이 아니라 유학적 명분과 도의 실현을 위한 실천을 염두에 두었고, 이러한 생각을 반영하여 명분과 절의에 힘쓸 것을 강조한 것이다. 그는 이 조목을 제시하며 『맹자』에서 공자가 "지사(志士)는 시신이 도랑에 버려지는 것을 잊지 않고, 용사(勇士)는 자기 머리를 잃는 것을 잊지 않는다."[59]라고 한 구절과 "한

56) 『老柏軒集』 卷27, 25a~b, 「學規」. "人不忠信, 則事皆無實, 爲惡則易, 爲善則難." 이것은 『論語』 「學而」에서 공자가 "君子不重則不威, 學則不固, 主忠信, 毋友不如己者, 過則勿憚改."에 대한 주자의 주석 내용이다.

57) 정재규가 제시한 '주충신'과 관련한 내용도 『격몽요결』 「지신」장에 실려 있다. 이러한 점에서 정재규는 「학규」를 제정하며 율곡의 『격몽요결』을 다수 참고하였다고 할 수 있다.

58) 『老柏軒集』 卷32, 37b, 「書贈廉敬安兼示講習齋諸生」.

59) 『孟子』 「滕文公」 下.

가지라도 의롭지 못한 일을 행하거나 한 사람이라도 죄 없는 이를 죽이고서 천하를 얻는 일은 이들 모두가 하지 않을 것"[60]이라는 언급을 인용하여 문인들이 시대적 혼란을 외면하지 않는 실천적인 유학적 지식인으로 성장하길 기대하였다.

아울러 정재규는 '정추향(正趨向)', 즉 추향을 바르게 할 것을 다섯 번째 조목으로 제시하였다. 학문의 방향과 근거를 주자학에 두었던 만큼 그는 주자를 근본으로 삼고 공자를 조종(祖宗)으로 삼아 말해야 하고, 이때 말은 반드시 옳음을 구하고 일에 합치되어야 하며, 일은 반드시 옳음을 구하여야 한다고 강조하였다. 그리고 말과 일이 옳음을 구하기 위해서는 선현들이 이루어 놓은 성법을 고수하여야 한다고 강조하고, 함부로 새로운 논의와 구차하게 다른 행위를 하지 말아야 한다고 주문하였다.[61] 추향을 바르게 할 것과 관련하여 그는 선현이 이루어 놓은 성법에 대해 "이학(理學)의 정미(精微)함은 퇴계 선생을 스승으로 삼아야 하고, 경제 규모는 율곡 선생을 배워야 하며, 예제(禮制)를 강명하여 사람의 기강을 마련한 공은 사계(沙溪) 선생을 흠모해야 하고, 춘추를 잡고서 부억(扶抑)의 의리를 엄격히 하는 것은 우암(尤菴) 선생을 본받아야 한다."고 지적하여 조선 유학의 학문에 대한 인식을 구체적으로 제시하였다.[62]

60) 『孟子』「公孫丑」 上.
61) 『老柏軒集』 卷27, 25b, 「學規」. "宗朱子而祖孔子言, 言必求是合事, 事必要是, 則固守成法, 循塗隨轍, 毋敢爲創新之論, 苟異之行."
62) 『老柏軒集』 卷27, 25b~26a, 「學規」. "至於我東先賢, 則理學精微, 師退溪先生, 經濟規模, 學栗谷先生, 講明禮制, 以修人紀之功, 慕沙溪先生, 秉執春秋, 以嚴扶抑之義, 法尤菴先生."

유학적 전통을 계승한 정재규는 여섯 번째 조목으로 '벽이단(闢異端)', 즉 이단을 물리칠 것을 제시하였다. 그는 유학과 다른 전 시대의 여러 학문에 대해 비판적인 입장을 구체적으로 제시하여 "양주와 묵적의 해(害)는 신불해와 한비자보다 심하고, 노자와 불교의 해는 양주와 묵적보다 심하며, 육상산과 왕양명의 학문은 거짓된 유학의 학문이며, 불교의 해됨은 또한 노불보다 심하다." 고 평가하였다.[63] 그리고 주자의 언설을 인용하여 "『춘추』의 법도에 따르면 난신적자는 사람마다 다 토벌할 수 있고, 성인의 법에 따르면 사설이 정도를 해치는 것은 사람마다 공격해야 한다." 고 지적하고, 만약 공격하여 토죄하지 않고 또 굳이 공격하여 토죄할 필요가 없다고 말하는 자는 난적의 당여(黨與)이자 사피(邪詖)의 무리가 될 것이라고 강하게 이단을 배척해야 함을 역설하였다.[64]

마지막으로 정재규는 '입과정(立課程)', 즉 학업의 과정을 세울 것을 「학규」의 조목으로 제시하였다. 그는 이 조목을 통해 새벽부터 저녁 늦게까지 한순간도 쉼이 없어야 하며, 또한 한 번의 조급함도 없어야 한다고 강조하였다.[65]

---

63) 『老柏軒集』 卷27, 26a, 「學規」. "楊墨之害, 甚於申韓, 老佛之害, 甚於楊墨, 象山陽明之學, 假儒文. 佛其爲害, 又甚於老佛."

64) 『老柏軒集』 卷27, 26a~b, 「學規」. "春秋之法, 亂臣賊子, 人人得以誅之, 聖人之法, 邪說害正, 人人得以攻之. 若不能攻討, 又倡爲不必攻討之說者, 是爲亂賊之黨邪詖之徒也." 이 언급은 『孟子』 「滕文公 下」의 "말로써 楊朱와 墨翟을 막을 수 있는 이라면 성인의 문도이다.(能言距楊墨者, 聖人之徒也)"에 대한 주자의 주석에서 비롯된 것이다.

65) 『老柏軒集』 卷27, 26a~b, 「學規」. "自晨興至夜寐, 不可一息閒, 亦不可一息忙." 이 언급은 『蘆沙集』 卷21의 「持齋記」에서 취한 것이다.

이렇듯 「학규」를 제정하고 본격적인 교육 활동에 나선 정재규는 이후 봉서재뿐만 아니라 자신의 거처 중 한 곳이었던 물계정에서도 문인 교육을 전개하였다. 그는 1898년 11월부터 선세(先世)의 묘각인 물계정의 상량문을 짓고, 이후 이곳에 기거하며 강학을 전개하였다. 이때 그는 재실에 머물며 학문을 익히던 문인들을 위해 「물재절목(勿齋節目)」을 제정하여 엄숙한 태도를 강조하였다.[66] 「물재절목」은 물계정에서 기숙하며 학문을 익히던 문인들이 지켜야 할 생활 규범과 독서 요령, 강론의 방법, 동학 간의 태도 등을 요령 있게 명시한 것인데,[67] 이것은 재실에서 문생들이 지켜야 할 일종의 생활 규범이었다.

자신의 거처를 중심으로 문인 교육을 진행하면서도 정재규는 의령을 비롯하여 강우 지역의 여러 지역을 넘나들며 문인 교육을 전개하였다. 1893년 가을에는 문인 남정섭(南廷燮, 1863~1913) 등이 의령 남씨(宜寧南氏)의 재실인 경모정(敬慕亭)으로 그를 초청하자 이에 응하여 강론을 펼쳤으며, 1896년에는 이택환이 설치한 취서암(鷲棲菴)을 찾아 『주역』을 읽으며 문인들과 강론을 진행하기도 하였다. 1897년 겨울에는 안동 권씨(安東權氏) 가문의 초청

66) 정재규는 거처를 자주 옮겼는데, 그가 물계의 거처로 처소를 옮긴 때는 1891년이다. 그리고 이듬해부터 봉서재에서 본격적인 강학을 전개하였다. 따라서 勿溪亭에서 강학을 한 때는 1892년부터라고 볼 수 있다. 하지만 명시적으로 물계정을 상량하고 講道한 때는 1898년이다. 『老柏軒集附錄』 卷1, 13a, 「年譜」, '56歲條'.

67) 「물재절목」은 총 13개 조목으로 정리되어 있다. 새벽에 일어나 침구를 정리하는 일부터 식사 예절, 산책하는 방법, 글을 쓰는 요령, 강하는 순서, 재실을 떠나 집에서의 태도 등을 구체적으로 제시하여 일상에서의 공부하는 태도를 명확히 한 것이다. 그 구체적인 내용은 율곡의 「隱屛精舍學規」를 비롯하여 전 시대 학자들의 학규 관련 내용과 유사한 측면이 있다.

으로 수개월 동안 권사학(權思學, 1758~1832)[68]의 장수처인 의령의 죽촌초당(竹村草堂)에 머물며 강학을 진행하기도 하였다. 그리고 이듬해에는 의령의 사우들이 수계하고 매년 회강할 것을 청하자 이를 허락한 후, 이 지역의 문인인 남창희(南昌熙, 1870~1945)·남태희(南台熙, 1877~1907) 형제가 정자를 마련하여 회강의 장소로 삼자 「우애정기(偶愛亭記)」를 지어주기도 하였다. 1899년 4월에는 삼가(三嘉) 고현(古縣)의 관선당(觀善堂)에서 열린 강회에 주강으로 참석하여 강론을 펼쳤으며, 1900년 여름에도 단성(丹城) 신안정사에서 피서하면서 문인들과 『대학』을 회강(會講)하기도 하였다. 이렇듯 정재규는 50대 이후 강우 지역을 중심으로 문인 교육에 열중하며 기정진 학문을 전수하는 데 진력하였다.

정재규는 강학 공간을 강우 지역에 한정하지 않고 노사학파의 중심지인 호남 지역으로 확대하기도 하였다. 그는 1896년 4월에 이르러 의병운동가들에 대한 체포를 피해 호남지방으로 피신하여 정의림의 강학처인 화순 등지에서 강학 활동을 전개하였으며, 이를 통해 호남 지역에서 적지 않은 문인을 배출하기도 하였다.[69] 특히 그는 정의림의 대표적인 강학처였던 화순의 영귀정(詠歸亭)에서 열린 강회를 통해 "지금 세상이 어떤 세상인가? 독서종자가 거의 끊어지려 한다. 여러분들이 능히 옛 법칙을 지키고 옛 도리

68) 竹村 權思學은 宋煥箕의 문인이다. 『朱子家禮』와 『家禮輯覽』을 근간으로 관례와 혼례에 대한 행례 규범을 정리한 『二禮輯略』을 비롯하여 문집 『竹村集』을 남겼다.

69) 정재규의 「연보」에는 적시되어 있지 않지만, 정의림의 「연보」에 따르면 정재규는 이때의 방문에 앞서 1889년 가을에도 정의림의 거처인 능주를 방문하여 강론을 펼치기도 하였다. 『日新齋先生淵源錄』 卷1, 18a, 「年譜」, 46歲條.

를 강론하여 거문고를 타며 시를 읊는 것을 그만두지 않는다면, 능성(綾城) 지역은 홀로 노나라처럼 될 수 있을 것"[70]이라고 설파하며 지속적인 독서와 강학을 강조하였다.[71]

영호남을 넘나들며 문인 교육에 전념했던 정재규는 영남의 주요 명승지를 대상으로 한 동문 및 문인들과의 유력(遊歷)을 통해 자신의 학문적 입장과 지향을 보다 구체적으로 전수하기도 하였다. 20대 후반 홀로 진주와 사천, 통영 등을 유력했던 그는 앞서 언급한 바와 같이 1887년 8월 최숙민 등 동문들과 함께 지리산 산행을 단행하여 강우 지역의 노사학 계승에 대한 의지를 확인한 것을 비롯하여 지속적으로 문인들과 함께 영남의 여러 명승지를 찾아 또 다른 방식의 교육 활동을 전개하였다.[72] 그는 문인들과 함께 의령의 자굴산과 국사봉을 비롯하여 남해의 금산, 진주의 백운동 등 주요 명승지를 유력하며 주요 경전에 대한 강론은 물론, 주요 성리학적 주제에 대한 자신의 학문적 입장과 지향을 전수하는 등 유력을 하나의 교육 공간으로 활용하였다.

문인들과의 유력 이외에 정재규는 주요 성리학적 주제에 대해 질정하는 문인들에게 자신의 의견을 담은 편지를 보내 기정진으로부터 연원하는 학문적 입장을 구체적으로 제시하였다.[73] 특히

---

70) 『老柏軒集』 卷37, 31b, 「題詠歸亭旬講錄」. "今世何世? 讀書種子, 殆將絕矣. 諸君能守舊規, 講古道, 絃誦不輟, 綾城一方, 其可謂獨魯也,"

71) 정재규의 호남 지역에서의 강학 활동은 이 지역에서 적지 않은 문인을 배출하는 통로가 되었다. 이 강회 이후 호남의 여러 문인들은 정재규에게 편지를 통해 주요 성리학적 주제에 대해 질의를 하고, 때로는 직접 그의 처소인 삼가를 방문하는 등 긴밀하게 학문 수수를 이루어 나갔다.

72) 정재규가 주도한 遊歷의 시기와 장소, 동행인 등 자세한 내용은 김성희(2020), 157~158쪽 참조.

73) 1897년 權雲煥, 鄭鳳基, 河宅祖 등이 『孟子』 好辯章에 대해 질정하자 이

문인 내부에서 논란이 되었던 주요 성리학적 주제에 대해 주저 없이 자신의 의견을 피력하는 등 문인 내부의 학문적 동질성을 구체화하고자 하였으며,[74] 주요 문인들의 강학처에 편지를 보내 그 뜻을 치하하고 강학의 방향을 환기시켜 주기도 하였다. 편지를 통한 주요 성리학적 주제에 대한 문답과 문인들에 대한 학문적 권면에 주력했던 정재규의 교육 활동은 『노백헌집(老柏軒集)』에 수록된 그의 저술 절반 이상을 차지하는 문인들에 대한 답서에서 확인할 수 있다.[75]

이렇듯 다양한 방식을 통한 정재규의 교육 활동은 말년에도 지속되어 60대부터는 임연정(臨淵亭)을 중심으로 한 강학으로 이어졌다. 그리고 이를 통해 강우 지역 내에서 기정진의 학맥이 더욱 이어져 적지 않은 노사학파 문인들이 배출되는 등 노사학이 부식될 수 있는 기반이 조성되었다.[76]

에 대해 답변한 장문의 편지를 보내었고, 1900년에는 李鉉五와 「太極圖說」에 대해, 호남의 문인 黃澈源와 心性에 대해 각각 서신을 통해 문답을 진행하였다.

74) 일례로 1899년에 문인 권재규가 이도복과 四七說을 두고 논변을 진행하면서 주요 주제에 대해 질정하자 정재규는 이에 대한 답변을 자세히 정리하여 답장하였다.

75) 49권으로 편집된 『老柏軒集』의 卷4부터 卷26까지가 편지이며, 그 가운데 卷9부터 卷26까지가 대체적으로 문인들의 편지에 대한 답서이다. 18권에 달하는 문인에 대한 편지에서 확인되듯이 편지는 정재규가 노사학 전수하는 주요 통로였다.

76) 강우 지역 내에서의 노사학 계승 및 확산은 정재규 이외에 최숙민, 조성가 등을 통해 이루어졌다. 정재규가 펼친 교육활동은 정재규 홀로 진행한 것이 아니라 강우 지역 내의 동문들과 연계된 것이었으며, 기정진의 재전 제자에 해당하는 이들의 문인들은 특정 스승에 한정하지 않고 여러 문인들로부터 학문을 수수하였다.

■ 강우 지역의 유학 부흥과 타 학파 학자들과의 강론 전개

노사학의 계승과 확산에 주력했던 정재규는 일찍부터 강우 지역의 유학 부흥에도 적지 않은 관심을 기울였다. 특히 그는 '남명향(南冥鄕)'으로 불리는 삼가 지역을 비롯하여 인근의 산청, 하동 등지의 유학 부흥을 위해 지속적으로 강학 활동을 펼쳤다. 그리고 이 과정에서 허유(許愈, 1833~1904)를 비롯하여 박치복(朴致馥, 1824~1894) 등 강우 지역의 타 학파 학자들과 학문적 교유 및 연대를 추진하는 등 학파의 경계를 뛰어넘어 유학의 부식과 계승을 위한 강학 활동에 노력하였다.

정재규가 강우 지역의 유학 부흥에 깊은 관심을 두게 된 것은 기정진의 영향이 적지 않았다.[77] 기정진은 일찍부터 정재규에게 "영남은 선현이 배출된 지역으로 마땅히 유풍이 아직 남아있다. ……그대가 만약 뜻이 있다면 다른 사람 말에 흔들리지 말고 선현의 유풍을 우러러 숭상해야 할 것이다. 영남은 지방의 풍속이 순실하므로 모든 일에 궁극에 이르길 기약할 수 있으니 그대는 면려해야 할 것."[78]이라고 당부할 정도로 강우 지역의 유풍에 대해 긍정적이었다.[79] 이렇듯 스승으로부터 강우 지역의 유풍 진작

---

77) 기정진은 일찍이 강우 지역을 유력하며 이 지역의 여러 학자들과 지속적으로 교유하였고, 이를 통해 영남의 유풍을 확인하였다.

78) 『老柏軒集』 卷27, 6a~b, 「沙上記聞」. "先生日, 嶺南先賢輩出之地, 宜有遺風之尙存. … 子若有志, 不爲他人言所動, 仰尙先賢遺風也. 嶺南土風淳實, 故凡事期至究竟. 子其勉哉."

79) 기정진은 "영남 지방에 서학을 이야기하는 사람이 많다고 들었다."며 이것이 사실이냐고 물었고, 정재규는 "들었다"고 대답하였다. 이후 기정진은 서학에서 사후에 극락에 간다는 설은 불교와 같다고 지적하는 등 정재규에게 서학의 문제점에 대해 설명하였다. 서학에 대한 비판적 언급이지만 기정진이 영남 지역에서 서학이 유행하는 것에 대해 우려의 뜻을 전달한 것은

에 대해 격려를 받은 정재규는 40대 이후부터 본격적으로 지역의 유풍을 진작시키기 위한 강학 활동을 전개하였다.

정재규의 지역 유풍 진작은 1884년에 삼가 현령으로 부임한 신두선(申斗善)을 통해 구체화되었다. 기호학계의 대표적인 산림 학자인 임헌회(任憲晦, 1811~1876)의 문인인 신두선은 현령으로 부임한 후 정재규를 찾아 목민(牧民)과 조사(造士)의 방법을 물었고, 이에 대해 정재규는 세 차례에 걸쳐 자신의 의견을 개진하는 등 지역의 유풍 진작을 위한 자신의 생각을 구체적으로 표명하였다. 정재규의 의견을 받아본 신두선은 "내가 남쪽으로 와서 체용을 갖춘 선비를 얻었다."고 평가할 정도로 정재규의 학문과 경륜에 탄복하였다.[80] 이후 정재규는 「옥조심의이편해(玉藻深衣二篇解)」를 지어 신두선에게 보내는 등 시대 변화에 대응하는 자신의 입장도 구체적으로 전달하였다.

신두선과의 만남을 통해 정재규가 무엇보다 역점적으로 추진하고자 한 것은 지역의 유풍 진작을 위한 강학과 강학의 기반이 되는 조식의 강학처인 뇌룡정(雷龍亭)의 복원이었다. 당시까지 폐허로 남아있던 뇌룡정 등의 복원을 위해 이전부터 노력했던 정재규는 신두선에게 이의 복원을 요청하는 한편, "강약(講約)과 강규(講規)를 정하여 봄가을로 강학하고 석채례(釋菜禮)를 행하여 남명의 경의학(敬義學)을 표창하면 지역의 유풍이 진작되어 원근에서 영남의 학문을 말할 때에 반드시 삼가를 거론할 것"이라 강조

영남 지역의 유풍 진작을 직간적적으로 정재규에게 당부한 것이라 할 수 있다. 『老柏軒集』 卷27, 5b~6a, 「沙上記聞」 참조.

80) 『老柏軒集附錄』 卷1, 21a, 「年譜」, '42歲條'.

하였다.[81] 지역의 대표적인 학자인 허유 등과 연대하여 뇌룡정 복원을 추진한 정재규는 1885년에 중건을 이루었고, 이후 허유와 함께 이곳에서 다양한 강학 활동을 진행하는 등 뇌룡정을 지역 유림의 강학 공간이자 유풍 진작의 중심지로 활용하였다.[82]

정재규는 조식 이외에 강우 지역의 다른 선현에 대한 존숭과 현양에도 관심을 기울였다. 특히 그는 율곡학으로 가문의 학문적 입장을 뚜렷이 한 정여창(鄭汝昌, 1450~1504) 가문의 후손들과 교유를 진행하며 수시로 정여창의 유지(遺址)를 찾아 그에 대한 현양 사업과 강학 활동에 참여하였다. 1868년 가을에 김굉필(金宏弼, 1454~1504)과 정여창을 배향하고 있던 합천의 이연서원(伊淵書院)에서 열린 향례에 참석하여 지역 유현에 대한 존숭의 뜻을 펼친 그는 1891년 8월에는 정여창의 강학처 중 한 곳이었던 하동의 악양정(岳陽亭)에서 『소학』을 강론하였으며,[83] 이듬해 8월에는 함양의 남계서원(濫溪書院)에서 열린 향례에 참석하는 등 정여창에 대한 추승 작업에 적극 참여하였다.

정재규는 삼가를 비롯한 강우 지역의 어린 학동을 대상으로 한 강학에도 관심을 기울여 지역 내의 유풍을 부식하는 데 노력하였

81) 『老柏軒集附錄』 卷3, 6a, 「事狀」. "今之學者, 當學冥翁, 龍亭是冥翁講道之地, 而鞠草如此, 吾鄕之羞也. 遂請于侯以立之, 立約定規, 春秋講學, 爲行釋菜, 表章敬義之學, 於是儒風振作, 遠近語嶠南文學, 必稱嘉鄕."

82) 뇌룡정 중건 이후 정재규는 허유와 함께 雷龍儒契를 결성하고 지속적으로 강학을 전개하는 한편, 지역 사림들과의 학문적 연대도 강화하였다.(김봉곤(2010), 50쪽) 그리고 수시로 뇌룡정을 찾아 문인들과 함께 강론을 진행하는 등 조식의 학문에 대한 계승 의식을 분명히 하였으며, 1892년 겨울에는 뇌룡정에서 『남명집』을 교열하는 등 조식에 대한 현양 사업을 지속적으로 주도해 나갔다.

83) 『老柏軒集附錄』 卷1, 26b~27a, 「年譜」, '49歲條'.

다. 1884년 겨울부터 신두선의 요청에 따라 허유와 함께 삼가 향교에서 지역에서 선발한 우수한 자제들을 대상으로 강학을 전개하였다.[84] 이때 정재규는 규례(規例)를 정하여 『격몽요결』을 먼저 익히게 한 후 『대학』, 『가례(家禮)』를 차례대로 강론하였으며, 매월 초하루와 보름에 정기적으로 열린 강학을 마친 후에는 참석한 문생들이 큰 소리로 「백록동규(白鹿洞規)」를 읽게 하였다.[85] 이밖에 정재규는 1892년 4월에 신안강(新安江) 위의 함일대(涵一臺)에서 학동들에게 강학을 펼치는 등 지속적으로 지역의 유풍 진작을 위해 광범위한 강학 활동을 전개하였다.

지역 유풍의 진작을 위해 노력했던 정재규는 앞서 거론한 바와 같이 이 과정에서 타 학파 학자들과의 학문 교유를 본격화하기도 하였다. 기정진 문하에 입문한 지 얼마 지나지 않은 1867년부터 주문팔현(洲門八賢)의 한 사람인 이정모(李正模, 1846~1875)와 학문적 교유를 시작한 정재규는 이정모를 통해 박치복, 허유 등과 인연을 맺었으며, 이후 지속적으로 곽종석(郭鍾錫, 1846~1919), 이승희(李承熙, 1847~1916) 등 한주학파 문인들과의 교유를 본격화하였다. 이밖에도 그는 강우 지역에서 활동하고 있던 화서학파, 성재학파(性齋學派), 연재학파 등 타 학파 문인들과 학문적 교유를

---

84) 이때 선발되어 정재규와 허유으로부터 교육을 받고 강우 지역 내의 주목할 만한 학자로 성장한 인물로는 文鎭龜(1858~1931), 文鏞(1861~1926), 柳遠重(1861~1943), 宋鎬坤(1865~1929) 등을 손꼽을 수 있다. 이들은 삼가 향교에서의 수업을 받은 이후에도 정재규에게 주요 성리학석 주제에 대해 질정하는 편지를 보내는 등 학문적 입장에 대한 수수를 지속하였다. 이들은 류원중을 제외하고 대부분 정재규의 문인록에 등재되지는 않았지만, 넓게 보아 정재규의 문인이라고 볼 수 있다.

85) 『老柏軒集附錄』 卷1, 21a~b, 「年譜」, '42歲條'.

진행하였다. 이들과의 교유는 단순한 사적인 교유를 넘어 특정한 성리학적 주제를 대상으로 한 학술 토론으로 이어지기도 하였으며, 때로는 의병 활동 등 실천적인 현실 대응으로 표면화되기도 하였다.[86)]

이들과의 교유에서 특히 주목되는 것은 해당 학자들과의 교유에 머물지 않고 학파를 넘나든 교육 활동으로 이어졌다는 점이다. 1899년 11월에 허유와 함께 뇌룡정에서 정자(程子)의 「호학론(好學論)」을 강론할 때 참석한 인사들이 정재규의 문인을 포함한 지역 내 문인 십 수인이었다는 점에서 확인되듯이 정재규는 교유 인사들과 함께 강학 활동을 전개하는 개방적인 교육활동을 전개하였다. 이러한 정재규의 학파를 넘나든 강학에 대해 문인 류종원(柳遠重)은 "비록 스승이 다르고 취향이 같지 않은 사람이 있어도 고무시키는 노력에 감동하지 않음이 없어서 강우의 유풍이 세상에 크게 떨치었다."[87)]라고 지적하였다. 이처럼 지역 내 학자들과 연대한 정재규의 폭넓은 강학 활동은 당시 강우 지역의

---

86) 정재규의 교우에서 주목되는 것 중 하나는 최익현을 비롯한 화서학파 문인들과의 교유이다. 정재규는 1882년 경기 포천을 찾아 최익현을 비롯하여 柳基一 등 화서학파 문인들과 교유를 본격화하였다. 최익현 등과의 교유는 기정진의 신도비명과 맞물려 학설 논쟁으로 비화되는 도화선이 되기도 하였지만, 최익현의 강우 지역 방문으로 이어지는 등 보다 구체화되었다. 그리고 최익현과의 교유는 을사늑약 체결 이후 정재규가 문인을 대동하고 定山으로 찾아가 魯城의 闕里祠에서 거의를 도모하고자 하는 논의로 이어지는 등 실천적인 면으로 구체화되기도 하였다. 특히 정재규는 최익현과의 교유를 문인들로 확대하여 적지 않은 문인들이 최익현의 문하로 넘나들게 하였다.

87) 『老柏軒集附錄』, 1b~2a, 「老柏軒先生年譜序」(柳遠重 撰). "雖有異師殊趣者, 亦莫不感發於鼓煽之力, 而江右之儒風, 大振乎世矣."

개방적인 학술 풍토를 반영하는 것이었으며, 이 시기 이후 강우 지역의 유학적 기풍을 강화하는 데 크게 기여하였다고 평가할 수 있다.

문인 집단의 형성과 기정진 학맥의 계승

앞서 살펴본 바와 같이, 정재규는 기정진 문하에 입문한 이후 유학 경전에 걸친 체계적인 독서와 사색, 그리고 기정진과 주고받은 문답과 강론 등을 통해 노사학파의 대표적인 문인으로 성장하였다. 그리고 기정진 사후에는 노사학에 대한 체계적인 정리와 확립, 그리고 이를 기반으로 한 다양한 강학 활동을 전개하였다. 이렇듯 20대부터 지속된 지속적이면서도 폭넓은 강학 활동을 통해 정재규는 노사학파의 중심이자 강우 지역의 대표적인 학자로 성장하였다.

다방면으로 펼쳐진 그의 강학 활동은 40대 이후 본격화하는 교육 활동과 결부하여 다수의 문인 배출로 이어졌다. 정재규는 기정진 사후에 노사학파의 중심으로 활약한 기우만을 위시하여 노사학파 문인 내에서 가장 학문적 성취가 뛰어난 문인으로 평가받았던 김석구, 그리고 호남을 대표하는 핵심 문인인 정의림 등과 비교하여 결코 뒤지지 않는 다수의 문인을 배출하였다.[88] 특

88) 『蘆沙先生淵源錄』에 따르면, 직전 제자 가운데 가장 많은 문인을 배출한 제자는 기우만(1,238명)이며, 다음으로는 高光善(206명), 李泰魯(105명), 吳駿善(103명), 鄭義林(89명) 등이며, 노사학파의 최고 제자로 일컬어졌던 김석구는 일찍 사망하여 문인수가 28명으로 상대적으로 적다. 이 연원록은

히 그의 문하에서 배출된 문인들은 정재규와 마찬가지로 암울했던 일제강점기 하에서도 유학의 가치를 부지하고 국가의 명맥을 유지하기 위해 지속적으로 강학 활동을 전개하여 기정진의 학맥을 지속적으로 이어나갔다. 이렇듯 정재규로부터 비롯된 그의 문인들은 지속적인 강학을 통해 기정진 학맥을 강우 지역 내에 뿌리내렸으며, 그 학맥은 20세기 중후반까지 이어졌다.

■ 직전 제자군의 형성과 문인 집단화

정재규 문하에서의 문인 배출은 기정진의 문하에서 학문적 정진을 하던 시기부터였다. 앞서 지적한 바와 같이, 자신의 인적 관계망을 통해 정면규, 권운환, 진박 등을 초기 제자로 받아들인 정재규는 자신의 근거지인 삼가를 중심으로 지속적인 교육활동을 전개하여 강우 지역을 중심으로 수다한 문인을 배출하였다. 그리고 이들은 정재규와의 학문 수수 이외에 동문들 상호 간의 학문 연찬을 통해 학문적 성숙을 이루어 나갔다.[89)]

1911년 2월에 이르러 정재규가 사망하자 그의 문인들은 엄중하게 장례를 치른 후, 곧바로 그의 시문을 수집하고 정리하는 작업에 몰두하였다. 그리고 이듬해에 목활자본으로 『노백헌집』을 간

1960년에 간행된 것으로 노사학파의 직전 및 재전, 삼전 제자 등을 망라한 문인록인데, 개별 문인들의 문인록에 수록된 문인은 연원록의 문인수를 훨씬 상회한다.

89) 정재규의 심성론을 두고 문인 내부에서 논쟁이 빚어지기도 하였다. 權在奎와 남창희는 심과 성의 관계에 대해 이견을 드러냈고, 이후 이 논쟁은 정면규에게 질정하였고, 이때 정면규는 권재규의 설이 옳다는 입장을 확인하였다. 김봉곤(2012), 「송산 권재규의 노사학 계승과 영남지역에서의 활동」, 『남명학연구』 34, 59~60쪽 참조.

행하였다.[90] 정재규 사후 1년 만에 문집이 간행되었다는 것은 그만큼 문인들의 정재규에 대한 존숭의 뜻이 강했음을 드러내는 것이라 할 수 있으며, 정재규의 학문에 대한 계승 의식 또한 뚜렷했음을 보여주는 한 예라 할 수 있다. 그리고 이들의 활동을 주도한 대표적인 문인은 정면규, 권운환, 그리고 류원중 등 초기 제자들이었다.[91]

『노백헌집』을 간행한 후 정재규의 문인들은 정재규 생전에 이미 그를 도와 강학 활동을 펼쳤던 정면규를 중심으로 문인들의 결집을 이루며 다양한 학문 활동을 전개하였다. 정재규의 주선으로 기정진의 문하에 입문하여 정재규와는 동문 관계이기도 한 정면규는 기정진 사후에 기정진이 제시한 도의 전승이 정재규에게 있음을 알고 종신토록 정재규를 의지하며 학문을 익혀 정재규의 고제(高弟)로 우뚝 섰다.[92] 당시 사람들이 정재규와 함께 정면규를 가리켜 이정(二程) 형제에 비유할 정도[93]로 학문적 성취가 뛰

90) 1912년에 49권 25책이라는 방대한 규모로 간행된 『노백헌집』에는 序跋이 실려있지 않아 문집 간행과 관련한 자세한 경위를 확인하기 어렵다. 다만 경상대에서 운영하는 남명학고문헌시스템에는 16책이 결본이지만 권1～4, 권28～42이 실린 필사본 『老柏軒文稿』가 수록되어 있다. 활자본 『노백헌집』과 비교하여 詩가 두 배 이상 실려 있고, 疏 3편이 더 실려 있으며, 곳곳에 교정 사항이 부기된 점으로 『노백헌집』 간행 이전에 정리된 초고본으로 추측되고 있다.

91) 『而堂先生文集』 卷42, 1a, 「西岡處士柳公墓碣銘」. “先師老柏軒先生得澹軒之傳, 以倡明於嶠南, 士之遊其門者多, 而農山鄭公明湖權公西岡柳公, 最其秀也.”

92) 『而堂先生文集』 卷39, 1b～2a, 「農山先生鄭公墓碣銘」. “己卯春, 隨往拜蘆沙先生, 先生與語而曰, 奇才也. 公留數日承誨, 怳然有得, 旣歸益自激厲, 慥慥不已. 蘆沙先生旣沒, 知斯道之傳在老柏先生, 則以先生爲終身依歸之地.”

93) 『而堂先生文集』 卷39, 1a, 「農山先生鄭公墓碣銘」. “農山先生鄭公, 以老柏先生從父弟, 擩染征邁, 德學並峙, 人擬之以程氏之伯叔.”

어났던 정면규는 『노사집』 삼간(三刊) 당시에 타 학파의 비판이 비등하자 "우리의 도가 성현에 합치된다면 끝내 굽히게 될 지라도 근심하지 말라."고 말하고, 자신들이 근거하는 노사학은 "훗날 부절처럼 합치되어 다시 밝아지길 기대할 수 있을 것"이라며 문인들을 안정화시키는 데 기여할 정도로[94] 정재규 문인 내부의 핵심적 위치에 서 있었다. 이러한 위상에 걸맞게 정재규 사후에 정면규는 정재규가 강학하던 노백서사(老柏書舍)를 비워둘 수 없다고 판단하여 그곳에 거처하며 강학을 지속하였고,[95] 이를 통해 문인들의 결집과 노사학의 확산에 주력하였다.

정면규와 더불어 정재규의 고제 중 한 사람으로 평가받았던 권운환도 노사학의 계승에 주력하며 문인들의 결집을 주도하였다. "정재규의 학문이 권운환을 만나 실추되지 않았다."[96]라는 평가를 받을 정도로 문인 내부에서 학문적 성취가 높았던 그는 『노사집』 간행 당시에 전우가 「외필」과 「납량사의」에 대해 일련의 비판서를 작성하여 학문적으로 공박하자, 정재규와 마찬가지로 이에 대한 반비판서를 작성하여 노사학의 핵심을 천명하였다.[97] 이렇듯 정재규 문하에서 학문적 성취가 뚜렷했던 권운환은 일찍부

---

94) 『而堂先生文集』 卷39, 2a, 「農山先生鄭公墓碣銘」 "吾道之合乎聖賢, 則不患其終屈也. 百世在後, 可執契而待也."

95) 『而堂先生文集』 卷39, 2a~b, 「農山先生鄭公墓碣銘」. "辛亥, 老柏先生棄世, 斂殯葬祭, 克謹無違禮, 校刊遺文, 以行於世, 以爲書舍先生講道之所, 不可空寂, 因處焉. 於是, 學者, 以所事老柏先生者, 事之. 公亦自任其責, 一心不倦."

96) 『果齋先生文集』 卷23, 31a, 「明湖權先生墓誌銘」. "鄭先生之道得先生, 而不墜可也."

97) 권운환은 「猥筆辨小劄」, 「納凉私議記疑小劄」, 「納凉私議記疑追錄小劄」 등을 작성하여 정재규와 함께 노사학을 수호하는 데 앞장섰다.

터 강학 활동을 펼쳐 적지 않은 문인을 배출하였다.[98] 그리고 말년에 이르러서는 제자들은 그가 거처하며 제자들을 길러낼 수 있도록 단성 강루리에 상양재(上陽齋)를 지었으며, 권운환 또한 그곳에서 자신의 문하에 입문하는 문생들의 교육에 집중하며 한 가닥 도맥(道脈)이 이어지길 기대하였다.[99]

류원중 또한 정재규의 문인들을 대표하는 문인 중 한 사람이었다. 20세 때 삼가 물계에서 강학하던 정재규를 찾아 집지하고 문인이 된 그는 삼가향교에서 정재규와 허유가 주도한 강학에 맨 먼저 뽑힐 정도로 학문적 자질이 뛰어났다.[100] 착실히 정재규의 문하에서 학문을 익힌 그는 혼란했던 19세기말부터 정재규를 배종하여 의병 활동에 참여하는 등 실천 지향적 면모를 유감없이 발휘하기도 하였다. 특히 그는 정면규와 권운환이 사망한 이후 문인들의 구심점이었던 만큼 정재규의 현양 사업을 주도하였다. 장성의 고산서원(高山書院)이 건립된 후 후배 문인들과 함께 정재규의 위패를 그곳으로 옮기자는 의론을 주도하였으며,[101] 정재규

---

98) 『蘆沙先生淵源錄』에는 권운환의 문인 26명이 등재되어 있으며, 이 가운데 姜大翕(1872~?) 등 6명은 정재규의 문인으로도 등재되어 있다. 또한 그가 사망한 후 장례 때 가마한 자가 3백여 명에 이르렀다는 점에서 그의 문하에서 배출된 문인은 이보다 많았을 것으로 추정된다. 이러한 문인들을 통해 볼 때, 권운환은 정재규를 이어 문인들의 강학에 주력하면서 문인 내부의 중심을 이루었다고 할 수 있다.

99) 『果齋先生文集』 卷23, 32a, 「明湖權先生墓誌銘」. “及門諸子, 爲築上陽齋於江上. 以處先生, 先生無意於世, 惟溫燖舊秩以付餘日, 而知舊子弟有來請業者, 誠心導迪, 冀或不墜一線之傳.”

100) 『而堂先生文集』 卷42, 1b~2a, 「西岡處士柳公墓碣銘」. “知縣申公斗善, 銳意興學, 延許后山及老柏二先生於縣學, 主臨講席, 而聚課一邑才俊之士, 公首先被選, 以持守端嚴, 見解精明, 見稱.”

101) 1924년 담대헌을 중수한 후 1927년 고산서원이라는 편액을 건 후 배향

의 「연보」를 비롯하여 묘도문자, 문인록(門人錄) 등을 모아 1936년에 간행된 『노백헌선생문집·부록(老栢軒先生文集附錄)』의 편집 작업에 참여하기도 하였다.[102] 그리고 을사늑약이 체결된 이후에는 거처를 합천 용주면 가호리로 옮긴 후, 규약을 엄정히 세워 문인 교육에 주력하였다.[103]

이른바 정재규의 고제들 이외에 '남씨(南氏) 삼숙질(三叔姪)'로 일컬어졌던 남정섭, 남정우(南廷瑀, 1869～1947), 남창희(南昌熙, 1870～1945)를 비롯하여 일제강점기 이후에 문인들의 구심점 역할을 담당하며 학문적 영향력을 확대한 권운환의 족질인 권재규, 정재규의 「연보」를 정리하는 등 문인 내부의 중요 역할을 수행한 정기(鄭琦, 1879～1950) 등 학문적으로나 실천적인 측면에서 두각을 나타낸 수다한 문인이 정재규의 문하에서 배출되었다.

정재규의 문하에서 배출된 문인들의 면모를 살필 수 있는 자료는 앞서 제시한 『노백헌선생문집·부록』의 권5에 수록된 「문인

인물을 선정할 때 노문삼자 중 김서구와 정의림은 빠졌으나 정재규는 포함되었다. 후에 논의를 거쳐 김석구, 정의림이 추배되었으나,. 처음 배향 인물을 선정할 때부터 정재규가 포함되었다는 것은 그만큼 문인들의 정재규에 대한 존숭의 뜻이 컸음을 의미하는 것이라 할 수 있다.

102) 『老栢軒先生文集附錄』는 『노백헌집』 간행 이후에 정면규가 작성한 「事狀」, 奇宇萬이 찬술한 「墓碣銘」, 南廷瑀가 작성한 「墓表」, 권재규가 작성한 「墓誌銘」과 함께 鄭琦가 수년에 걸쳐 처음 정리한 후 여러 문인들이 세 차례의 교정을 거쳐 완성한 「연보」 등이 엮어 定本을 수립하였다. 그리고 1936년에 아들이자 문인인 鄭鉉春이 정재규의 족질인 鄭鉉洙, 족숙인 鄭邦燁과 함께 老柏書舍에서 활자로 인행하였다 이때 류원중은 문인을 대표하여 1936년에 서문을 작성하였다.

103) 『而堂先生文集』 卷42, 2a, 「西岡處士柳公墓碣銘」. "於是挈家入佳湖山中, 蓋以其地靜深, 而又有族黨敦齋相大相依也. 來學者甚衆, 公嚴立條約, 必使循蹈, 而以收斂身心省察, 克治爲主本."

록」(이하 '문인록')과 1960년 노사학파 전체 문인을 대상으로 장성의 담대헌에서 편찬 간행한 『노사선생연원록(蘆沙先生淵源錄)』(이하 '연원록')에 수록된 정재규의 문인 명부이다. 문인록은 정재규의 직전 제자들이 직접 정리한 문인들의 명부라는 점에서 가장 신뢰할 수 문인 관련 자료이며, 연원록은 비록 통문을 돌려 수집한 자료에 근거하여 작성된 명부이기 때문에 일정한 한계가 있지만, 정재규의 재전 및 삼전 제자를 모두 망라하였다는 점에서 자료적 가치를 가진다고 할 수 있다.

문인록에 등재된 정재규의 직전 제자는 217명으로 확인되며, 연원록에 수록된 문인은 문인록보다 적은 139명으로 집계된다. 두 자료 가운데 문인록에만 등재된 문인은 102명, 연원록에만 등재된 문인은 24명, 두 자료 모두에 등재된 문인은 115명으로 각각 확인된다.104) 이러한 확인 작업에 근거하여 중복으로 수록된 문인을 빼고 정재규의 직전 제자로 확인되는 총 문인은 241명으로 집계된다.105)

241명에 이르는 정재규 직전 제자들의 지역적 분포를 확인하

104) 상대적으로 문인록에만 등재된 문인이 많은 것은 연원록 편찬 당시에 미처 통문을 받지 못해 명부에 등재되지 못한 것으로 추정되며, 연원록에만 등재된 문인은 통문을 받고 확인을 거쳐 추후에 문인으로 등재된 것으로 추정된다.

105) 문인록과 연원록 이외에 강우 지역에서 간행된 地誌類를 통해 확인되는 문인도 몇몇 확인된다. 예를 들어 『嶠南誌』 卷63의 「陜川郡」 '인물'조에 정재규의 문인으로 수록된 金琪淵의 경우, 문인록과 연원록에는 문인으로 등재되지 않았지만, 『老柏軒集』 卷14에 그에게 보낸 정재규의 편지가 실려 있다는 점에서 문인으로 확인된다. 이렇듯 문인록과 연원록 이외의 자료를 보다 세밀하게 확인하면 정재규의 직전 제자는 241명을 상회할 것으로 보인다.

[표 2] 정재규 직전 제자의 지역별 분포 (『노백헌 문인록』 및 『노사선생연원록』)

<table>
<tr><th colspan="3">거주지</th><th rowspan="2">문인수(명)</th><th colspan="3">거주지</th><th rowspan="2">문인수(명)</th></tr>
<tr><th>광역시·도</th><th colspan="2">시군</th><th>광역시·도</th><th colspan="2">시군</th></tr>
<tr><td rowspan="4">전남
(11명)</td><td>화순</td><td>능주</td><td>8</td><td rowspan="10">경남
(230명)</td><td colspan="2">진주</td><td>15</td></tr>
<tr><td colspan="2">곡성</td><td>1</td><td colspan="2">하동</td><td>6</td></tr>
<tr><td colspan="2">구례</td><td>1</td><td rowspan="2">사천</td><td>사천</td><td>5</td></tr>
<tr><td>고흥</td><td>흥양</td><td>1</td><td>곤양</td><td>1</td></tr>
<tr><td rowspan="6">경남
(230명)</td><td rowspan="3">합천</td><td>삼가</td><td>81</td><td colspan="2">고성</td><td>3</td></tr>
<tr><td>합천</td><td>23</td><td colspan="2">함안</td><td>3</td></tr>
<tr><td>초계</td><td>5</td><td colspan="2">함양</td><td>3</td></tr>
<tr><td rowspan="2">산청</td><td>단성</td><td>30</td><td colspan="2">창녕</td><td>1</td></tr>
<tr><td>산청</td><td>19</td><td colspan="2">창원</td><td>1</td></tr>
<tr><td colspan="2">의령</td><td>33</td><td colspan="2">통영</td><td>1</td></tr>
<tr><td colspan="4">합계</td><td colspan="4">241명</td></tr>
</table>

면 [표 2]와 같다.[106]

문인 배출을 위한 정재규의 강학 활동이 주로 강우 지역을 중심으로 펼쳐졌던 만큼 전체 문인의 95%를 상회하는 230명의 문인이 강우 지역에 분포하는 것으로 확인된다.

강우 지역 내의 문인 분포를 시군별로 검토하면, 정재규의 근거지이자 주요 강학처가 있었던 삼가(81명)를 비롯하여 합천(23명), 초계(5명) 등 현재의 합천 지역에서 가장 많은 109명의 문인이 배출된 것으로 확인되어 정재규 학문의 중심이 합천을 중심으로 전개되었음을 다시 한 번 확인할 수 있다. 합천 지역 이외에

106) 朴正鉉의 경우처럼 문인록에 거주지가 삼가로, 연원록에는 부산으로 각각 다르게 기록되어 있는 경우에는 문인록의 기록에 따라 지역별 분포를 정리하였음을 밝힌다.

정재규의 주요 강학처 중 하나이자 신안정사가 위치한 단성(30명)과 회계강사가 열렸던 산청(19명)을 포함한 현재의 산청 지역에서도 49명의 문인이 배출된 것으로 집계되어 산청이 또다른 강학의 중심지 중 하나였음을 확인할 수 있다.

정재규는 죽촌초당에 수개월 동안 머물며 강학을 펼쳤던 만큼 의령에서도 33명에 이르는 적지 않은 문인을 배출되었다. 이밖에 강우 지역의 중심지였던 진주(15명)를 비롯하여 인근 지역인 하동(6명), 사천(5명), 고성(3명), 함안(3명), 함양(3명) 등지에서도 여러 문인이 배출되어 정재규의 학문적 영향이 강우 지역 전반에 걸쳐 있었음을 확인할 수 있다.

직전 제자들의 지역별 분포에서 주목되는 것은 11명의 호남 문인이 배출되었다는 점이라 할 수 있다. 특히 지금의 화순에 해당하는 능주 지역에서 8명의 문인이 배출되었는데, 이는 정재규가 의병 활동가에 대한 체포령을 피해 호남으로 피신한 후 정의림, 정시림(鄭時林, 1839~1912) 등과 함께 화순 지역을 중심으로 강론을 펼쳤던 것이 계기가 되었기 때문이라 할 수 있다. 아울러 기정진 사후에 노사학파의 핵심으로서 영호남 문인을 아우르는 강회가 정재규의 주도로 진행되었던 점도 호남 지역에서 문인을 배출한 하나의 통로였다고 할 수 있다. 호남 지역에서 배출된 문인들은 정재규가 삼가로 돌아간 뒤에도 지속적으로 편지를 통해 주요 성리학적 주제에 대해 문답을 주고받았으며, 때로는 삼가를 방문하여 학문적 질정을 계속하는 등 정재규와의 지속적인 학문 수수를 이어나갔다. 이러한 이들의 학문 수수에 주목하여 강우 지역의 문인들이 이들의 이름을 문인록에 올리게 된 것으로 이해

된다.[107]

영호남을 넘나들며 전개된 정재규의 문인 배출은 앞서 밝힌 대로 그 출발점이 삼가를 중심으로 조성된 자신의 인적 관계망이었다. 그리고 그의 인적 관계망은 이전 시기까지 강우 지역에 조성된 노론 가문이 중심을 이루고 있었다. 이에 따라 정재규의 문인들은 대체적으로 강우 지역의 노론 가문 출신이었다고 할 수 있다.

구체적으로 문인들의 가문별 분포를 확인하면, 그의 아우인 정치규(鄭致圭, 1853~1924)를 비롯하여 그의 종제인 첫 제자 정면규, 정룡규(鄭龍圭, 1863~?), 정연규(鄭淵圭, 1866~?), 장자인 정현춘(鄭鉉春, 1879~?), 종질인 정현재(鄭鉉在, 1867~?) 등 초계 정씨(草溪鄭氏) 가문 인사(37)가 가장 비중이 큰 것으로 확인된다. 삼가와 산청의 대표적인 노론계 가문인 안동 권씨 가문(17)에서도 다수의 문인이 배출되었으며,[108] 이밖에 전의 이씨(全義李氏)(16), 문화 류씨(文化柳氏)(11), 인천 이씨(仁川李氏)(10), 합천 이씨(陝川李氏)(9), 의령 남씨(宜寧南氏)(8), 담양 전씨(潭陽田氏)(8), 성산 이씨(星山李氏)(8), 여흥 민씨(驪興閔氏)(6),[109] 밀양 박씨(密陽朴氏)(6), 진양 강씨(晉陽姜氏)(6), 진양 하씨(晉陽河氏)(5) 등 가문에서 5명 이상의 문인이 배출되었다.[110] 이러한 측면에서 정재규는 삼

107) 문인록에 등재된 호남 문인인 가운데 鄭鉉春, 梁會德은 연원록에 기우만의 문인으로, 洪承煥과 黃徹源은 정의림으로 문인으로, 李弘榮은 이직현의 문인으로 각각 등재되어 있다.

108) 안동권씨는 단성의 대표적인 노론 인사인 霜嵒 權濬(1578~1642)의 후손이다.

109) 여흥 민씨는 農隱 閔安富 후손이다.

110) 이들 성관은 기정진의 문인으로 자정한 강우 지역의 대표적인 가문의 자

가를 중심으로 한 강우 지역의 주요 노론 가문의 자제들을 문인으로 받아들여 노사학파의 학문을 뿌리내렸다고 할 수 있다.[111)]

정재규의 문하에 입문하여 학문을 익힌 직전 제자들의 입문 통로는 다양하였다. 대다수의 문인은 어려서부터 정재규의 문하에 입문하여 초학부터 학문을 익혔는데, 이들 가운데 몇몇 문인은 거주지를 아예 정재규의 강학처가 있었던 삼가로 이주하여 체계적으로 문인 수업을 듣는 경우가 적지 않았다. 의령 출신인 남정섭과 남정우 형제는 주문팔현의 한 사람인 이두훈(李斗勳, 1856~1918)의 외종질이었음에도 불구하고 학파에 구애받지 않고 독려한 그의 배려에 힘입어 위기지학에 뜻을 두고 삼가로 이주하여 정면규의 문하에서 가르침을 받은 후 정재규의 문하에 입문하여 정재규의 대표적인 문인으로 성장하였다.[112)] 이들의 조카이자 같은 의령 출신인 남창희의 경우도 모친이 삼가의 초계 정씨 집안 인사였기 때문에 자연스럽게 삼가에서 어린 시절을 보내며 정면

제들이었다고 할 수 있다.

111) 정재규 문인들은 성관은 총 66개이다. 위에서 제시한 성관 이외에 1명 이상의 문인을 배출한 성관은 慶州金氏, 慶州崔氏, 盆城裵氏, 安岳李氏, 晉州柳氏(이상 4명), 驪陽陳氏, 驪州李氏, 寶城吳氏, 瑞山鄭氏, 河東鄭氏, 咸安趙氏(이상 3명), 曲阜孔氏, 金寧金氏, 金海金氏, 金海許氏, 順興安氏, 新昌盧氏, 延日鄭氏, 義城金氏, 長水黃氏, 濟州梁氏, 竹山朴氏, 竹山安氏, 昌寧成氏, 昌寧曺氏(이상 2명), 江陽李氏, 康津安氏, 慶州李氏, 慶州鄭氏, 高靈申氏, 高敞吳氏, 廣寧墨氏, 光山金氏, 光山鄭氏, 交河盧氏, 南原梁氏, 南平文氏, 大丘裵氏, 羅州林氏, 密陽孫氏, 驪興閔氏, 延安宋氏, 恩津宋氏, 晉州鄭氏, 昌原具氏, 昌原丁氏, 天安李氏, 靑松沈氏, 忠州池氏, 平山申氏, 豊山洪氏, 豊川盧氏, 檜山黃氏(이상 1명) 등이다.

112) 남정섭, 남정우 형제가 삼가의 묵동으로 이거하여 정면규의 문하에서 학문을 익힌 즈음에 정재규는 묵동을 떠나 다른 곳으로 이거한 상태였다. 이에 따라 정면규로부터 6년여 간 수한 후 1892년에 정재규에게 집지한 후 문인으로 자정하였다.

규의 가르침을 거쳐 정재규의 문하에 입문하여 정재규의 대표 문인으로 발돋움하였다. 정기의 경우는 21세 때 정재규의 문하에 입문하여 학문을 익히다가 아예 가족을 이끌고 스승이 있는 곳으로 이사하여 아침저녁으로 스승을 도우며 생활하였다. 의령 출신의 이현오(李鉉五, 1868~1923)도 삼가로 이주하여 정재규의 문하에 입문하여 학문을 익혔다.

한편, 권재규의 경우에는 어려서 종숙이자 정재규의 초기 문인인 권운환에게서 초학을 익힌 후, 인근 지역에서 강학하던 정재규의 동문 학자인 최숙민에게서 배움을 더하다가 그의 권유로 20세 때에 정재규를 찾아 문인으로 자정하였다.[113] 민용혁(閔用赫, 1856~1935)은 정재규의 초기 문인 중 한 사람인 권기덕의 권유로 정재규의 문하에 입문하였다. 이렇듯 적지 않은 문인들이 노사학파 선배 학자 빛 동문 등의 통로를 통해 정재규의 문하에 입문하였는데, 이러한 입문 경향은 정재규를 비롯한 강우 지역 문인들이 함께 강론을 펼치며 공동으로 문인들을 교육하였던 분위기와 무관하지 않은 것이라 할 수 있다. 당시 강우 지역의 기정진 문인들은 특정 문인의 문하에 나아가 학문을 익히더라도 그 문하에서만 학문을 강마하는 것이 아니라 지역의 다른 선배 학자들의 문하를 넘나들며 학문을 수수하였다. 그리고 이러한 경향 하에서 강우 지역 노사학파 직전 제자들의 문인들은 폭넓게 학문을 익혔

113) 최숙민의 문하를 거쳐 정재규의 문하로 입문한 문인은 권재규 이외에 權載純(1860~?), 權載Ж(1872~1918) 등이 있다. 이들은 모두 단성의 대표적인 노론계 가문인 안동권씨 문중 자제들이었는데, 이들 가운데 권재순이 최숙민의 딸과 혼인하는 등 혼맥으로 연결되어 최숙민에게 입문하여 학문을 익힌 후 최숙민의 권유로 정재규 문하로 나간 것으로 추정된다.

고, 노사학파의 일원으로서 학문적 동질성을 강화하였다.[114]

정재규의 교육 활동은 근 40여 년에 걸쳐 다각도로 진행되었다. 그런 만큼 류원종과 그의 아들 류근수(柳瑾秀, 1886~?), 이양근(李養根, 1873~?)과 그의 아들 이희석(李羲錫, 1895~1962) 등 代를 이어 정재규의 문하에 입문하는 경우도 적지 않았다. 그리고 남정섭과 남정우와 같이 형제나 권운환과 권재규 등과 숙질이 동시에 입문하는 경우도 수다하였다. 그만큼 정재규의 학문적 영향력은 문인들에게 지속적이었다고 할 수 있다.

한편, 앞서 지적한 바와 같이 정재규는 강우 지역에서 강학 활동을 전개하면서 학파에 구애받지 않고 폭넓게 강학 활동을 전개하며 이 지역의 유학적 기풍을 진작하는 데 주력하였다. 이러한 그의 강학 태도는 이 시기에 강우 지역에서 활동했던 주요 학자들에게서도 확인되는 일반적인 모습이라고 할 정도로 강우 지역은 19세기 중반 이후 개방적인 학문 풍토가 자리하고 있었다. 이러한 학문 풍토에 힘입어 정재규의 문인들은 학파에 구애받지 않고 정재규와 교유했던 다른 학파 학자들의 문하에도 나아가 학문을 익히기도 하였다. 이러한 사실은 정재규의 문인들 가운데 강기팔(姜起八, 1858~1920), 송재락(宋在洛, 1860~?), 김수(金銖, 1890~1943),[115] 이교명(李敎明, 1892~?) 등이 곽종석의 문인록인

114) 조성가의 문인인 權鳳鉉(1872~1936)은 최숙민에게서도 수학하면서 정재규에게 학문적 질정을 거듭하였고, 최숙민의 문인인 曺庸相(1870~1930)도 정재규과 문답을 주고받으면 노사학파의 일원으로 성장하였다. 金鎬泰(1881~1953)는 정재규 이외에 李直鉉의 문하에서도 학문을 익혔다.

115) 金銖는 연원록에 권운환의 문인으로 등재되어 있다.

「면문승교록(俛門承敎錄)」에 문인으로 등재된 것에서 확인할 수 있다.

아울러 강우 지역의 개방적인 학문 풍토에서 성장하였던 정재규의 문인들은 강우 지역을 벗어나 당시 기호학계의 중심을 이루었던 송병선의 문하에 입문하기도 하였다. 비록 『노사집』 간행과 맞물려 학설 논쟁을 벌이기도 하였지만, 정재규는 일찍부터 강우 지역의 기호 계열 다른 학파 학자들과 우호적인 관계를 맺고 있었다. 이에 따라 그의 문인들도 자연스럽게 기호 계열의 주요 학자들에게 나아가 학문을 익혔으며, 심지어 그들의 문인으로 자정하기도 하였다. 송병선의 문인록인 「계산연원록(溪山淵源錄)」에는 정재규의 호남 문인인 양회락(梁會洛, 1862~1935)을 비롯하여 강우 지역의 문인인 류종진(柳遠鎭, 1881~?), 이중석(李中錫, 1870~?), 최국환(崔國煥, 1873~?), 최덕환(崔德煥, 1866~1909), 최병식(崔秉軾, 1867~1928) 등이 문인으로 등재되어 있다.

연재학파 이외에 특히 정재규가 교유를 맺고 지속적으로 교유의 폭과 깊이를 강화한 기호학계의 학자는 화서학파의 중심 학자인 최익현이었다. 기정진에 대한 존숭의 뜻을 가지고 일찍부터 기정진 문하를 출입했던 최익현은 일찍부터 기정진의 문인들과 교유 관계를 맺고 유지하였을 뿐만 아니라 강우 지역을 유력하며 정재규를 비롯한 이 지역 학자들과 학문적 교유와 실천적 연대를 도모하였다. 특히 정재규는 최익현과 긴밀한 유대 관계를 유지하면서 그의 근거지였던 경기 포천과 충청 정산 등을 방문할 때마다 자신의 문인을 대동할 정도로 교유와 연대의 폭을 확대하고자 하였다. 이러한 교유와 연대를 통해 정재규는 최익현과 함께 척사 의지를 구체화하였으며, 특히 을사늑약 이후 의병 활동을 함께 도모할 정도로 그 연대의 폭과 깊이는 상당한 수준이었다.

정재규의 이러한 행보에 따라 적지 않은 그의 문인들은 정재규와 함께 실천적인 학문 활동에 참여하는 한편, 지역을 뛰어넘어 최익현의 문하에도 입문하여 일제에 저항하는 실천적인 지사의 모습을 구체화하는 기반을 조성하였다. 최익현의 문인록인 「채미연원록(茝薇淵源錄)」에는 권운환, 이택환, 류원중, 이양호(李養浩, 1861~?), 남창희, 남태희 등 정재규의 핵심적인문인을 비롯하여 안창섭(安昌燮, 1874~?), 정한기(鄭漢基, 1871~?), 최국환, 최덕환, 최병식 등이 문인으로 그 이름을 올렸다.[116]

■ 직전 제자들의 학문 활동과 기정진 학맥의 계승

정재규의 초기 문인들을 비롯한 대다수 문인은 19세기 후반부터 정재규와 함께 강학 활동에 참여하는 등 노사학파 전체 문인들의 학문 전통을 수립하는 데 기여하였다. 정재규가 주도했던 노사학파 문인들을 대상으로 한 강학에 참가하여 선배 문인들과 폭넓은 학문적 교유를 전개하였으며, 문인들 간의 학문 연찬을 통해 노사학에 대한 신뢰와 확산을 분명히 하였다. 특히 정재규의 초기 문인들은 이 과정에서 정재규 이외에 노사학파의 핵심 문인이었던 김석구, 정의림, 기우만, 정시림 등과 지속적인 학문적 연대를 도모하였으며, 이러한 선배 문인과의 학문적 연대는 정재규도 허여한 것이었다.[117]

---

116) 박학래(2020), 「勉菴 崔益鉉의 문인 집단 형성과 전개」, 『한국철학논집』 64, 169쪽 참조.

정재규의 문인들은 정재규가 지속적이면서도 체계적으로 진행한 문인 교육과 노사학파 선배 문인들과 광범위하게 이루어진 학문 연찬을 통해 기정진의 학문을 체계적으로 이해하며 주목할 만한 학문적 성취를 이루어 나갔다. 특히 정재규의 직전 제자들은 정재규가 진행하였던 여러 강회의 내용을 정리하여 동문들과 공유하는 한편,[118] 정재규와 나눈 문답 내용을 정리하여 주자학의 주요 주제 및 기정진으로부터 연원하는 노사학에 대한 체계적인 이해를 도모하였다. 박희정(朴熙珵, 1864~1918)은 기우만이 신안정사에서 『노사집』을 간행하기 위해 머물고 있을 때 기우만을 찾아 여러 일을 주선하였으며, 권재규는 정재규를 도와 판본의 교감을 맡는 등 노사학에 대한 체계적인 정리에 힘을 보태었다. 이러한 직전 제자들의 학문적 노력은 이후 노사학파의 학문적 결집을 이끌어내는 기반이 되었다.

특히 1902년에 『노사집』 중간이 진행되면서 기정진의 주요 저작에 대해 연재학파 및 간재학파 등 기호 계열 학자들의 비판이 제기되고, 심지어 강우 지역의 일부 학자들도 이 비판의 대열에 가세하자 정재규의 직전 제자들은 정재규와 함께 기정진의 학문

117) 이러한 사례는 정재규의 장자인 鄭鉉春(1879~?)가 연원록에 기우만의 문인으로 등재된 것에서 확인할 수 있다. 그리고 『大谷遺稿』에는 노사학파의 중심이었던 김석구가 鄭冕奎, 權雲煥, 權基德, 陳樸 등 정재규의 초기 문인들에게 보낸 편지가 다수 수록되어 있으며, 그가 사망한 후 제문을 지어 보낸 정재규 문인도 상당수였다.

118) 권기덕의 경우, 「종산강록」 이외에 신안정사에서 펼쳐진 강록을 정리한 「新安講錄」을 정리하였으며(『三山遺稿』 卷5, 28a~29b, 「新安講錄」), 崔德煥(1866~1909)은 「饗堂講錄」을 통해 鄭載圭와 주고받은 문답 내용을 기록하였다. 河智鎬(1857~1898)도 「師門語錄」를 통해 정재규와 나눈 내용을 정리하였다.

을 옹호하며 반비판의 최일선에서 활약하였다. 정재규가 타 학파 학자들의 비판에 대응하여 학파적 결집을 주도하면서 전우가 작성한 일련의 비판서에 대해 반비판서를 작성하자, 권운환을 비롯하여 남정섭, 황철원 등 정재규의 핵심 문인들도 이 대열에 동참하여 일련의 반비판서를 작성하는 등 노사학파의 학문적 입장을 대변하는 데 일익을 담당하였다.[119]

이렇듯 정재규의 직전 제자들이 노사학파의 어떤 지역 문인들보다 학문적으로 두각을 나타낼 수 있었던 것은 지속적인 정재규의 강학 이외에 동문들 간에 격의 없는 학술 토론을 진행했기 때문이라 할 수 있다. 직전 제자들은 동문 간에 이루어진 성리학적 주제에 대해 토론을 지속적으로 진행하였고, 이 과정에서 합치되지 않은 논의에 대해서는 정재규에게 과감한 질정을 하여 그 답을 얻어내는 등 치열한 논의를 통해 학문적 성숙을 이루어 나갔다.

정재규의 직전 제자들이 정재규와의 문답 및 동문 간의 지속적인 학술 토론을 통해 학문적 성숙을 이룬 결과는 이들이 남긴 문집을 통해 확인할 수 있다. 현재까지 논자가 확인한 바에 따르면,

119) 권운환은 「猥筆辨小劄」, 「納凉私議記疑小劄」, 「納凉私議記疑追錄小劄」를, 남정섭은 「田艮齋納凉私議起疑辨」을, 황철원은 「納凉私議記議辨」, 「納凉私議記疑追錄辨」, 「猥筆辨辨」을 각각 작성하여 전우의 비판에 대해 이론적인 공박을 전개하였다. 이후 정재규의 반비판에 대해 전우가 재차 비판을 전개하자 鄭琦는 「猥筆後辨辨」, 「猥筆辨辨」, 「辨田艮齋鄭老柏軒猥筆辨辨」 등을 저술하여 기정진뿐만 아니라 정재규의 입장을 옹호하였다. 이밖에 李鍾弘은 「讀華圖心說辨」을 작성하여 전우의 성리설을 비판하기도 하는 등 정재규 문인들의 전우에 대한 비판은 지속되었다.

[표 3] 정재규 직전 제자들의 문집 현황

연번	성명	생몰년	문집(저작)	연번	성명	생몰년	문집(저작)
1	鄭冕圭	1850~1916	農山文集	15	李養浩	1861~?	耕雲遺稿
2	權雲煥	1853~1918	明湖文集	16	河大崑	1862~?	有遺稿*
3	李宅煥	1854~1924	晦山文集	17	柳稚均	1862~?	晦岡遺稿
4	權基德[120)	1856~1898	三山遺稿	18	梁會洛	1862~1935	東溪堂遺稿
5	鄭致圭	1853~1924	晩松遺稿	19	南廷燮	1863~1913	素窩文集
6	朴鳳鎭	1855~1904	雲田集	20	權寧鎬[121)	1863~1932	雙石遺稿
7	全基柱	1855~1917	菊圃遺稿	21	朴熙珵	1864~1918	貞山文集
8	閔用赫	1856~1935	檣山遺稿	22	梁在善	1864~?	文山遺稿
9	河智鎬	1857~1898	明窩遺稿	23	崔德煥	1866~1909	强齋文集
10	姜起八	1858~1920	稽黎遺稿	24	崔秉軾	1867~1928	玉澗文集
11	李憲洙	1859~?	隴西世紀	25	李鉉五	1868~1923	愚山遺稿
12	權晩熙	1860~1920	有遺稿*	26	裵煥奎	1868~1932	晩悟遺稿
13	宋在洛	1860~1929	有文集*	27	南廷瑀	1869~1947	立巖集
14	柳遠重	1861~1943	西岡集	28	權載奎	1870~1952	而堂文集

120) 『노사선생연원록』에는 權基德의 이름이 權載德으로 잘못 표기되어 있다.

121) 『노사선생연원록』에는 정재규의 문인으로 등재되어 있지만, 『노백헌문인록』에는 등재되지 않다. 그의 문집인 『雙石遺稿』을 살펴보면 정재규와의 사승 관계가 직접 확인되지는 않지만 정재규 문인들과의 교유가 확인된다.

연번	성명	생몰년	문집(저작)	연번	성명	생몰년	문집(저작)
29	南昌熙	1870~1945	夷川集	44	鄭琦	1879~1950	栗溪文集
30	李中錫	1870~1936	晦窩遺稿	45	田兌秀	1879~1947	龍湖遺稿
31	南相魯	1871~1906	木山文集	46	李敎垂	1880~1951	石山遺稿
32	姜震馨	1871~1950	蓮塢遺稿	47	李敎宇	1881~1944	果齋文集
33	權載采	1872~1918	習齋遺稿	48	金鎬泰	1881~1953	晦山遺稿
34	李養根	1873~?	西坪遺文	49	金景文	1881~1941	湖庵文集
35	田周燦	1873~?	有文集*	50	李敎冕	1882~1937	內山遺稿
36	李鍾振	1873~?	東華自警齋	51	鄭邦燁	1886~?	惕菴集
37	申錫休	1874~1954	兩史概錄	52	吳錫杓	1888~1914	蒙溪文集
38	李定洙	1877~1957	浩齋文集	53	金繪泰	1888~?	有文集*
39	南台熙	1877~1907	靜齋遺稿	54	金銖	1890~1943	滄溪文集/滄溪漫錄
40	黃徹源	1878~1932	重軒文集	55	李麟鎬	1892~1949	醒齋遺稿
41	權宜鉉	1878~1956	能齋集	56	柳遠洙	1893~1969	苛齋文集
42	李敎文	1878~1958	止齋遺稿	57	李羲錫	1895~1962	耻菴遺稿
43	李鍾弘	1879~1936	毅齋集	58	李相祖	1898~1959	秋岡遺稿

* 有遺稿는 문인록에 표시된 내용임.
유고 자체에 대해서는 미확인 상태임.

241명의 직전 제자 가운데 저작을 남긴 문인은 58명으로 확인되며,([표 3] 참조) 향후 본격적인 조사 작업이 진행되면 그 수는 늘어날 것으로 예상된다. 추후 문집 확인이 더 확대될 수 있지만, 현재까지 확인한 바에 따르더라도 전체 직전 제자들 가운데 25%에 해당하는 제자가 문집을 남겼다는 것은 어느 학자의 문인들에게서도 그 유례를 찾기 어렵다는 점에서 정재규의 직전 제자들이 이룩한 학문적 성취가 상당하였음을 짐작할 수 있다.

직전 제자들의 학문 활동은 단순히 노사학의 계승과 확산에 그치지 않았다. 이들은 강우 지역의 유학 진흥을 위해 학파를 넘나들며 타 학파의 학자들과 연대하여 다양한 방면에서 활동하였다. 1930년대 이후 직전 제자들의 구심점 역할을 담당했던 권재규는 기우만의 『송사집(松沙集)』을 교정하기 위해 장성으로 가 수개월 동안 그곳에서 머물며 문집 간행에 기여하는 등 노사학파의 일원으로서 중추적인 역할을 담당하였을 뿐만 아니라 당색을 뛰어넘어 남인 계열의 김극영(金克永, 1863~1941)과 그의 아들 김황(金榥, 1896~1978) 등과 함께 소사동유(蕭寺同遊)를 통해 학파, 당색, 연령, 지역을 초월한 회합을 지속하였다.[122] 유학의 영향력이 현저히 약화된 일제 강점 하에 유학의 도를 천명하고 이를 부지하기 위해 일종의 결사체를 조직한 그의 활동은 강우 지역의 유학적 기풍을 지속하는데 적지 않게 기여하였다고 할 수 있다.[123]

---

122) 鄭基敏가 정리한 蕭寺同遊 참여 인사 106명 중에는 李敎文, 李敎宇, 李敎冕, 李敎灝 등 정재규의 문인이 다수 확인된다. 그만큼 정재규의 제자들은 학파를 넘어 강우 지역의 유풍 진작에 적극적으로 참여하였다. 정기민(2006), 「松山 權載奎의 學問性向과 蕭寺同遊에 대한 硏究」, 경상대 대학원 석사학위논문 참조.

이처럼 유학의 부지를 위해 노력한 정재규의 직전 제자들은 시대의 현실을 외면하지 않는 지사적 면모를 보여주었다. 정재규로부터 강한 척사 및 항일(抗日) 의지를 이어받은 직전 제자들은 정재규 생전에 이미 그와 함께 거의(擧義)를 도모하는 등 실천적 면모를 구체화하였으며,[124] 정재규 사후에도 우국지사의 면모를 유지하며 국난 극복을 위한 다양한 현실 대응의 면모를 구체화하였다.

1910년 일제에 주권을 빼앗기자 초기 제자 중 한 사람인 이택환은 화계(花溪)에 은거하여 뜻 맞는 동지들과 함께 화계십일(花溪十逸)을 결성하여 우국의 심정을 토로하는 등 지사적 면모를 드러내기도 하였으며, 남정섭은 결국 뜻을 굽히기는 하였지만 일제 치하에 살기보다는 차라리 만주로 이거하겠다는 의지를 구체화하기도 하였다. 정기의 경우에는 1921년에 만주(滿州)와 간도(間島)를 세 차례나 왕복하면서 빼앗긴 국권 회복에 힘쓰는 등 저항적 지식인의 면모를 보여주었으며, 안락진(安洛鎭, 1862~?)을 비롯한 몇몇 문인들은 유교를 부흥시켜 국권 회복의 돌파구로 만들고자 강우 지역 유림이 추진한 도통사(道統祠)의 건립에 주요한 역할을 담당하기도 하였다.[125]

---

123) 권재규의 蕭寺同遊에 대해서는 정기민(2006).; 전병철(2012), 「1930년대 江右儒林의 蕭寺同遊와 遺民意識」, 『남명학연구』 34 등 참조.

124) 을사늑약이 체결된 후 1905년 11월에 정재규가 정산으로 가 최익현과 궐리사에서 거의를 도모할 때 함께 한 문인은 鄭冕圭, 權雲煥, 陳樸, 宋在洛, 柳遠重, 宋鎬完, 鄭龍圭, 柳稚均, 崔德煥, 鄭在鎬, 南廷瑀, 李敎文, 鄭在爀, 閔致德, 金景文 등 30여 명이었다. 『老柏軒集附錄』 卷1, 13a, 「年譜」, ‘63歲條’.

125) 이정희(2015), 「일제시기 경남지역의 孔敎運動 연구 - 도통사 孔敎支會

송재락(宋在洛, 1860~1929)을 비롯한 몇몇 문인들은 1919년에 유림 대표의 일원으로 파리장서에 서명하는 등 항일운동의 대열에 동참하여 옥고를 치르기도 하였다. 서예가로 이름이 높았던 고성의 묵희(墨熙, 1875~1942)를 비롯하여 삼가의 공민호(孔敏鎬, 1879~1948), 류근수 등 다수의 문인들은 1919년 3·1 운동 이후 경상 우도 지역에서 펼쳐진 독립만세 운동을 주도하여 옥고를 치르기도 하는 등 항일 의지를 실천으로 구체화하였다. 파리장서 서명에 참여하는 등 지속적으로 항일 의지를 표명하였던 이종홍(李鍾弘, 1879~1936)도 일제가 새 달력을 사용하도록 하자 독자적으로 화엽지도(花葉之圖)라는 달력을 만들어 사용하는 등 일제에 저항적인 지사의 면모를 보여주었다.

항일 의지를 구체화하는 등 실천적인 측면에서도 지사의 면모를 발휘했던 정재규의 직전 제자들이 일제 강점기를 거치면서 무엇보다 비중을 두었던 것은 강학 활동이었다. 정재규 생전에 이미 강학 활동을 전개할 정도로 문인 배출에 관심을 기울였던 직전 제자들은 정재규 사후에도 지속적으로 강학을 통한 문인 배출에 골몰하였다. 특히 이들은 독서종자의 양성을 통해 약화되어가던 유학의 부식에 골몰하였던 정재규의 뜻을 계승하여 유학적 지식인의 양성 및 이를 통한 유학적 가치의 재공고화에 관심을 기울였다.

앞서 거론한 바와 같이 정면규와 권운환 등은 일찍부터 강학을 통해 다수의 문인을 배출하였으며, 이들과 동시기에 활동한 권기덕도 산청을 중심으로 강학 활동을 전개하며 정재규의 「물재절

와 배산서당 朝鮮孔敎會를 중심으로」, 『남명학연구』 46 참조.

목」과 마찬가지로 「남재규약(灆齋規約)」을 제정하여 문생들의 절제하는 생활 태도를 바탕으로 학문에 면려하기를 기대하였다.[126] 진주에서 활동하던 전기주도 진주 내동면(奈洞面)에 율리정사(栗里精舍)를 마련하고 체계적인 강학 활동을 통해 다수의 문인을 배출하였으며,[127] 단성의 이교문(李教文, 1878~1958)도 자신의 근거지에 옥동정사(玉洞精舍)를 짓고 제자 양성에 주력하였다.[128] 말년 제자 중 한 사람인 이희석(李羲錫, 1895~1962)의 경우도 독우정(篤于亭), 뇌룡정, 한천정(寒泉亭) 등을 잇달아 건축하여 강학의 기반을 조성하는 한편, 주변 인사와 함께 용동서원(龍淵書院) 복건(復建)을 추진하여 이곳에서 제향과 강회를 실시하는 등 유풍(儒風) 진작과 문인 배출에 진력하였다.

특히 가장 많은 문인을 배출하며 정재규의 직전 제자 가운데 가장 학문적 영향력을 확대한 권재규는 일찍부터 강학 활동을 전개하여 가장 많은 문인을 배출하였다. 1915년에 자신이 거주하던 마을 뒤에 소천정(昭泉亭)을 지어 제자를 가르치기 시작한 그는 제자들이 늘어나자 신안정사로 이거하여 강회를 열기도 하였다. 날로 제자들이 늘어나 더 이상 제자들을 수용할 수 없

126) 『三山遺稿』 卷5, 2b~3b, 「灆齋規約」. 권기덕 이외에 崔德煥(1866~1909), 鄭琦(1879~1950) 등도 각각 「學堂節目」, 「學規十條」 등을 작성하여 문생들이 지켜야 할 규범을 구체적으로 제시하였다.(『强齋文集』 卷3, 13a~15b) 이들 이외에도 다수의 문인들은 강학 활동을 전개하며 강학 관련 규약이나 절목을 제정하여 시행하였고, 이 규약 등의 대체적인 내용은 立志를 시작으로 독서하는 방법, 언어, 행보, 출입 등 강학처 내에서 지켜야 할 내용을 담고 있고, 그 내용이 정재규의 「물재절목」과 대동소이하다는 점에서 정재규의 강학적 입장을 계승한 것이라 할 수 있다.

127) 『晋陽續誌』 卷4. "総派出所六, 支署十六."

128) 『止齋遺稿』 卷6, 6a~b, 「玉洞精舍開基祝文」.

[표 4] 정재규 직전 제자들의 문인 배출 현황 (『노사선생연원록』)

직전 제자 (생몰년, 거주지)	문인수 (재전 제자)	지역
權雲煥 (1853~1918, 산청)	26	단성 14, 산청 6, 단양 1, 삼가 1, 진양 1, 합천 1, 고성 1, 미상 1
李宅煥 (1854~1924, 단성)	24	진주 7, 단성 7, 하동 5, 곤양 3, 사천 2
全基柱 (1855~1917, 진주)	5	진주 5
權基德 (1856~1898, 산청)	7	산청 6, 함양 1
柳遠重 (1861~1943, 삼가)	11	합천 10, 거창 1
朴熙瑆 (1864~1918, 단성)	7	단성 7
梁在善 (1864~1933, 산청)	3	산청 3
李鉉五 (1868~1923, 의령)	1	의령 1
裵煥奎 (1868~1932, 산청)	1	산청 1
南廷瑀 (1869~1947, 의령)	7	의령 7
權載奎 (1870~1952, 단성)	56	단성 21, 산청 7, 하동 7, 진주 6, 의령 6, 사천 4, 고성 1, 부산 1, 통영 1, 장흥 1, 함평 1
李賁根 (1873~?, 삼가)	2	삼가 1
申錫休 (1874~?, 고흥)	19	고흥 19
鄭鉉洙 (1875~?, 삼가)	2	삼가 1, 합천 1
鄭　琦 (1879~1950, 구례)	64	구례 29, 합천 22, 의령 3, 고흥 3, 광주 3, 순천 2, 담양 1, 낙안 1
李敎宇 (1881~1944, 단성)	49	단성 17, 진주 12, 사천 8, 산청 6, 의령 3, 하동 2, 김해 1
李枝永 (1882~?, 삼가)	4	삼가 3, 삼천포 1
鄭邦燁 (1886~?, 삼가)	4	합천 3, 의령 1
柳遠洙 (1893~?, 합천)	21	합천 20, 미상 1
합계	**313명**	

게 되자 그는 1934년에 이르러 문생들과 의논하여 인곡(仁谷)에 다섯 간의 인곡서당(仁谷書堂)을 건립하고 이곳으로 이거하여 보다 확대된 문인 교육을 전개하였다. 특히 그는 권기덕와 마찬가지로 정재규의 「물재절목」과 대동소이한 「천정절목(泉亭節目)」을 제정하여 강학처 내에서 문생들이 지켜야 할 기본 규범과 독서의 방향을 제시하기도 하였다.129)

이렇듯 지속적이면서도 광범위한 강학 및 이를 통한 문인 배출은 정재규 직전 제자들의 중심을 이루었다. 『연원록』에 수록된 문인 자료를 통해 문인을 배출한 직전 제자로 확인되는 문인은 19명으로 확인된다. 이들 문하에서 배출된 정재규의 재전 제자는 313명에 달하는 것으로 집계된다.130) ([표 4] 참조)

직전 제자가 241명인 것을 감안할 때, 재전 제자들의 규모는 상대적으로 크게 증가하지 않는 것으로 확인된다. 하지만 직전 제자들의 문집에 실린 개별 문인록과 기타 자료를 통해 볼 때, 재전 제자의 규모는 313명을 훨씬 상회할 것으로 예상된다. 일례로 전기주의 문인은 『연원록』에 5명에 불과한 것으로 나타나지만, 그의 문집인 『국포유고(菊圃遺稿)』 권3에 수록된 「문인록」에는 46명의 문인이 수록되어 있다. 종유인(從遊人)과 문인의 구분 없이 수록되었지만 권재규의 『이당선생문집·부록(而堂先生文集附錄)』 권2의 「종유급문록(從遊及門錄)」에는 비록 1,379명에 이르는 인물의 정보가 등재되어 있고, 그가 사망한 후 500명을 상회하는

129) 『而堂先生文集』 卷24, 42b~44a, 「泉亭節目」.

130) 『蘆沙先生淵源錄』을 통해 확인되는 문인을 배출한 직전 제자가 19명으로 확인되지만, 문집 및 기타 자료를 통해 강학 활동을 전개한 것으로 확인되는 문인은 19명을 훨씬 상회한다.

사람이 만시(輓詩)를 작성하였다는 점에 유념한다면 정재규의 재전 제자는 1천여 명을 상회할 것으로 추측된다.

■ 재전 제자들의 형성과 노사학의 정착

정재규의 직전 제자들은 어려운 시대 상황 하에서도 유학의 맥을 계승하고자 하는 의식적인 노력을 기울였으며, 이를 통해 적지 않은 문인들을 배출하여 노사학 계승에 기여하였다. 특히 문집 간행이 최소한 문인들의 헌신적인 노력이 전제되지 않으면 이루어질 수 없는 사업이라는 점에 비추어 볼 때, [표 3]에서 확인되듯이 60여 명에 육박하는 직전 제자들의 문집이 일제강점기에서도 지속적으로 간행되었다는 것은 그만큼 직전 제자들의 문인들이 수다하였음을 의미하는 것이라 할 수 있다.

앞서 지적한 바와 같이, 제한적인 자료이지만 『노사선생연원록』을 통해 정재규의 직전 제자 19명의 문하에서 배출된 313명의 재전 제자들의 지역별 분포를 정리하면 [표 5]와 같다. 직전 제자들의 지역별 분포와 마찬가지로 강우 지역뿐만 아니라 호남 지역에서도 다수의 문인이 배출되었음을 확인할 수 있다. 부산을 포함한 강우 지역에서 전체 문인의 80.5%에 해당하는 252명이 배출되어 재전 제자들도 여전히 강우 지역을 지역적 배경으로 배출되고 활동하였음을 확인할 수 있다. 아울러 광주를 포함한 호남 지역에서도 전체 문인의 18.2%인 57명의 문인이 배출되어 호남 지역도 여전히 정재규의 학문적 영향력 범주에서 벗어나지 않았다고 할 수 있다.

재전 제자들의 지역별 분포를 시군별로 확인하면, 강우 지역에서는 직전 제자와 달리 단성과 산청을 중심으로 한 현재의 합천 지역에서 가장 많은 문인(97명)이 배출된 것으로 확인된다. 권운환을 비롯하여 권기덕, 권재규 등 안동권씨 가문의 주요 문인들을 비롯하여 적지 않은 문인이 산청을 중심으로 강학 활동을 전개하였기 때문에 합천 지역보다 많은 문인을 배출하였다고 할 수 있다. 하지만 60여 명을 상회하는 문인이 합천 및 삼가에서 배출되었다는 것은 여전히 합천 지역이 정재규 학문의 영향력이 미치는 자장 안에 있음을 의미하는 것이라 할 수 있다.

강우 지역의 중심지인 진주(30명)를 비롯하여 의령(21명), 사천

[표 6] 정재규 재전 제자의 지역별 분포 (『노사선생연원록』)

<table>
<tr><th colspan="3">거주지</th><th rowspan="2">문인수(명)</th><th colspan="2">거주지</th><th rowspan="2">문인수(명)</th></tr>
<tr><th>광역시·도</th><th colspan="2">시군</th><th>광역시·도</th><th>시군</th></tr>
<tr><td rowspan="13">경남
(252명)</td><td rowspan="2">산청</td><td>단성</td><td>68</td><td rowspan="2">경남</td><td>거창</td><td>1</td></tr>
<tr><td>산청</td><td>29</td><td>고성</td><td>2</td></tr>
<tr><td rowspan="2">합천</td><td>합천</td><td>57</td><td colspan="2">부산 (1명)</td><td>1</td></tr>
<tr><td>삼가</td><td>7</td><td colspan="2">광주 (3명)</td><td>3</td></tr>
<tr><td colspan="2">진주</td><td>31</td><td rowspan="7">전남
(57명)</td><td>구례</td><td>29</td></tr>
<tr><td colspan="2">의령</td><td>21</td><td>고흥</td><td>22</td></tr>
<tr><td rowspan="3">사천</td><td>사천</td><td>14</td><td>순천</td><td>2</td></tr>
<tr><td>곤양</td><td>3</td><td>함평</td><td>1</td></tr>
<tr><td>삼천포</td><td>1</td><td>장흥</td><td>1</td></tr>
<tr><td colspan="2">하동</td><td>14</td><td>담양</td><td>1</td></tr>
<tr><td colspan="2">김해</td><td>1</td><td>순천
낙안</td><td>1</td></tr>
<tr><td colspan="2">함양</td><td>1</td><td colspan="2">미상</td><td>1</td></tr>
<tr><td colspan="2">통영</td><td>1</td><td colspan="2">합계</td><td>313</td></tr>
</table>

(18명), 하동(14명) 등지에서 지속적으로 재전 제자들이 배출된 것은 직전 제자들의 분포와 차이가 나지 않는 것이라 할 수 있다. 하지만 이전에 문인이 배출되지 않았던 김해, 거창 등지에서도 비록 1명에 불과하지만 문인이 배출된 것은 정재규의 학문적 영향력이 직전 제자들을 통해 강우 지역 전반으로 확대되었음을 의미하는 것이라 할 수 있다.

직전 제자와 마찬가지로 호남 지역, 특히 구례에서 재전 제자들이 다수 배출된 것은 강우 지역을 지역적 배경으로 활동하던 정기가 강학처를 호남 지역으로 옮긴 것에 연유하는 것이라 할 수 있다. 그는 젊은 시절에는 자신의 근거지인 합천 무산(武山)에 정사(精舍)를 짓고 학규를 제정하여 체계적인 강학에 집중하였을 뿐만 아니라 1927년에 이르러 호남의 구례로 이거하여 오원재(五爰齋), 덕천정(德川亭) 등 강학 공간을 마련하고 지속적으로 강학을 전개하여 호남을 지역적 배경으로 하는 문인을 적지 않게 배출하였다. 고흥에서 적지 않은 문인이 배출된 것은 신석휴(申錫休, 1874~1954)가 자신의 근거지인 이 지역을 배경으로 강학을 진행한 것에 기인하는 것이었다.

직전 제자들이 지속적인 강학에 따라 배출된 재전 제자들은 일제 강점기 하에서 선배 학자들의 문집 간행을 비롯하여 지역의 향교 및 지역 내에 산재한 재실(齋室) 등에서 꾸준히 강학 활동을 전개하였다. 권재규의 아들이자 문인인 권창현(權昌鉉, 1900~1976)은 독서종자를 자임하고 유학적 지식인으로 성장하기를 기대하는 부친의 염원을 이어받아 지속적인 독서를 진행하는 한편, 류원중, 남정우, 정기 등 선배 학자들에게 학문적 질정을 거듭

하며 착실하게 학문적 성장을 이루어 나갔다. 특히 그는 단성향교(丹城鄕校)의 중수(重修)를 비롯하여 산청의 도천서원(道川書院)의 복설, 신계정사(新溪精舍)의 중수 등에 참여하는 등 강우 지역의 유학 부식을 위한 구체적인 활동에 매진하였다.

재전 제자 가운데 학문적 성취가 높았던 문인 중 한 사람으로 평가받았던 김문옥(金文鈺, 1901~1960)은 가문 내에서 『소학』과 『통감(通鑑)』 등을 익혔지만 일제의 압박에 못 이겨 보통학교에 입학하였다가 곧바로 학교를 그만둔 후, 무산정사(武山精舍)에서 강학하던 정기의 문하에 입문하였다. 이후 정기 이외에 권재규, 류원중, 이교우(李敎宇, 1881~1944) 등 선배 학자들과의 학문 교유 등을 진행하며[131] 착실히 학문을 익힌 그는 1927년에 정기를 따라 구례로 이거하였고, 이듬해부터 이곳 덕천정에서 스승의 문생에게 학문을 강론하는 등 일찍부터 학문적 역량을 강학 활동으로 이어나갔다. 그는 구례를 중심으로 강학에 몰두하면서도 서울에서 활동하던 정인보(鄭寅普)를 방문하여 당시의 재사로 평가받던 홍명희(洪命熙)·안재홍(安在鴻)·변영만(卞榮晩) 등과 교유하기도 하였으며, 저항적인 학문을 유포한다는 혐의로 받아 일경(日警)에 피체되어 옥고를 치르기도 하였다. 고향인 합천을 떠나 구례를 중심으로 활동하던 그는 1934년에 이르러 화순으로 이거한 후 장흥, 김제 등지로 거처를 옮기며 강학에 몰두하여 이 지역에서도 적지 않은 문인을 배출하였다.

김문옥과 더불어 정기의 고제로 평가받았던 김규태(金奎泰, 1902~1966)도 자신의 근거지인 영남을 떠나 구례로 이거하여 학

---

131) 『曉堂文集』 卷3, 2a~10a, 「上柳西岡」, 「上權松山」, 「與李果齋」 등 참조.

문 탐구에 몰두하였다. 그리고 1936년에 용암재(龍巖齋)를 짓고 스승의 뜻을 계승하여 문인 교육을 시작하였다. 이후 이 지역의 장천재(莊泉齋), 강수당(講修堂) 등을 중심으로 후학 양성과 저작에 주력하였다. 특히 그는 동문인 정현복(鄭鉉福, 1909~1973)과 더불어 당대 명필로 이름이 높았다.

류원중의 문인인 김영택(金永鐸, 1894~1978)은 어려서 장복추(張福樞)의 문인인 족숙 양호재(養浩齋) 김사현(金社鉉, 1864~1938)에게서 초학을 익힌 후 류원중의 문하에서 나아가 체계적으로 경전에 이해를 도모하였다. 이후 인근에서 강학하던 정기의 문하에도 나아갔던 그는 합천을 중심으로 다양한 활동을 전개하며 강학 활동에 몰두하였고, 이 과정에서 정기의 문인인 김문옥 등과 교유를 진행하는 등 노사학파의 일원으로서 학문적 동질성을 강화하였다.[132]

이렇듯 재전 제자들은 어려운 시대 상황 하에서도 스승들과 마찬가지로 강우 및 호남 지역을 배경으로 선배 유현들의 학문적 전통을 계승하고, 이를 통해 유학의 가치를 부지하기 위해 지속적으로 강학 활동에 주력하였다. 이에 따라 재전 제자의 문하에서도 적지 않은 문인이 배출되었다. 재전 제자의 문하에서 배출된 문인들에 대한 자세한 내용을 살필 수 있는 자료는 제한적이지만, 『연원록』에 수록된 내용을 토대로 1명 이상의 문인을 배출한 재전 제자는 3명으로 확인되며, 이들 문하에서 배출된 정재규의 삼전 제자는 91명으로 집계된다.[133] ([표 6] 참조)

---

132) 權龍鉉, 『秋淵先生文集』 卷39, 19a~20a, 「謹齋金君墓碣銘」.

133) 삼전 제자가 채 1백 명이 안 되는 것으로 확인되는 것은 기본적으로 『노

[표 6] 정재규 재전 제자들의 문인 배출 현황 (『노사선생연원록』)

직전 제자 (거주지)	재전 제자 (생몰년, 거주지)	문인수 (삼전 제자)	지역
柳遠重(삼가)	金永鐸(1894~1978, 합천)	1	합천 1
鄭琦(구례)	金文鈺(1901~1960, 낙안)	58	보성 17, 장흥 11, 화순 11, 강진 3, 구례 3, 나주 3, 승주 2, 장성 2, 고창 1, 고흥 1, 담양 1, 보은 1, 낙안 1, 진주 1
	金奎泰(1902~1966, 구례)	32	구례 25, 장흥 4, 보성 2, 승주 1
합계		91	

자료의 제한이 있기는 하지만, 삼전 제자들의 지역적 분포를 확인하면 [표 7]과 같다. 직전 및 재전 제자들의 지역별 분포와 달리, 삼전 제자에 이르러 지역적 비중은 호남 지역으로 옮겨 간 것으로 확인된다. 전북 및 전남을 포함한 호남 지역의 삼전 제자가 전체의 95%를 상회하는 88명인 것은 삼전 제자를 다수 배출한 김문옥, 김규태의 강학처가 호남이었기 때문이라 할 수 있다.134)

사선생연원록』이 가지는 한계 때문이라 할 수 있다. 1960년에 간행된 이 자료는 그 중점이 기정진의 직전 및 재전 제자에 두어졌고, 상대적으로 삼전 제자에 대해서는 큰 비중이 두어지지 않은 것으로 보인다. 향후 기정진의 삼전 제자에 대한 자료 수집 등 보다 체계적인 조사가 이루어지면 보다 많은 문인이 확인될 것으로 예상된다.

134) 강우 지역의 재전 제자들에 대한 자료가 조사되면 강우 지역 삼전 제자도 적지 않을 것으로 추측된다.

[표 7] 정재규 삼전 제자의 지역별 분포 (『노사선생연원록』)

<table>
<tr><th colspan="3">거주지</th><th rowspan="2">문인수
(명)</th><th colspan="2">거주지</th><th rowspan="2">문인수
(명)</th></tr>
<tr><th>광역시·도</th><th colspan="2">시군</th><th>광역시·도</th><th>시군</th></tr>
<tr><td>충북 (1명)</td><td colspan="2">보은</td><td>1</td><td rowspan="5">전남</td><td>강진</td><td>3</td></tr>
<tr><td>전북 (1명)</td><td colspan="2">고창</td><td>1</td><td>나주</td><td>3</td></tr>
<tr><td rowspan="6">전남
(87명)</td><td colspan="2">구례</td><td>28</td><td>장성</td><td>2</td></tr>
<tr><td colspan="2">보성</td><td>19</td><td>담양</td><td>1</td></tr>
<tr><td colspan="2">장흥</td><td>15</td><td>고흥</td><td>1</td></tr>
<tr><td colspan="2">화순</td><td>11</td><td rowspan="2">경남
(2명)</td><td>진주</td><td>1</td></tr>
<tr><td rowspan="2">순천</td><td>승주</td><td>3</td><td>합천</td><td>1</td></tr>
<tr><td>낙안</td><td>1</td><td colspan="2">합계</td><td>91</td></tr>
</table>

자료의 제한이라는 한계가 있기는 하지만, 정재규를 학문 연원으로 하는 삼전 제자의 배출은 이전보다 현저히 줄어들었다고 할 수 있다. 하지만 유학의 영향력이 약화되고, 신학문이 보편화되며 근대식 학교가 일반화되어가던 일제강점기와 해방 이후 근현대 시기에 재전 및 삼전 제자들은 지속적으로 유학의 가치를 천명하며 유교 문화를 계승하고자 하는 노력을 게을리하지 않았다. 그리고 이를 통해 강우 및 호남 지역에서 유학을 중심으로 한 전통문화 계승의 밑거름을 조성하였다.

이러한 이들의 학문적 노력을 확인할 수 있는 자료는 이들의 학문적 입장과 학문 활동이 집약된 이들의 문집에서 확인 가능하다고 할 수 있다. 재전 및 삼전 제자 가운데 현재까지 논자가 확인한 문집 내역은 [표 8]과 같다. 아직 미간행 상태인 유고가 있거나 혹은 논자가 확인하지 못한 문집이 있을 수 있기는 하겠지

[표 8] 정재규 재전 및 삼전 제자들의 문집 현황

연번	성명	생몰년	문집(저작)	스승	연번	성명	생몰년	문집(저작)	스승
1	南相奉	1903~?	午山遺稿	南廷瑀	7	金奎泰	1902~1966	顧堂文集	鄭琦
2	權昌鉉	1900~1976	心齋文集	權載奎	8	秋淵蓉	1908~1970	幼堂遺藁	鄭琦
3	金永鐸	1894~1978	謹齋遺稿	柳遠重	9	李麟鎬	1892~1949	醒齋遺稿	李敎宇
4	吳政杓	1897~1946	梅峰遺稿	鄭琦	10	魏啓道	1926~1990	晩翠集	金文鈺
5	崔允煥	1898~1979	敬堂漫錄	鄭琦	11	李栢淳	1930~2012	松潭文集	金文鈺
6	金文鈺	1901~1960	曉堂文集	鄭琦					

만, 정기 문하에서 배출된 재전 및 삼전 제자들이 가장 많이 문집을 남긴 것으로 확인되며, 남정우, 권재규, 류원중 등 정재규 문하의 대표적인 직전 제자의 문하에서도 많지 않지만 문집을 남긴 문인이 배출된 것으로 확인된다. 이렇듯 재전 및 삼전 제자들은 유학 전통에 대한 믿음과 유학의 가치를 계승하고 확산하기 위한 노력을 게을리 하지 않았고, 이러한 노력의 결과는 문인들의 유고 및 문집으로 남겨졌다고 하겠다.135)

135) 재전 및 삼전 제자의 문집이 많지는 않지만 20세기 중후반까지 지속적으로 간행되었다는 것은 이들의 유지를 계승한 후손 및 문인이 있음을 의미하는 것이라는 점에서 정재규를 통해 진행된 기정진의 학문과 사상에 대한 계승은 현재진행형이라 할 수 있을 것이다.

맺음말

정재규는 노문 삼자의 가운데 기정진 사후에 가장 활발한 학문 활동을 전개한 문인이라는 데 의심의 여지가 없다고 할 수 있다. 『노사집』 간행을 비롯하여 기정진 사후 펼쳐진 그의 지속적이면서도 폭넓은 강학 활동, 그리고 이를 뒷받침한 그의 학문적 깊이는 어느 문인과 견주어도 손색이 없을 정도로 노사학파 내에서 탁월하였다고 평가할 수 있다. 성리학적 주제에 대한 깊이 있는 성찰과 이해뿐만 아니라 국가적 위기의 시대를 맞아 실천하는 지식인으로서 그가 보여준 기개는 그의 문인을 넘어 강우 지역의 유풍을 일신하는 데 적지 않게 기여하였다.

그가 무엇보다 주안점을 두었던 강학 활동을 통해 배출된 그의 문인들은 정재규를 기정진의 적전으로 받아들였으며, 정재규의 강론을 통해 기정진의 학문을 계승하고자 하였다. "정 선생의 학문이 강구되지 않으면 기 선생의 도가 장차 한 차례 어두워 질 것"[136]이라고 한 이교우의 언명은 정재규의 직전제자 뿐만 아니라 이후 배출된 재전 및 삼전 제자들도 공유하는 의식이었다고 할 수 있다. 그만큼 정재규를 통한 노사학의 계승은 그의 문인들에게 신념으로 받아들여졌고, 이에 따라 그를 통한 기정진의 학맥 계승은 지속적이었다.[137]

약간의 차이가 있지만 대체적으로 20세를 전후한 시기에 특정

136) 『果齋先生文集』 卷23, 30b～31a, 「明湖權先生墓誌銘」. "教宇妄竊, 以爲鄭先生之學不講, 奇先生之道, 將一晦, 可不懼哉."

137) 『노사선생연원록』을 통해 볼 때, 기정진의 직전 제자 가운데 그 학맥이 재전을 거쳐 삼전 제자까지 이어진 문인은 기우만과 정재규뿐이다.

학자의 문하에 입문하는 것이 일반적이라는 점을 감안할 때, 정재규 문하에서 배출된 직전 제자부터 삼전 제자에 이르는 6백여 명을 상회하는 문인들은 19세기 후반의 사회적 혼란과 일본제국주의의 침탈, 그리고 20세기 전반기에 이루어진 일제의 국권 강탈과 이에 이어진 일제강점기, 그리고 해방 이후 혼란과 근대화 시기를 거치면서 강우 지역은 물론 호남 지역에서 노사학을 뿌리내리고 유학의 가치를 계승하는 데 크게 기여하였다.

[표 9]에서 확인되듯이 정재규의 문하에서 배출된 직전 제자들은 대체적으로 1880년대 이후 본격적으로 활동하며 국가의 위기를 극복하고 노사학을 강우 지역에 뿌리내리는 데 기여하였으며, 일제강점기가 시작되는 시기에 본격적으로 학문 활동을 시작한 재전 제자들은 암울한 시대 상황 하에서 유학적 가치를 수호하고

[표 9] 정재규 제자들의 생년 분포 (『노백헌 문인록』 및 『노사선생연원록』)

생년	직전제자	재전제자	삼전제자	합계
1849~1860	36			36
1861~1870	57	6		63
1871~1880	68	10		78
1881~1890	61	32		93
1891~1900	19	89		108
1901~1910		94	1	95
1911~1920		58	7	65
1921~1930		13	24	37
1931~1940		9	48	57
1941~1949		1	6	7
미상		1	5	6
합계	241	313	91	645

유학 전통을 계승하는 데 노력하였다. 그리고 근대식 교육이 일반화된 해방 이후에도 노사학을 이어받은 삼전 제자들은 무너져가는 유학적 가치를 부지하고 유교 문화의 부흥을 예비할 수 있는 활동을 전개하며 강우 및 호남 지역에서 나름의 역할을 담당하였다고 할 수 있다.

이렇듯 1세기 이상 동안 강우 지역을 중심으로 노사학의 중심을 이루며 근현대 한국 유학의 명맥을 유지한 정재규 문인들의 다양한 활동은 그 중심에 기정진이 제시한 리 중심의 성리설과 실천 지향적 활동과 이를 계승하여 다방면으로 펼쳐진 정재규의 강학 활동이 자리한다고 하겠다. 그런 만큼 정재규의 강학 활동은 그 영향력이 넓고 지속적이었다고 평가할 수 있을 것이다. 향후 정재규 문하에서 배출된 직전 제자는 물론, 재전 및 삼전 제자들에 대한 보다 진전된 연구가 이어지길 기대한다.

김석구의 리 일원적 사유에서의 선악론과 경론

이 형 성

(전남대학교 학술교수)

들어가는 말

선진시대 공자와 맹자의 유학사상은 도덕적 가치를 지향하는 면이 강하였다. 반면 송나라 때의 성리학은 「태극도설(太極圖說)」 등장으로 우주의 생성, 인간의 심성, 수양의 자세 등이 체계화되었다. 두 학문의 궁극적 목적은 교학적 이론과 도덕적 실천의 조화를 통해 참된 도(道)를 구현하는 데 있다.

19세기 활약한 노사학파는 삼정의 문란과 서세동점이라는 시대적 상황을 극복하려고 노력하였다. 학파의 종장은 노사(蘆沙) 기정진(奇正鎭, 1798~1879)이다. 조선 성리학자 육대가 또는 근세 3대가로 평가받는 그는 안으로 성리학의 이론을 리 일원적 체계로 구축하고 밖으로 척양척왜(斥洋斥倭)를 도모하였다. 그의 처사적 삶과 이전 성리학의 이론적 논쟁을 극복하려는 학문관은 영호남의 적지 않은 문인들이 종유하는 계기가 되었다. 『노사선생연원록』에 의하면 그 문인의 수는 594명에 이른다. 직전문인 가운데 1명 이상의 제자를 배출한 문인들도 69명에 이르고, 이들을 통해 배출된 재전문인의 수는 2,888명에 이른다.[1] 삼전문인까지 포함하면 그 수는 이루 헤아릴 수 없을 정도로 많다.

대곡(大谷) 김석구(金錫龜, 1835~1885)은 기정진의 직전문인이다. 그는 남원에서 태어났으나, 구도(求道)의 정신이 남달라 10대 중반에 기정진에게 나아가 학문을 닦았다. 과거공부보다는 경학과 성리사상 탐구에 진력한 그는 스승 기정진의 리 일원론적 성리설 계승에 힘써, 경남 합천의 정재규(鄭載圭, 1843~1911), 전남 화순의 정의림(鄭義林, 1845~1910)과 함께 기정진 문하의 3대 제자로 불렸다.

김석구는 스승에게 학문을 닦고 동학들과 교류하면서, 「자경설(自警說)」, 「사문문답(師門問答)」, 「지구문답(知舊問答)」, 「사상어록(沙上語錄)」 등을 꼼꼼하게 기술하였다. 이러한 그의 노력은 스승의 성리설·수양론 이해와 후학들의 노사학 계승에 보탬이 되었을 것이다.[2] 특히 스승이 만년에 리 중시적 글로 지은 「외필(猥筆)」과 「납량사의(納凉私議)」 등을 공개하였을 때, 성리학의 여러 의문점을 직접 질의한 것은 노사학 심화 발전에도 큰 역할

---

1) 박학래, 「근현대 湖南儒學의 地形과 전개 양상-도학 계열 문인 집단의 형성과 지역별 분포에 주목하여」, 『동양고전연구』 제78집(동양고전학회, 2020년), 134쪽.

2) 『蘆沙先生淵源錄』 卷4 「金大谷錫龜」에 의하면, 김석구는 28명의 후학을 양성하였다.

을 하였을 것이다. 동학들과 함께 스승의 성리학적 내용을 모아 간행하려던 『답문유편』을 이루지 못하고 애석하게 51세의 나이로 삶을 마쳤다. 더욱이 스승이 지은 「외필」과 「납량사의」가 1902년 타학파로부터 강한 비판을 받을 때, 선봉에서 재비판의 논리를 전개하지 못한 점은 학파의 큰 아쉬움이라 하겠다. 그의 저서 『대곡유고(大谷遺稿)』는 6권 3책으로 1902년에 편집 간행되었다. 김석구는 스승 기정진이 주향(主享)된 고산서원에 배향되었다.

근대호남유학연구단은 2021년 고산서원의 배향인물 활동과 학문적 경향에 대한 연구를 계획하였다. 본 논문은 그 기획에 의해 이루어졌다. 고산서원은 현재 기정진을 비롯하여 월고(月皐) 조성가(趙性家, 1824~1904), 석전(石田) 이최선(李最善, 1825~1883), 신호(莘湖) 김녹휴(金錄休, 1827~1899), 동오(東塢) 조의곤(曺毅坤, 1832~1893), 대곡(大谷) 김석구(金錫龜, 1835~1885), 노백헌(老柏軒) 정재규(鄭載圭, 1843~1911), 일신(日新) 정의림(鄭義林, 1845~1910), 송사(松沙) 기우만(奇宇萬, 1846~1916) 8인이 봉안되었다.[3]

김석구에 대한 연구는 1편만 있고,[4] 사전적 지식의 인물 소개와 문집 해제의 내용이 전부이다.[5] 이 글의 전개는 『대곡유고』[6]

---

3) 고산서원은 1983년 7월에 金錫龜와 鄭義林을 추가하여 현재 기정진을 8인의 제자가 배향되었다. 【참고】 현 전남 장성군 진원면 고산로 68번지에 자리한 서원은, 본래 기정진이 1878년 정사를 지어 澹對軒이라고 하고 학문을 강론하던 곳이었다. 후손들이 1924년 중건하였고 1927년 고산서원이라 편액을 걸었다.

4) 박학래, 「대곡 김석구의 성리설 연구」, 『민족문화연구』 제43호, 고려대학교 민족문화연구원, 2005년.

5) 이에 대한 자료는 『호남의 유학자들』(안진외 외, 전남대학교출판부, 2016

를 최대한 원용하여, 생애와 노사학 계승성, 태극도에 의거한 리 일원론적 성리설, 이명(理明)과 향도(向道)를 위한 경(敬) 중시 내용을 중심으로 전개하였다.

생애와 노사학 계승

김석구(金錫龜)는 1835년 전북 남원군(南原郡) 세산리(細山里: 현 송동면 세전리)에서 태어났다. 본관은 김해, 자는 경범(景範), 호는 대곡(大谷)이다. 부친은 김국현(金國賢), 모친은 경주김씨 김창운(金昌雲)의 딸이다. 고려 판도판서(判圖判書) 문정공(文貞公) 김관(金管)의 후손인데, 남원과의 인연은 그의 6대조 김재록(金載祿)이 남원으로 입향하면서부터이다. 그의 후손들은 세산 마을을 비롯한 인근 여러 마을로 옮겨 각각 세거하였다.

그는 10세 전후 이웃 마을 서당에서 『소학』을 배우며 실천을 지향하였다. 선생이 "옛 사람이 행한 것은 오늘날 사람이 행할 수 없다"는 말을 듣고 서당에 나가지 않았다. 아버지가 그의 게으름을 꾸짖자, 선생이 "오늘날 사람은 옛 사람을 배울 수 없다"고 한 가르침은 바르지 않기에 서당에 나가지 않음을 말하였더니, 아버지는 그의 원대함을 알고서 고을 내 학문이 넓고 마음이 바른 선생에게 나아가도록 하였다.[7] 16~7세 무렵 구도(求道)의

년)와 『한국민족문화대백과』 등이 있다.

6) 『大谷遺稿』는 『韓國近代文集選刊』(2, 한국학호남진흥원, 2019년)에 수록된 자료를 텍스트로 하였다.

7) 『大谷遺稿』 附錄 卷6, 「行狀」, 343쪽. "塾師曰: '古人所行, 今人行不得.' 公

뜻이 있어 장성에서 강학하던 노사 기정진에게 나아가 수학하기 시작하였다. 춘추의리 사상을 중시하던 기정진은 성리학에서 논쟁이 되었던 인물성동이론을 논리적으로 설명하기 위해 리일분수설(理一分殊說)로 「납량사의(納凉私議)」를 짓고, 사단칠정설(四端七情說)을 논한 글로는 「우기(偶記)」가 있으며, 이응진(李應辰)과는 인물성(人物性)과 심기체질(心氣體質)을 논하였고, 정읍에 거주하던 권우인(權宇仁)과는 리기론을 논한 다음 「이통설(理通說)」을 짓기도 하였다.[8] 이와 같이 기정진의 40대 중반에 50대 중반까지 전념하였던 성리설은 율곡학의 '기' 중시적 리기론을 벗어나 모든 존재의 궁극적 근거가 되는 '리' 중시적 리기론을 강조하였다. 10대 중반에 기정진의 문하에 들어간 김석구는 성리설 탐구보다는 경전공부에 매진하였다. 그의 부친은 아들의 학문 발전을 위해 곡성(谷城)으로 이사하였다가 다시 광주 대곡(大谷)[9] 마을로 이거하였다. 그가 호를 대곡이라 한 것은 이에 기인한다. 경주이씨 이광순(李光淳)의 딸과 혼인하여 아들 김항순(金恒淳) 하나를 두었다.

그는『맹자』를 읽으면서 스스로 맹자가 되기를 기약하며 말끝마다 맹자라고 칭하자 사람들이 웃으며 김맹자(金孟子)로 불렸다. 특히 스승에게 학문 방법을 듣고 마치 깊은 잠에서 깨어나듯 하여, 그 이후 스승 모시기를 성심으로 하였는데 공자의 칠십 제자

不復塾, 考慮其意懶, 督責之. 公曰: '塾訓不端, 以爲今人不可學古人, 故不塾.' 問下, 不敢不以實告. 考謂做遠大業, 使就鄕中博雅學."

8) 『蘆沙全集』附錄 卷1, 『年譜』 참조. 【참고】 기정진 나이 46세에서 56세 때까지이다.

9) 이곳은 大峙 金谷으로, 현 전남 담양군 대전면이다.

가 모시듯 하였다. 그의 동문 정재규는 그가 학문 방법을 깨친 이후 그의 행동 변화를 다음과 같이 묘사하였다.

> 이로부터 우뚝 도로 자임하고, 세간의 부귀빈천(富貴貧賤)과 훼예흔척(毁譽欣戚)에 대해 한 번도 그 마음을 움직이는 것이 없었다. 항상 거시적으로 멀리 보고 미시적으로 깊이 생각하여, 사람이 도를 떠날 수 없음이 마치 물고기가 물을 떠날 수 없듯이 물을 떠나면 살지 못한다고 하였다. 그 뜻을 간직함이 근엄하면서 견고하고, 그 공부를 하는 것 또한 부지런히 애쓰면서 고생을 견디었고, 넘어져 뒤집히며 다급할 때에도 감히 조금도 게으르지 않았다.[10]

도를 자임한 선비는 엄격한 규범을 통해 학문과 인격을 완수하고자 한다. 특히 어떠한 어려움이 있어도 공의(公義)를 자신의 임무로 여긴다. 김석구는 도를 자임한 이후 외부 환경에 의한 마음 변동 없이 스승에게 학문과 도리를 연마하였다. 그의 탐구하는 마음에는 물고기가 물을 떠날 수 없듯 사람으로서 마땅히 도를 밝히고 실천하려는 강인함이 내포하고 있었던 것이다. 인간의 삶은 한계가 있기에 그는 보다 더 강인한 마음 자세로 끝없는 의리의 세계를 지향하고자 하였을 것이다.[11] 특히 26세부터 36세까지 약 10년에 걸쳐 307조목으로 기록한 「자경설(自警說)」은 스스로

10) 『大谷遺稿』 附錄 卷6, 「墓誌銘」, 345쪽. "自是卓然以道自任, 於世間富貴貧賤毁譽欣戚, 無一動其心者, 常曠然遠覽, 淵然深思, 以爲人之不可離道. 如魚之不可離水, 離水便不生活. 其持志, 謹嚴堅固; 其用功也, 勤苦刻勵. 顚沛造次, 不敢少懈."

11) 앞의 책, 卷1, 「偶吟」, 255쪽. "光陰元有限, 義理本無窮. 所以古之人, 孜孜用厥功."

경계하면서 성찰하려는 학문적 목적이 대부분이다. 그 서문 내용을 살펴보자.

> 내가 어려서부터 비록 고인의 학문에 뜻을 두었다고 하겠으나, 다만 뜻이 독실하지 못하여 기질의 습성을 이기지 못하였고, 행동이 노력하지 못하여 옛 낡은 잘못을 버리지 못하였다. 말을 하면 이치에 어긋나고 행동함이 있으면 도리에 위배되었다. 은미한 가운데 생각이 나옴에 이르러서는 말과 행동을 드러낼 때보다 심함이 있었다. 간간히 또 스스로 잘못을 알고 반성하는 것도 있었다. 그러나 아침에 잘못을 뉘우쳤다가 저녁에도 그렇게 전도되어 지금까지 36년이나 되었다.[12)]

이에 의하면, 성현의 학문에 뜻을 두고 도를 실현하려는 지식인의 참모습을 엿볼 수 있다. 마지막 구절의 "아침에 잘못을 뉘우쳤다가 저녁에도 그렇게 전도되어 지금까지 36년이나 되었다"는 표현은 한 지식인의 솔직한 고백이면서도 진리로 향하려는 강한 의식이 엿보인다. 이러한 정신을 기반으로 처사(處事)·접물(接物)·염개(廉介)·기량(氣量)·출처(出處) 등에서 인격을 연마하며 참된 도의 세계를 지향하였다.[13)] 이러한 행의는 출세 지향보다는

---

12) 앞의 책, 卷3, 「自警說」〈序〉, 315쪽. "余自童年, 雖云志古人之學, 但志不篤, 而不勝氣質之累; 行不力, 而不免舊習之汚. 出言則悖於理, 有動則違於道. 至於隱微之中, 思念之發, 尤有甚於見顯言動之際. 間亦有自知其非而內訟者, 然朝悔而暮然, 顚倒至今三十有六年矣."

13) 앞의 책, 卷6, 「傳」, 346쪽. "處事, 則正義明道而無計較趍避之意; 接物, 則反求推及而無忌克尤怨之心. 廉介, 則繫馬千乘而不顧也; 氣量, 則海涵萬斛而不見其涯也; 出處, 則老死窮巷而枉尺直尋有所不屑也." 참조.

공명정대한 도학(道學), 곧 진리로서의 의리를 구현하려는 처사적 삶을 지향했음을 엿볼 수 있게 한다. 특히 그의 출처관은 "써 주면 나의 도를 행하고 써 주지 않으면 도를 품고 숨는다"는 공자의 용행사장(用行舍藏)의 정신이 깃들어 있었다.[14)]

김석구는 동문 심재(心齋) 이곤수(李崑壽, 1808~1888), 오남(吾南) 김한섭(金漢燮, 1838~1894), 월파(月坡) 정시림(鄭時林, 1839~1912), 애산(艾山) 정재규(鄭載圭, 1840~1911), 일신(日新) 정의림(鄭義林, 1845~1910), 송사(松沙) 기우만(奇宇萬, 1846~1916) 등과 함께 교류하면서, 스승 기정진의 존리(尊理) 정신을 토대로 성리사상을 추구하였다. 특히 1875년 41세 이후 스승과 성리학의 중심 명제인 태극(太極)·음양(陰陽)·리기(理氣)·성정(性情)에 관해 서로 토론하였다.[15)] 자상한 스승과의 담론은 성인과 현인의 뜻을 발휘할 뿐만 아니라 후학의 학문을 개도하여 진력하도록 하는 것이어서[16)] 노사학 계승에 남다른 면을 갖게 하였을 것이다.

그는 스승이 리를 중시하고 높이는 성리설을 이해하면서도, 정신을 집중하고 묵묵히 치밀하게 연역하고 마음으로 체득하여 우

---

14) 앞의 책, 卷1, 「素志」, 257쪽. "生於天地間, 素志云何事? 出則唐虞人, 處之濂洛士. 工夫在此哉! 分職無他矣. 用行舍藏兮! 吾聞諸孔子."

15) 『대곡유고』에는 김석구가 스승에게 보낸 편지는 1편이 전부이다. 반면 『노사집』 권12에는 기정진이 김석구에 보낸 편지는 총 12편이다. 이 가운데 김석구의 나이 35세 이전으로 보이는 편지 1편과 35세 때의 2편, 40세 때의 3편과 연도 미표기 문목 1편, 41세(1875년) 때의 3편과 연도 미표기 문목 2편이 있다. 김석구의 편지가 없기에 그 내용을 알 수 없다. 다만 김석구의 편지에 대한 기정진의 답신은 41세 두 번째 문목에 수록되었다. 41세 때 두 편의 문목은 성리학에 관한 것이다. 이 무렵부터 스승과 심도 있게 성리학을 담론한 듯하다.

16) 『大谷遺稿』 卷1, 「上蘆沙先生」 257쪽. "聖子山下宅, 大老抱幽貞. 座下春風動, 襟邊水月明. 發揮前往轍, 開詔後來程. 鑽仰終身意, 摳衣樂育成." 참조.

주의 보이고 보이진 않는 모든 것에 간파하려고 노력하였다.[17] 스승이 1879년 졸하기 이전, 봄날 정재규·정의림과 함께 스승의 「납량사의」[18]를 받아 읽었다. 이 글은 기정진이 리일분수론(理一分殊論)을 통해 성리학을 전개한 것이다. 당시 김석구는 스승에게 질의하여 열 가지 중 아홉은 옳다는 인정을 받기에 이르렀다. 스승과 함께 담론한 성리학 내용들을 「사문문답(師門問答)」(126조목)으로 정리하고, 동문들과 문답한 성리학 및 예설(禮說) 등을 「지구문답(知舊問答)」(37조목)으로 정리하였다. 더욱이 그 자신이 직접 스승에게 보고 느낀 학문과 사상도 기록하였으니 「사상어록(沙上語錄)」(46조목)이 바로 그것이다. 정의림과 함께 스승의 성리설 자료를 모아 『답문유편(答問類編)』을 간행하려 하였다. 이러한 일련의 과정은 노사학 계승에 진력하였음을 알 수 있다. 애석하게도 『답문유편』의 간행을 보지 못하고 1885년에 삶을 마치니 향년 51세였다. 그가 남긴 글은 1902년 동문 정재규와 기우만 등에 의해 편집 간행되었고, 1983년 7월 스승 기정진이 주향된 고산서원에 배향되었다.

---

17) 앞의 책, 卷6, 「墓誌銘」 345쪽. "每間丈請益, 退必凝神黙坐, 反覆細繹, 心悟而後已. 微而性分, 著而象數; 明而禮樂, 幽而鬼神, 天下莫能載莫能破者, 惟景範得聞之, 而諸子莫敢望焉." 참조.

18) "더위를 피해 서늘한 기운을 느끼며 사사롭게 의논한다"는 「납량사의」는 기정진이 1843년 여름 高敞 文殊寺 南庵에서 피서하며 초고를 지었다. 32년이 지난 1874년 몇 곳을 수정한 다음, 1979년 제자들에게 보였다. 내용은 기정진이 이 우주의 구성에서부터 인간의 본질에 대한 해명, 사단칠정과 人心道心 등 심성의 문제, 人物性同異의 문제, 선악의 문제에 이르기까지 理一分殊에 따른 理體理用의 논리로 설명하였다.

태극도의 원융적 이해

성리학은 태극·음양·오행 또는 리(理)와 기(氣), 동정(動靜)과 체용(體用) 등의 제 개념으로 우주의 생성과 구조, 인간의 심성과 수양 등을 원리적으로 탐구하는 학문이다. 근현대까지 조선의 학자 대부분은 당시 근본이념이었던 성리학을 탐구하였다. 학자 또는 학파간의 철학적 논쟁은 학문의 정합성을 추구하는 것이기에 조선 성리학이 한층 심화 발전되었다.

김석구는 퇴계(退溪) 이황(李滉, 1501~1570)의 『성학십도(聖學十圖)』와 율곡(栗谷) 이이(李珥, 1536~1584)의 『격몽요결(擊蒙要訣)』을 고구하면서, 『성학십도』 첫 번째인 「태극도(太極圖)」는 도의 본원을 알아 이단의 가르침에 빠지지 않게 한다고 하였다.[19] 주지하다시피, 「태극도」는 송나라 때 염계(濂溪) 주돈이(周敦頤, 1017~1073)가 우주의 생성 변화의 과정을 그린 것이고, 그 이치를 249글자로 기술하였으니 「태극도설(太極圖說)」이 그것이다.[20] 주지하다시피, 태극은 우주 만유의 궁극적 원리이다. 우주 만유의 태극에서 시작한 생성변화는 우주생성론 혹은 존재론의 근거개념으로써 넓혀가는 것이다.[21]

---

19) 『大谷遺稿』 卷2, 「上蘆沙先生」 264쪽. "十圖之首之以太極圖者, 使學者先知道之本原, 而不流於異教也."

20) 이에 대한 내용은 김충렬의 「宋代 太極論의 諸問題」(『동양철학의 본체론과 인성론』, 연세대학교 출판부, 1982) 참조.

21) 今井宇三郎 외, 『易經』(『新釋漢文大系』 63), 明治書院(2008년), 1523쪽.

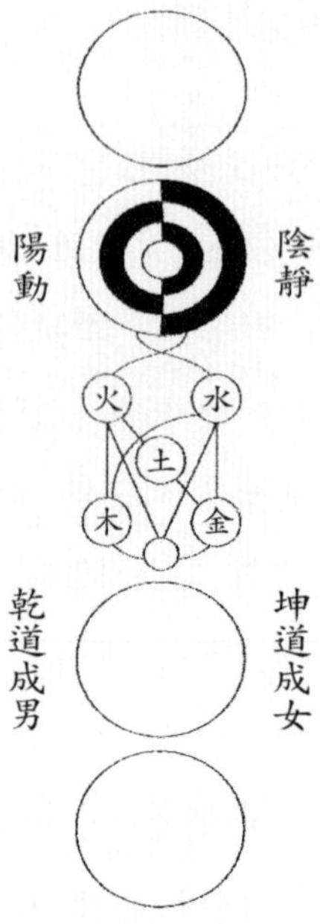

성리학 탐구의 목적은 바로 궁극적 원리로서의 태극을 탐구하고 그에 따른 도덕적 가치를 구현현하는 것이다. 이러한 실현은 이단에 빠지지 않도록 주체성을 확립하는 것이다. 김석구 역시 존재론적 실재성을 지니는 태극의 탐구를 통해 올바른 가치관을 구축하고자 하였다. 태극이 처음 언급된 곳은 『주역』의 "역유태극(易有太極)"이란 구절이다. 송나라 때 주희(朱熹, 1130~1200)에 의하면, 태극은 상수(象數)가 드러나지 않았을 적에는 그 리가 이미 갖추어진 것이고, 형기가 이미 갖추어졌을 적에는 그 리가 조짐이 없는 것이다.[22] 이 구절 다음에 양의(兩儀)·사상(四象)·팔

22) 『易學啟蒙』, 「原卦畫第二」. "太極者, 象數未形, 而其理已具之稱; 形器已

괘(八卦)를 언급하고 있으나, 그 이면에는 공통적으로 조짐이 없는 태극이 내재하고 있다. 즉 모두 사물의 특성 및 상태를 뜻하는 측면에서 서로의 공통점이 있는 것이다.23) 하지만 이는 우주의 생성 변화의 과정을 분화적 단계를 통해 설정하고 태극을 궁극적 실재로 간주하는 것이다.

김석구는 스승 기정진의 학문을 따르면서도 당시 학인이나 지인들과의 담론을 통해 학문의 심화를 도모하였다. 특히 「태극도」를 통해 스승의 학설을 이해하려는 노력을 보이기도 하였다. 모든 존재의 근원과 끊임없는 생성변화의 과정을 모사한 「태극도」에 대해 학인들과 담론한 다음 그 내용을 다음과 같이 스승에게 질정하였다.

> 묻겠습니다. "신종구(申鍾求)는 말하기를 '「태극도」 상일권(上一圈)은 움직여 양이 되고 고요하여 음이 되는 본체이다. 검은색은 음이고 흰색은 양이다. 바깥은 검은색이고 안은 흰색이니, 음이 양을 포함하는 뜻입니까?'라고 하였습니다. 저는 말하기를 '상일권은 곧 이른바 태극이다. 대개 이 그림은 리와 기의 본원을 천명하고 조화의 미묘함을 드러낸 것이다. 그러므로 장차 형이하의 음양권을 배열하여 그릴 적에 먼저 형이상의 태극권을 내걸고 있으니, 리가 있은 뒤에 기가 있기에 만화(萬化)의 추뉴(樞紐)와 품휘(品彙)의 근저(根柢)가 됨을 보였다. 리는 본래 포착할 곳이 없어 특별히 하나의 권자(圈子)를 내려놓아 형체와 무형체로서 없음 가운데 있음, 텅빔 가운데 가득참의 리를 보였으니 움직여 양이 되고 고요하여 음이 되는 본체가 되

具，而其理无朕之目."

23) 윤사순, 『퇴계철학의 연구』(고려대학교 출판부, 1980), 40쪽.

> 는 것이다. 음이 양을 포함한다는 뜻은 아마도 이것에 나아가 말할 수 없을 듯하다'라고 하였습니다. 송시일(宋時一)은 말하기를 '상권(上圈)은 섞이지 않은 것이고, 중권(中圈)은 떨어지지 않은 것이다'라고 하였습니다. 저는 말하기를 '상권으로 섞이지 않은 뜻을 보이고 중권으로 떨어지지 않은 뜻을 보였다고 한다면 옳다. 그대의 의논이라면 상권과 중권이 나뉘어 두 개의 층이 되고 떨어지지 않음과 섞이지 않음이 나뉘어 두 개의 극이 될 것이니, 아마 옳지 않을 듯하다'라고 하였습니다. 〈어떻습니까?〉" 선생은 말하기를 "그대의 의논이 매우 정밀하다"라고 하였다.[24]

기정진은 문인 김석구의 담론을 듣고서 의논이 매우 정밀하다는 평을 내렸다. 김석구의 「태극도」 이해는 어떠한 것인가? 먼저 주자학에 의하면, 「태극도」의 상일권은 소리도 없고 냄새도 없으나 모든 조화의 원리이고 모든 사물의 존재 근거가 되기에 "무극이면서 태극이다"는 것이다.[25] 김석구는 「태극도」를 리와 기의 본원(本原)을 천명하고 조화의 기묘(機妙)를 드러낸 것으로 여기고, 첫 번째 둥근 그림 상일권을 태극으로만 명명하였다. 사실 김석

24) 『大谷遺稿』 卷4, 「師門問答」〈第81條目〉315쪽. "問: 申鍾求曰: '太極圖上一圈, 所以動而陽靜而陰之本體. 黑爲陰, 白爲陽. 外黑內白, 陰含陽之義耶?' 曰: '上一圈, 卽所謂太極. 蓋此圖闡理氣之本原, 發造化之微妙. 故將排寫形而下之陰陽圈, 先揭形而上底太極圈, 以示有理而後有氣, 而爲萬化之樞紐·品彙之根柢. 理本無捉摸處, 特下一圈子, 以形無形, 示無中有·虛中實之理, 所以爲動而陽·靜而陰之本體也. 陰含陽之義, 恐不可卽此而言之.' 宋時一曰: '上圈不雜者也, 中圈不離者也.' 曰: '謂上以示不雜之義, 中以示不離之義, 則可. 如盛論, 則上中圈, 分爲二層; 不離雜, 分爲二極, 恐不可.' 先生曰: '子之論甚精.'"

25) 『太極圖說解』. "上天之載, 無聲無臭, 而實造化之樞紐, 品彙之根柢也. 故曰'無極而太極'. 非太極之外, 復有無極也." 참조.

구의 문집에서 '무극'이란 용어가 보이지 않는 것을 감안하면, 주희가 "무극이면서 태극이다"고 간주한 것과 다른 양상이다. 그에 의하면 상일권의 태극을 두 번째 그림의 "움직여 양이 되고 고요하여 음이 된다"는 것의 본체로 간주하였다. 첫 번째 그림과 두 번째 그림이 섞이지 않고 떨어지지 않은 관점으로만 보면, 서로의 간극으로 인하여 두 개의 층과 두 개의 극이 있게 되어 "옳지 않을 듯하다"라고 그는 비판하였다. 첫 번째 그림과 두 번째 그림은 논리와 추론적 관점에 있는 것이지, 궁극적으로는 분리되지 않은 하나의 양상에 불과함을 피력한 것으로 볼 수 있다. 그는 태극을 각구(各具)와 통체(統體)의 측면에서 이해하며 스승에게 질정하였다. 기정진은 태극설은 '위허리실(位虛理實)' 네 글자가 다하였다고 하면서, 첫 번째 그림에서 만물화생의 권역에 이르기까지 확정된 것이 명칭이나 등급이 없기에 '위허(位虛)'이고, 다섯 층차 그림들의 둥근원은 조금도 부족함이 없기에 '이실(理實)'이지만, 각각 귀결점이 서로 방해가 되지 않아야 태극의 논지를 알 수 있다고 하였다.[26] 이에 의거하면, 「태극도」는 첫 번째 그림을 '태극이 음양과 섞이지 않는다'는 것으로 여긴 경우이고, 두 번째 그림을 '태극이 음양에 내재하여 분리되지 않는다'는 것을 여긴 경우

26) 『大谷遺稿』 卷4, 「師門問答」〈第83條目〉, 315쪽. "問: '萬物各具一太極, 統體一太極.' 以爲統體, 合萬物言; 各具, 分萬物言. 今又思之, 統體, 就天地分上言; 各具, 就萬物分上言. 此理在天地, 則曰統體; 在萬物, 則曰各具. 此與前說毫釐而旨意殊異. 先生曰: '太極說話, 大抵位虛理實四字, 足以盡之. 圖中上面一圈, 至萬物化生圈, 曷嘗實有稱等確定也? 此所謂位虛也. 五層圈子, 皆一味白淡淡底, 圓足無欠缺底, 此所謂理實也. 看得虛實各有着落, 而兩不相妨, 方是善看. 盛語上一節, 欲以實理, 埋却虛位; 下一節, 欲以虛位, 掩却實理, 似欠實見. 蓋統體各具四字, 本自虛位邊說來者也.'" 참조.

이기에, 이는 논리와 추론적 관점에서 두 개의 그림을 하나의 양상으로 이해한 것이다.

김석구는 「태극도」의 두 번째 해당 그림을 「태극도설」에 견주어 스승 기정진에게 다음과 같이 질문하였다.

> 묻겠습니다. "'태극이 움직여 양을 낳고 고요하여 음을 낳는다'고 하였습니다. 태극은 리이고 음양은 기입니다. 기는 움직이고 고요하지만 리는 움직이고 고요할 수 없습니다. 그러나 리에 움직임과 고요함이 있기 때문에 기에 움직임과 고요함이 있습니다. 태극에 움직임과 고요함이 있는 것은 천명이 주재하는 곳이 아니겠습니까?" 선생은 말하였다. "견해가 정밀하다."[27]

이는 태극과 음양을 리와 기로 환치한 다음, 태극과 음양의 관계를 설정하는 고리로서의 '움직임과 고요함'을 리와 기로 논한 것이다. 현상적 기는 작위 곧 움직임과 고요함이 있지만, 원리적 리는 움직임과 고요함이 없다는 특성을 지닌다. 김석구는 이를 명시하고 있지만 주희가 "리에는 움직임과 고요함이 있다. 그러므로 기에 움직임과 고요함이 있는 것이다. 만약 리에 움직임과 고요함이 없다면 기는 어디에서 말미암아 움직임과 고요함이 있겠는가?"[28]라고 언명한 것을 전제로 리의 움직임과 고요함을 인정하였다. 이는 움직임과 고요함이 없다는 리의 특성과는 분명

27) 앞의 책, 卷4, 「師問問答」〈第1條目〉, 304쪽. "問: '太極動而生陽, 靜而生陰. 太極理也, 陰陽氣也. 氣則動靜, 而理不能動靜. 然理有動靜, 故氣有動靜. 太極之有動靜, 是天命主宰處否?' 先生曰: '見得精密.'"

28) 『朱子大全』 卷56, 「答鄭子上」, 333쪽. "理有動靜, 故氣有動靜. 若理無動靜, 則氣何自而有動靜乎?"

모순되는 측면이 있지만, 주자학은 드러나고 은미한 세계를 동시에 언급하는 바, 은미한 세계에 의거하면 태극에는 움직임과 고요함의 리가 이미 모두 그 가운데 갖추어져 있다는 사실이다.[29] 이를 이해하면, 그의 주장은 태극의 움직이고 고요할 수 있는 가능성[잠재태]이 있기에 그 실제로 태극이 움직이고 고요한 원리의 실현성[현실태]이 있다는 것으로 본 것이다. 율곡학에서 실제로 움직이고 고요한 것을 기로, 그것이 가능하도록 하는 것을 리로 간주하고 있는데, 김석구는 스승 기정진이 계승한 율곡학의 그 논지를 그대로 수용한 것이다. 이를 통해 김석구는 "태극에 움직임과 고요함이 있는 것"을 "천명이 주재하는 곳"으로 간주하였다. 이는 주희가 언명한 "천명이 유행하는 것이다"[30]는 것을 주재의 차원에서 피력한 것이다. 주희가 유행의 측면에서 언명한 '태극의 움직임과 고요함'을 김석구는 주재의 측면으로 환치한 것으로 볼 수 있다. 이러한 그의 논지는 태극을 '체(體)'로 움직임과 고요함을 '용(用)'으로 이해하거나[31] 태극에 '체'와 '용'이 없다는 것으로 간주하는[32] 논지를 지양하고 태극에 주재성이 있다는 것

29) 『性理大全』 卷1, 『太極圖說解』, 22쪽. "太極, 形而上之道也; 陰陽; 形而下之器也. 是以自其著者而觀之, 則動靜不同時, 陰陽不同位, 而太極無不在焉; 自其微者而觀之, 則沖漠無朕, 而動靜陰陽之理, 已悉具於其中矣."

30) 『性理大全』 卷1, 『太極圖說解』 22쪽. "太極之有動靜, 是天命之流行也."

31) 『大谷遺稿』 卷4, 「師門問答」〈第90條目〉, 316쪽. "問: '太極自是涵動靜之理, 却不可以動靜分體用. 却不可與動靜分體用之謂耶?' 先生曰: '見得是.'"

32) 앞의 책, 卷4, 「師門問答」〈第93條目〉, 316쪽. "問: '吳臨川曰: 太極本無體用之分, 其流行變化者, 皆氣機之闔闢, 有動時, 有靜時. 當其靜也, 太極在其中, 以其靜也, 因以爲太極之體; 及其動也, 太極亦在其中, 以其動也, 因以爲太極之用. 太極之沖漠無朕, 聲臭泯然者, 無時而不然. 不以動靜而有間, 亦何體用之分哉?' 竊謂氣機之闔闢動靜, 其所以然則太極也. 若如吳氏之論, 則太極只一塊儱侗物." 先生曰: '子之論, 卽吾意.'"

을 통해 태극의 '움직임과 고요함'이 있음을 강조한 것이다.[33] 태극에 움직임과 고요함 전체가 구비되었다는 것은 마치 구리쇠의 속성이 그대로 내재한 것과 같은 것이다.[34]

김석구는 음양을 기만 가리키는 것으로 여기면 말이 되겠는가라는 스승 기정진의 논지에 의구심을 갖고 있었다. 기정진은 『장자(莊子)』 「천하(天下)」 편에서 "역(易)으로 음양을 말한다"는 것을 언급하고 있으나 사람들은 역의 리라고 하는 관점을 제시하였다.[35] 이는 태극이란 선험적 존재로부터 음양이 생성되어 변하지만, 태극과 음양의 일체성을 통해 리의 실재적 우월성을 강조하는 것이다. 태극에서 양의, 양의에서 사상이 되는 과정이 있어도 그 반대로 사상이 양의가 되고 양의가 태극이 되는 과정 또한 모두 일체성을 지니고 있다는 것이다.[36] 때문에 김석구는 노사학을 계승하여 음양[기]의 기틀이 닫히고 열리며 움직이고 고요하여도 그러한 까닭은 태극이라고 주장하였다.[37] 즉 현상적 변

---

33) 이상익은 "리의 주재성을 강조하는 맥락에서, 리와 기의 가치적인 우열을 말한 것이지, 존재론적으로 기는 리로 환원된다는 것, 즉 유리론을 의미하는 것은 아니다"라고 하였다(『기호성리학연구』 '제8장 노사 기정진 성리학의 재검토', 349쪽 참조). 이에 의거하면 김석구는 노사학에서 약간 벗어나 가치와 존재를 동일시하려는 측면이 보인다.

34) 『大谷遺稿』 卷2 「答鄭艾山」 272쪽. "太極之全體無不具者, 銅鐵伎倆依舊自在之說也否?" 참조.

35) 앞의 책, 卷4, 「師問問答」 〈第1條目〉, 304쪽. "問: '先生答權信元書有曰: 太極單指理, 固然; 陰陽單指氣, 是果成說乎? 太極固可謂單指理, 則陰陽豈不可謂單指氣?' 先生曰: '此非可疑之說. 易以道陰陽, 人必曰易理, 何也?'"

36) 앞의 책, 卷4, 「師問問答」 〈第1條目〉, 313~314쪽. "問: '易有太極.' 朱子曰: '自太極而分兩儀, 則太極固太極, 兩儀固兩儀; 自兩儀而分四象, 則兩儀又爲太極, 四象又爲兩儀. 此何謂?' 先生曰: '兩儀又爲太極, 理無多寡故云.'"

37) 앞의 책, 卷4, 「師門問答」 〈第93條目〉, 316쪽. "竊謂氣機之闔闢動靜, 其所以然則太極也."

화는 음양이 하는 바이지만 태극의 주재적 명령에 의한 것이므로, 노사학에서 음양의 자발적이고 능동적 변화를 인정하지 않는 것[38]이 김석구의 태극일원론적 사유체계라 할 수 있다.

리 일원적 선악론 전개

성리학에서 태극과 음양은 각각 리와 기의 개념으로 환치한 다음, 그 상호관계로 우주와 인간을 비롯한 제반 현상을 설명한다. 리는 이치·원리·원칙 등으로 만물생성의 근원이 되는 일체의 법칙이고, 기는 형체·물질·질료 등으로 만물생성의 구성이 되는 사물의 현상이다. 현상의 기는 음양무시(陰陽無始)와 음양호근(陰陽互根)에 의한 취산(聚散) 작용이 끊임없이 이루어져 우주의 만물이 생성하고 소멸한다. 리는 그러한 기의 존재근거이며 동시에 만물에 내재하는 필연의 법칙 또는 당연의 법칙이 되기도 한다. 이 둘의 관계는 서로 떨어지지 않으면서도 섞이지 않는 것이다. 리와 기 어느 쪽에 중점을 두고 사유하느냐에 따라 사유체계가 결정된다.

앞서 「태극도」의 태극과 음양 관계를 통해 김석구의 태극일원론적 사유체계를 살펴보았다. 그 역시 태극과 음양을 리와 기로 환치하지만, 하늘에 내재한 리를 어떤 것도 어길 수 없는 존재로 여긴다.[39] 인간의 의지와 노력으로 어떻게 할 수 없는 필연과 당

38) 박학래, 『기정진－한말 성리학의 거유』(성균관대학교 출판부, 2008), 166쪽 참조.

39) 『大谷遺稿』 卷3, 「自警說」 〈第43條目〉, 291쪽. “惟天有理, 不可違也.”

연의 법칙으로 간주한 것이다. 리와 기의 관계에서 그는 이전 학자들과 같이 리와 기의 이원적 경향을 인정하는 듯한 견해를 피력한다. 그는, 리와 기는 떨어지지 않는 곳에서 반드시 섞이지 않는 것인지의 질문을 받고서, “기는 바탕이 있고 리는 본래 형체가 없다. 이미 그 형체가 없으면 어찌 일찍이 떨어진 적이 있겠으며 어찌 섞인 것이 있었겠는가? 이른바 떨어지지 않는다는 것은 뒤섞이는 것이 아니고, 이른바 섞이지 않는다는 것은 각각 독립한 것이 아니다. 리와 기는 떨어지지 않으면서도 섞이지 않는 것이다”[40]라고 하였다. 이러한 리와 기의 관계는 리 없는 기가 없고 기 없는 리가 없다는 것이기에 리와 기의 이원성을 인정하는 격이다. 하지만 「태극도」에서 살펴본 바와 같이 그는 첫 번째 그림과 두 번째 그림을 분리시켜 이해하지 않고 아울러 하나로 간주하려는 경향이 강하였다. 리 일원적 사유에서 그는 리와 기의 관계를 다음과 같이 말하였다.

> 오직 리라는 것은 이 사물이 있음으로 존재하는 것이 아니고 이 사물이 없음으로 없어지는 것이 아니며, 천지보다 앞서 시작하는 것도 없고 천지보다 뒤에 마치는 것도 없으며, 사물의 겉에서 우뚝하고 항상 사물의 가운데서 행한다. 한 번 움직이고 한 번 고요함은 이 리가 부리는 바가 아닌 것이 없고, 기의 가고 옴과 굽히고 폄이 뒤섞여 가지런하지 않은데 그 주장하고 부리는 것은 리이다. 그러므로

40) 앞의 책, 卷4, 「師門問答」〈第4條目〉, 304쪽. “問: ‘景錬曰: 理與氣不離處, 必以不雜言之耶?’ 錫龜曰: ‘氣則有質, 理本無形. 旣無其形, 何嘗有離? 何所有雜? 所謂不離, 非混淆; 所謂不雜, 非各立. 理與氣不離而亦不雜也.’ 先生曰: ‘子之見似精.’”

> 그 순수하고 그 잡박한 것은 먼저 순수하고 잡박할 수 있는 리가 있다는 것이다. 만약 리가 본래 순선한데 기에 순수하고 잡박함이 있는 것에 연유하여 선과 악으로 따른다고 한다면 기가 리에 근본하지 않을 뿐만 아니라, 이른바 리라는 것은 유연하여 골격이 없는 리일 뿐일 것이다.[41]

김석구에 의하면, 궁극적 실체로서의 리는 초월과 내재의 두 측면에서 그 특성을 규정하고, 현상계의 움직임과 고요함, 기가 유행하는 상태에서의 변화는 리의 주재성에 의해서 이루어지는 것으로 파악하였다. 특히 순수하고 잡박한 다양한 현상계의 원인을 리에 두고 있는데, 역으로 현상계의 순수하고 잡박한 것에 의거하여 리의 선악을 말한다면 기는 리에 근본하지 않아서 리 자체의 무용성을 그는 지적하였다. 이러한 지적을 살펴보면, 리의 주재성은 기를 기반으로 현실태로 드러나는 것을 가리킨다. 기가 현상적으로 운행할 적에 리의 주재성이 있는데, 만약 그 기가 지닌 영묘한 특성만을 주장할 경우 기를 리로 여긴다는 '인기위리(認氣爲理)'의 폐단이 있음을 간과하지 않았다.[42] 이를 보면 기정진의 리일원적 사유를 계승한 김석구는 저절로 그렇게 되는 영

---

41) 앞의 책, 卷4, 「師門問答」〈第8條目〉, 305쪽. "惟理也, 不以有是物而存, 不以無是物而亡, 先天地而無始, 後天地而無終, 卓然乎事物之表, 常行乎事物之中. 萬事萬物, 一動一靜, 莫非此理之所使, 而氣之往來屈伸, 雜錯不齊, 其主張而使之者, 理也. 故其粹其駁, 先有此可以粹駁之理. 若謂理本純善, 因氣之有粹駁, 而隨以善惡, 則不惟氣不本於理. 所謂理者, 只是柔軟無骨底理乎哉!"

42) 앞의 책, 卷4, 「師門問答」〈第7條目〉, 304~305쪽. "問: '或問: 氣之所運, 必有以主之者.' 朱子曰: '氣中自有個靈底物事. 靈底是理否?' 先生曰: '有理故靈, 而不可謂靈便是理. 蓋此處小差, 則入於認氣爲理.'" 참조.

묘한 작용의 원인을 기로 간주하는 것을 비판한 것이다.

리의 영묘한 주재성에 의한 기의 생성은 모두 선하지 않을 수 없다. 특히 기정진이 리를 모든 것의 종자로 인식하고 있음을 상기하면 더욱 그렇다. 그러나 현실은 엄연히 선과 악이 존재한다. 현실의 선하지 않은 것도 리에 의거한 것이라면 궁극적 존재 자체를 의심할 것이다. 김석구는 텅 비어 어떤 조짐도 없는 궁극적 원리로서의 태극이 순선한 것인지에 대해 스승과 함께 다음과 같이 담론하였다.

> 묻겠습니다. "충막(沖漠)하여 조짐이 없을 적에 만 가지 상이 빽빽하게 이미 갖추어졌다고 합니다. 만약 세간의 만유가 모두 본래 충막하여 조짐이 없는 가운데 갖추어져 있고, 충막한 가운데 만 가지 상의 리를 갖추고 있기 때문에 각각 만 가지 단서가 가지런하지 못한 기를 생성하고 그대로 만 가지 같지 않은 물건을 이룬다고 말한다면, 세간의 좋은 일과 좋지 않은 일은 모두 각각 태극 안에 본래 갖추어진 하나의 상을 얻은 것이니, 이 충막한 가운데 선과 악이 혼잡하여 태극은 순선무악(純善無惡)이 되지 못할 것입니다." 선생은 답하였다. "세간에는 본래 좋지 않은 일이 없다. 이른바 좋지 않은 일이란 좋은 일이 아직 이루어지지 않은 것이다."43)

위 인용문에서 "충막하여 조짐이 없을 적에 만 가지 상이 빽빽

43) 앞의 책, 卷4, 「師門問答」〈第6條目〉, 304~305쪽. "問: '沖漠無眹, 萬象森然已具. 若謂世間萬有皆本具於沖漠無眹之中, 而沖漠之中, 具萬象之理, 故各生萬端不齊之氣, 隨成萬般不同之物, 則世間好事不好事, 均是各得太極中本具之一象, 是沖漠之中, 善惡混雜, 太極不得爲純善無惡矣.' 先生曰: '世間本無不好事. 所謂不好事, 好事之未成者也.'"

하게 이미 갖추어졌다"는 것은 중국 송나라 때 정이(程頤, 1033~1107)가 언표한 것이다.[44] 정이의 사상을 계승한 주희는 이를 체용일원(體用一原)의 측면에서 설명하였다.[45] 이에 의거하면 분명 궁극적 원리로서의 태극은 순선하지 않을 없다. 김석구는 체용일원의 논리로 전개하지 않고 세간에 드러난 사실적 측면, 즉 '좋은 일과 좋지 않은 일'을 가지고 태극의 순선을 의심하고 있는 것이다. 더욱이 그는 리가 기를 생성하고 기에 의한 현상계의 다양한 생성변화에서 "선한 것이 리에 근본하고 불선한 것이 기에서 만들어진다면, 이 조화의 오묘함이 절반은 리가 기를 부리고 절반은 기가 리를 굴복시킨 것이어서, 태극은 모든 조화의 주재가 될 수 없다"[46]는 논지를 거론하였다. 이는 태극이 현상계의 다양한 생성변화를 주재한다는 것을 부정하는 것이다. 특히 태극을 모든 것의 근원으로 상정하면서 동시에 선과 악의 원인을 리와 기에 각각 분석하는 당시의 논의를 비판하고 있는 것이다.[47] 위의 인용문을 접한 기정진은 세간의 모든 일은 좋은 것[선]인데 '좋지 않은 일[악]'이란 좋은 일[선]이 아직 이루어지지 않은 것으로 견

---

44) 『二程遺書』 卷15, 「入關語錄」〈第78條目〉, 153쪽. "沖漠無眹, 萬象森然已具, 未應不是先, 已應不是後. 如百尺之木, 自根本至枝葉, 皆是一貫, 不可道上面一段事, 無形無兆, 却待人旋安排引入來, 教入塗轍. 既是塗轍, 却只是一箇塗轍."

45) 『性理大全』 卷1, 『太極圖說解』, 41쪽. "其曰體用一源者, 以至微之理言之, 則沖漠無朕而萬象昭然, 已具也." 【참고】 각주 26번도 참조.

46) 『大谷遺稿』 卷4, 「師門問答」〈第7條目〉, 304~305쪽. "若謂已具者, 具純善之理, 而有此理則生此氣. 此氣既生, 變化萬段生出. 世間萬殊之事物, 其善者根於理, 不善者作於氣, 則是造化之妙, 半是理使氣, 半是氣屈理. 太極不得爲萬化主宰." 참조.

47) 박학래, 「대곡 김석구의 성리설 연구」, 『민족문화연구』 제43호, 고려대학교 민족문화연구원, 2005년, 302쪽.

지하고 있다.[48] 이는 중국 송나라 때 학자 정호(程顥)가 "선악개천리(善惡皆天理)"를 언급하여 악이 본래 악은 아니지만 지나치거나 미치지 못한 것으로 간주한 것에 지나지 않는 것이다.[49] 특히 "태극은 모든 조화의 주재가 될 수 없다"는 것에 대해, 리와 기의 선악론을 생성변화의 근본에서 보면 별도의 설이라고 기정진은 일축하였다.[50] 기정진의 언설은 김석구가 현상계의 사실적 측면에서 질의한 내용에서 벗어난 것으로 보인다.

김석구는 선과 악이 모두 리에 근본한다는 논지를 기의 순수하고 잡박함이 리의 소이연이 있기 때문이라고 주장하였다. 혹자가 이에 대해 "그렇다면 기의 맑고 탁함, 치우치고 바름의 차이가 있기 때문에 리가 따라서 만 가지로 변한다는 설은 모두 폐기할 수 있는 것인가"라고 문제제기하자, 그는 "원두처에서 보면 리는 본래 기를 생성하고 유행의 측면에서 말하면 기는 리를 해치기도 한다. 내가 일찍이 말한 것은 원두처에서 논한 것이고, 그대가 거론한 것은 유행의 측면이다"라고 하였다.[51] 당시 율곡학을 계승한 기호학파 대부분은 선과 악을 기의 맑고 탁함에 의거한 리의

48) 『大谷遺稿』 卷4, 「師門問答」 〈第6條目〉, 304쪽. "先生曰: '世間本無不好事. 所謂不好事, 好事之未成者也.'"

49) 『二程遺書』 卷2上, 「元豐己未呂與叔東見二先生語」 〈第12條目〉. "天下善惡皆天理. 謂之惡者, 非本惡, 但或過或不及, 便如此. 如楊墨之類.－[明]." 참조.

50) 『大谷遺稿』 卷4, 「師門問答」 〈第7條目〉, 305쪽. "先生曰: '爲昧者言. 不得不曰善者根於理, 不善者作於氣. 若論造化根本, 則別是一說.'"

51) 앞의 책, 卷4, 「師門問答」 〈第9條目〉, 305쪽. "問: '或曰: 子嘗以爲善惡皆根於理. 氣之有粹駁, 以其有所以然. 然則先儒所謂氣有淸濁偏正之殊, 故理隨而萬變之說, 皆可廢歟?' 曰: '自源頭處觀下, 則理本生氣; 自流行邊說去, 則氣或害理. 吾所嘗言者, 原頭處論也. 子所擧者, 流行邊說也. 其曲折, 則非一言可了也.'" 참조.

발현여부로 설명하는데, 노사학파는 이러한 논지를 유행의 측면에서 원두처로 들어가는 것으로 간주하였다.[52] 기호학파 내 기정진의 학문을 계승한 문인들은 궁극적 본원에서 만물이 생성하고 변화할 적에 그 선과 악을 다음과 같이 말하였다.

> 이른바 리라는 것은 만사만물이 그렇게 되지 않을 수 없는 까닭이다. 그러므로 기가 하는 것은 모두 리가 하는 것이어서 선과 악이 모두 리에서 근본하는데, 리는 단지 소이연(所以然)의 오묘함일 뿐이다. 소능연(所能然)의 힘이 있지 않기 때문에 기가 유행하고 변화할 적에는 혹 받들고 순응하여 그 선을 완수하기도 하고 혹 가리고 숨겨서 도리어 악이 되기도 한다. 그 숨기는 것은 기가 스스로 그러한 것이 아니고 또한 리가 본래 그러한 것이다. 비록 본래 그러하여도 리의 본연은 아니다.[53]

이는 리에 대한 김석구의 근본적 시각을 알 수 있을 것이다. 그에 의하면, "기가 하는 것은 모두 리가 하는 것이어서 선과 악이 모두 리에서 근본한다"는 것은 선과 악을 리의 소이연이란 측면에서 해명하는 것이다. 또한 원두처에서 리가 기를 생성하는 소이연으로 보면 본래 선이지만, 리는 소능연의 힘이 없기에 유행하는 측면에서 기의 승순(承順: 받들고 순응함)과 엄폐(掩蔽: 가리

52) 앞의 책, 卷4, 「師門問答」〈第9條目〉, 305쪽. "先生曰: '此段與鄙意合. 近世議論, 每將流行邊說, 攙入原頭.'" 참조.

53) 앞의 책, 卷4, 「師門問答」〈第10條目〉, 306쪽. "所謂理者, 萬事萬物不得不然之故也. 故曰氣之所爲, 皆理之所爲, 而善惡皆根於理, 理只是所以然之妙. 未有所能然之力, 故氣之流行變化也, 或承順而遂其善, 或掩蔽而反爲惡. 其蔽之者, 非氣自爾, 亦理之固然. 雖固然而非理之本然也."

고 숨김)에 따라 리의 선과 악을 그는 설명하면서, 그 승순과 엄폐는 기가 하는 것이 아니고 리가 그렇게 하는 것이지만 리의 본연이 아니라는 모호한 논지를 주장하였다.[54] 이러한 주장에 기정진은 "대개 마땅하지 않은 것은 아니다. 다만 그 의미가 견강부회로 융회되어 풀리거나 깨끗이 털어버리는 기상 없으니, 그대의 이전 견해와는 전혀 다르다. 아마도 긴 행랑 기둥을 다시 헤아리다가 그릇된 것이 아니겠는가"라고 하면서 다음과 같이 말하였다.

> 모름지기 선과 악이 모두 천리라고 하는 것은 양단이 각각 독립하여 각자 나오는 것이 아님을 알아야 한다. 바로 천하에는 본래 악이 없고 이른바 악이란 것은 바로 선의 얼자(孽子)로 여기면 전혀 문제가 없는 것이다. 얼자는 일찍이 자기의 혈맥이 아닌 것이 없기 때문에 악 또한 천리라고 이르지 않을 수 없음이 이와 같을 따름이다.[55]

이는 김석구의 논지가 타당하지 않은 것은 아니나 너무 깊이 천착하다가 잘못되었다는 것을 기정진이 밝히면서 자신의 선악론

54) 이상익은 "노사는 '理에는 能然之力이 없기 때문에 간혹 곧게 완수되지 못하는 것'이라고 설명하였는바, '간혹 곧게 완수되지 못하는 것'이라는 말은 결과적으로 理의 必然的 主宰性을 손상시키고 마는 것이다. 또한 能然之力이 없는 理의 주재란 그 자체 제한적인 의미를 지닐 수밖에 없는 것이요, 결과적으로 理의 主宰 차제를 의심하게 하는 것이다"라고 하였다.(『기호성리학연구』 '제8장 노사 기정진 성리학의 재검토', 363쪽).

55) 『大谷遺稿』 卷4, 「師門問答」 〈第10條目〉, 306쪽. "先生曰: '大概非不是當. 但其意味牽強, 無融釋脫落氣像. 殊與吾友前日見解不同. 無乃更數長廊柱而錯耶? 須知善惡皆天理云者, 不是兩端各立, 各自出來. 正以天下本無惡, 而所謂惡者, 乃善之孼子, 則都無事. 孼子未嘗非己之血脈, 故惡亦不可不謂之天理, 如斯而已.'"

을 표현한 것이다. 기정진이 선과 악이 모두 천리라고 하는 것은 그 단초를 천리에서 찾으려는 것이지, 천리라는 본원에 선과 악이 각자 독립되어 있다는 것이 아니다. 천리 자체가 드러나는 양상이 분명 선이라면 현상계의 악은 없어야 함이 자명하다. 현상계의 악은 천리가 드러나는 분기점에서 선이 올바르게 발현하지 않은 상태로 간주한 것이 기정진의 논지이다. 그러한 상태를 '얼자'로 표현한 것이다. 주지하다시피, '얼자'는 계급사회에서 양반 후손 가운데 천민출신의 첩에서 태어난 아이를 가리킨다. 이러한 아이는 양반의 신분이 아니지만 양반의 피를 물려받은 것은 주지의 사실이다. "자기의 혈맥이 아닌 것이 없다"는 표현이 바로 본원이란 천리에 악이 내재한 것이 아니고 천리의 소이연으로서 악의 원인이 띠고 있음을 암시하는 것이다. 이렇게 되면 악의 원인은 따로 존재하는 것이 아니라 선과 마찬가지로 악[선의 변종]이 원인도 리가 되어, 리의 기에 대한 주재를 중심으로 한 리일원적 구도는 성립되는 것이다.[56] 기정진은 악을 "그렇게 되지 않을 수 없어서 그렇게 된 것이다"로 표현하였다.[57] 그렇다면 김석구가 "그 숨기는 것은 기가 스스로 그러한 것이 아니고 또한 리가 본래 그러한 것이다"라고 한 언표는 기정진이 악으로 규정한 "그렇게 되지 않을 수 없어서 그렇게 된 것이다"라고 한 표현과는 약간의 거리감이 있다. 이것이 바로 기정진이 지적한 천착의 의미일 것이다. 하지만 두 학인 모두 리일원적 차원에서 악을 기로 돌리고자 하는 논지는 동일하다.

---

56) 박학래, 앞의 논문, 306쪽.
57) 이상익의 앞의 책, 각주 53번 참조.

앞서 살폈듯이 현상계의 유행과 변화에 타고 있는 리는 소이연의 원인만 있고 소능연의 힘, 곧 현실적 주재가 없기에 기의 승순과 엄폐에 의한 선과 악이 된다는 것이 김석구의 입론이다. 소능연의 힘이 없는 리라면 현상계에는 선과 악이 끝없이 생겨날 것이다. 더욱이 인간에 내재한 리 역시 소능연의 힘이 없다면 물욕으로 나아가는 인욕을 어떻게 제어할 것인가? 다음 장에서 선을 향하도록 하는 그의 경론을 살펴볼 것이다.

이명(理明)과 향도(向道)를 위한 경(敬) 중시

유학은 '경(敬)'으로 자기 자신을 닦고 백성을 편안하게 다스리는 것을 군자의 길로 여긴다. 더욱이 경은 일을 처리하여 신의를 얻기도 하는 것이다. 자기 수양과 올바른 일처리로 인격을 실현시키는 그 중심에는 분명 경이 있음을 알 수 있다. 성리학에 이르면, 경은 마음을 한 곳에 집중하여 잡념이 없도록 한다는 주일무적(主一無適)으로 표현되고,[58] 성인의 학문을 탐구하는 데 처음이자 끝이 되는 것이며,[59] 마음이 공명정대하도록 길러 사사로운 생각이 없도록 하는 것이어서[60] 수양론의 핵심이 되었다. 수양이 필요한 것은 인간의 마음이 물욕에 의한 사사로움으로 나아

---

58) 『二程全書』 卷15, 「伊川語錄·入關」, 115쪽. "所謂敬者, 主一之謂敬; 所謂一者, 無適之謂一."

59) 『大學或問』, 3쪽. "敬之一字, 聖學之所以成始而成終者也."

60) 『朱子語類』(上) 卷44, 「論語26·憲問篇·子路問君子章」 〈賀孫錄〉, 602쪽. "此心常卓然公正, 無有私意, 便是敬." 참조.

가 악이 되는 경향이 많기 때문이다. 유학자들은 사사로운 물욕을 극복하기 위한 수양으로 성(誠)·경(敬)·의(義)·예(禮) 등 다양한 방법을 활용하였다. 이 다양한 수양의 방법은 상보적 관계에서 인간의 마음이 선을 지향하도록 하는 것이다. 즉 물욕에 의한 사사로운 마음을 극복하여 윤리적 주체를 확립시키는 것이다. 특히 주희는 "경은 참으로 성인 문하의 강령이고 존양(存養)의 긴요한 법이다. 한결같이 이를 주장하면 다시는 안과 밖, 정밀함과 거칢의 사이가 없다"[61], "경은 한 마음의 주재이고 모든 일의 근본이다"[62]라고 하였다. 이에 의하면 몸을 모함한 세상만사의 주재는 마음이고 마음은 경으로 주재하여야 한다는 것이다.

김석구는 스스로 경계하며 성찰하여 도덕적 주체를 세우려는 목적으로 「자경설」을 지었다. 앞서 살펴보았듯이 이 글은 성리학적 이념이 깃든 여러 조목의 단상을 통해 봄과 마음을 수념하여 도덕적 인격을 완성하기 위한 것이었다. 이러한 그의 각오는 바로 "성인도 사람이고 나도 사람이니 곧 그 구비한 바의 리는 본래 피차의 구분이 없다"[63]는 신념과 "리가 천지에 있으면 천지의 주재가 되고 사람에게 있으면 한 몸의 주재가 된다"[64]는 성리학의 사고가 크게 작용한 것이다. 그렇다면 몸을 주재하는 마음의 수렴[65] 공부는 사사로이 있을 때 게으른 마음을 극복하여 덕을

61) 앞의 책, 卷12, 「學(6)·持守」, 〈無名錄〉, 230쪽. "敬之一字, 眞聖門之綱領, 存養之要法. 一主乎此, 更無內外精粗之間."

62) 『大學或問』, 4쪽. "敬者, 一心之主宰, 而萬事之根本也."

63) 앞의 책, 卷2 「上李心齋」 267쪽. "聖人人也, 余亦人也, 則其所具之理, 本無彼此之分."

64) 앞의 책, 卷3, 「自警編」 〈第58條目〉, 292쪽. "此理在天地, 則爲天地主宰; 在人, 則爲一身主宰."

진전시키는 것이다. 마음을 극복하여 덕을 진전시킬 수 있는 요인은 바로 리에 의한 마음이 몸을 주재하기 때문이다. 마음의 주재에는 바로 경이 작용하고 있다.[66] 주지하다시피, 경은 참된 자아를 실현하여 선에 이르도록 하는 것이다. 마음의 주재는 바로 도심의 주재가 있기에 인심이 선하도록 되는 것이다.[67] 인심이 선하게 되는 것은 물욕 또는 인욕(人欲)에 사로잡혀 몸과 마음이 악으로 향하는 것을 제어하여 진리로서의 천리(天理)를 구현하는 것을 말한다. 그에 의하면, "선과 악은 번갈아 사라짐과 자라남을 하는데 그 틈은 터럭만큼도 용납하지 않는다. 경계하고 두려워하는 마음에 조금의 틈새가 있으면 천리는 바로 사라지고 인욕은 곧 자라난다"[68]라고 하였다. 선과 악의 그 틈은 터럭만큼도 용납되지 않는 것이 주지의 사실이다. 선은 도덕적 윤리의 행위이고 악은 도덕적 윤리에서 저버린 행위이다. 악을 경계하고 두려워하는 마음에 틈새가 생기면 천리는 사라지고 인욕이 자라게 된다. 때문에 항상 경계하고 두려워하는 마음자세가 흩어지지 않도록 유지함이 필요하다. '경계하고 두려워하는 마음자세'를 성리학의 관점에서 보면 거경(居敬)이라 한다. 김석구는 '경'에 대하여 다음과 같이 말한다.

---

65) 앞의 책, 卷3, 「自警編」〈第115條目〉, 295쪽. "收斂身心, 無一息懶怠底意思. 久久純熟, 自然進德矣."

66) 앞의 책, 卷2, 「上蘆沙先生」, 264쪽. "敬者一心之主宰."

67) 앞의 책, 卷3, 「自警說」〈第129條目〉, 306쪽. "問: '先賢曰: 四端卽道心及人心之善者. 此言尋常未達.' 先生曰: '道心人心. 苗脈各異. 人心之善, 卽道心爲主宰而然也. 四端以道心看, 似當.'" 參조.

68) 앞의 책, 卷3, 「自警說」〈第129條目〉, 306쪽. "善惡迭爲消長, 間不容髮. 戒懼之心, 有些間隙, 天理便消, 人欲便長."

경은 성학(聖學)의 요체이다. 그것으로 보존하며 기르면[存養] 마음 바탕이 비고 고요하여 천리가 자리 잡고, 그것으로 사물에 이르러 앎을 지극히 하면[格致] 사려가 정밀하면서 한결같아 사물의 이치가 꿰뚫어지고, 그것으로 몸가짐을 하면[持身] 바깥 물욕에 유혹되지 않아 자신의 참모습을 구현하고, 그것으로 사물에 응하면[應事] 인욕이 싹트지 않아 선에 그칠 수 있다. 이러한 마음이 경에서 떠나지 않고 참됨이 많이 쌓여 완전히 한 덩어리 정성에 이르게 할 수 있으면 이것이 바로 학문의 지극한 공부이다.[69]

성학의 요체로서의 경은 존양(存養)·격치(格致)·지신(持身)·응사(應事)의 근간이다. 존양은 본심을 보존하고 본성을 배양한다는 "존심양성(存心養性)"의 줄임말로, 맹자는 이를 하늘을 섬기는 토대로 삼았다.[70] 성리학적으로 말하면, 마음이 발동하기 이전 고요할 때 본심을 물욕으로부터 보존하여 그 타고난 본성을 배양하는 것이 바로 하늘을 섬기는 것이다. 김석구는 이를 수용하면서도[71] '기른다'는 대상을 기와 연관시켰다. "학문을 하는 핵심은 마음을 보존하고 기를 기르는 데 있다. 마음이 항상 보존되면 기가 난잡하지 않는다. 마음이 안정되고 리가 명확해지면 일에 응할 적에 막힘이 없다"[72]는 것에서 확인된다.

---

69) 앞의 책, 卷3, 「自警編」〈第116條目〉, 295쪽. "敬者, 聖學之要. 以之存養, 則心地虛靜, 天理湊泊; 以之格致, 則思慮精一, 物理透徹; 以之持身, 則外物不誘, 可以踐形; 以之應事, 則人欲不萌, 得以止善. 能使此心, 不離乎敬, 而積眞之多, 至於渾是一團誠, 則是乃學問之極功也."

70) 『孟子』 卷13, 「盡心」(上) 〈第1章〉. "孟子曰: '存其心, 養其性, 所以事天也.'"

71) 『大谷遺稿』 卷3, 「自警編」〈第26條目〉, 289쪽. "古人培養德性處, 莫要於小學敬身篇."

72) 앞의 책, 卷3, 「自警編」〈第121條目〉, 295쪽. "爲學肯緊, 在乎存心養氣. 心.

이러한 사고는 마음의 구조와 성격을 존재론적 측면에서 리와 기의 합일로 규정하는 것에 기인한다. 주지하다시피, 마음을 보존하고 기를 기른다는 "존심양성(存心養氣)"에서 '양기(養氣)'는 보통 도가에서 언급하는 것이 일반적이다. 그러나 김석구의 '양기'는 맹자의 "선양오호연지기(善養吾浩然之氣)"에 기인하는데, '호연지기'는 지극히 크고 지극히 굳센 것으로, 곧음으로 길러 해치는 것이 없으면 천지 사이에 가득 차게 된다는 것이다.[73] 호연지기는 원기(元氣)와 같은 것으로, 도의적 본심이 축적되었을 때 길러지는 것이지 외부에서 얻어지는 것이 아니다. 김석구의 "마음을 보존하고 기를 기른다"는 근저에 경이 자리하고 있지만, 그 마음의 도덕적 주체 확립은 곧음이 표준이다.[74] 이러한 이론은 『주역』「문언전(文言傳)」에서 언급한 경이직내(敬以直內)의 영향이라 할 수 있다. 때문에 맹자가 호연지기를 곧음으로 기른다는 것과 김석구가 마음을 곧음으로 확립하여 기를 기른다는 논지는 서로 상통하는 것이다. 경과 곧음에 의한 마음과 기의 수양은 천리가 자리 잡아 인욕이 사라지게 되는 것이다. 격치·지신·응사는 마음이 발동하여 움직일 때 성찰하는 수양이지만, 그 근저에 경을 둔 것은 사물의 이치를 분명하게 깨닫게 하고 자신의 참된 모습을 구현하도록 하여 실천하는 행위마다 윤리적 선에 그치게 하였다. 전자는 내면의 윤리적 주체를 확립시키는 것이고, 후자는 외면의 윤리적 성찰

常存, 則氣不亂. 心定理明, 應事沛然."

73) 『孟子』 卷3, 「公孫丑」(上) 〈第2章〉 참조.

74) 『大谷遺稿』 卷6, 「沙上語錄」 〈第4條目〉, 295쪽. "立心以直字爲標準."

을 일관되게 하는 것이다. 이러한 내외가 합일된 경 공부는 모든 상황에 능동적으로 적절하게 대응하여 올바른 삶을 지향시키는 토대가 되는 것이다. 때문에 그는 다음과 같이 말하였다.

> 경을 유지하면 마음이 비워지고, 마음이 비워지면 리가 명확해지고, 리가 명확해지면 만 가지 일에 응한다. 천하를 다스리는 것은 여유가 있을 것이다.[75]

이는 수양의 선후단계를 순차적 논리로 설명한 것이다. 경을 유지한다는 지경의 근저에는 "고요할 적에 천지의 덕을 함양하고 움직일 적에 천지의 도를 따른다"[76]는 자각적 의식이 내재하고 있는 것이다. 이러한 자각적 의식의 경은 마음이 안과 바깥에서 조급하게 발현되지 않도록 실천방향을 결정해주는 것이다. 고요함과 움직임이라는 내외합일적 경지의 경은 마음이 물욕에 동요되지 않도록 할 뿐만 아니라 항상 경계하며 성찰하도록 유지해주는 것이고, 또한 자기 자신을 굳건히 하는 실천적 의지의 토대이기도 하다.[77] 이와 같이 경을 유지하면 심허(心虛), 곧 마음이 물욕이나 사사로움에서 벗어나 텅 비워지는 상태가 된다. 텅 빈 상

---

75) 앞의 책, 卷3, 「自警編」〈第120條目〉, 295쪽. "持敬則心虛, 心虛則理明, 理明則應萬事. 濟天下, 有餘裕."

76) 앞의 책, 卷3, 「自警編」〈第150條目〉, 296쪽. "靜而涵天地之德, 動而循天地之道."

77) 앞의 책, 卷2, 「上蘆沙先生」, 264쪽. "敬者一心之主宰, 聖學之成始成終者也. 故常居於敬, 而天下之事, 自非至健至勤者, 不能管著, 而非燕閑暇逸之所可及. 故又使學者, 早夜孳孳, 不可有一毫之間斷也." 『大谷遺稿』 卷3, 「答權舜卿(雲煥)」, 277쪽. "須是持敬, 而敬則自剛." 참조.

태는 근본이고 경은 비워지도록 하는 요체이다.[78] 그 텅 비워진 상태가 마음의 본체이면서 모든 선이 나오는 바탕이다.[79] 그 마음의 본체는 바로 「태극도」의 첫 번째 원그림과 같은 양상이다.[80] 여기서 경을 통해 텅 비워지는 상태가 선의 경지이다. 김석구는 "지극한 선은 텅 빈 것이다. 배우는 사람은 마땅히 이 마음을 텅 비워 한 사물도 그 가운데 존재하지 않도록 해야 한다. 만일 한 사물이라도 그 가운데 존재하면 만 가지 병통이 이것으로부터 나온다"[81]라고 하였다. 이에 의하면, 마음에 물욕이 조금이라도 존재하면 모든 병통이 생기는 것을 언표한 것이다. 그리하여 그는 물욕에 동요되지 않은 대인의 마음을 추구하였다.

> 대인의 마음에는 애초 어떤 사물도 없고 또한 어떤 일도 없다. 일이 없어 고요하면 태극이 아직 나뉘지 않은 것처럼 혼연하고 사물에 응하여 움직이면 강하(江河)의 물줄기 걷잡을 수 없는 것처럼 거침없다.[82]

대인이란 자각적 의식에 의한 참된 자아를 실현한 인물이다.

---

78) 앞의 책, 卷3, 「自警編」〈第146條目〉, 296쪽. "敬則虛而靜. 靜則明, 無所不照. 虛其本也, 敬其要也."

79) 앞의 책, 卷3, 「自警編」〈第145條目〉, 296쪽. "君子之心, 虛. 虛者, 心之本體也, 衆善之地也."

80) 앞의 책, 卷3, 「自警編」〈第142條目〉, 296쪽. "欲知吾心本然之體, 仔細看太極圖上面一圓圈."

81) 앞의 책, 卷3, 「自警編」〈第144條目〉, 296쪽. "至善者, 虛也. 學者當虛此心, 不可使一物存着其中. 若有一物着在其中, 萬般病痛, 自此喚起."

82) 앞의 책, 卷3, 「自警編」〈第97條目〉, 294쪽. "大人之心, 初無一物, 亦無一事. 無事而靜, 則渾然如太極之未判; 應物而動, 則沛乎若江河之莫禦."

물욕과 사사로움에서 완전히 벗어나 마음이 텅 비워진 대인은 일이 없을 경우 궁극적 진리로서의 혼연한 태극처럼 엄연히 존재하고 사물에 응할 경우 강물처럼 거침없이 대처하는 존재이다. 물욕이 전혀 없는 대인의 마음이 되었을 때 리가 명확해지는 것이다. 리가 명확해진다는 말은 선천적으로 부여받은 지극한 선의 리를 의로움으로 구현하는 것이다.[83] 그 의로움이란 바로 도덕적으로 옳음과 그름을 분별한 다음 의리로서의 옳음을 지향하는 것이다. 이 의리로서의 옳음을 가지고 모든 일에 대응하면 인욕이 싹트지 않아 선에 그치는 것이다. 본래 선을 향한 수양은 복합적 상호 작용으로 이루어지는데, 김석구의 지경(持敬) → 심허(心虛) → 이명(理明) → 응만사(應萬事)로 이어지는 수양의 단계는 순차적 논리를 통해 올바른 인격 완성을 갖추고 모든 일을 의롭게 대응하도록 하는 것이라 할 수 있다.

더욱이 그는 경을 내외에서의 한결같은 유지를 통해 궁극적 도(道)의 경지로 향하도록 하였다. 그는 다음과 같이 말하였다.

> 마음을 보존하는 것은 경을 유지함에 있다. 모름지기 경을 유지하여야 또 충(忠: 충실함)이 되고 서(恕: 배려함)가 되고 오래하면 거의 도에 가까울 것이다.[84]

곧 경의 일관된 유지는 '충'과 '서'가 되고, 이 두 가지의 영구

83) 앞의 책, 卷3, 「自警編」〈第60條目〉, 292쪽. "我之所以爲我者, 理而已. 故其用, 義而已. 此我之所以生出也, 我之所以存在也. 離乎此, 則我已亡矣. 血軀雖存, 與腐土朽木何異?" 참고.

84) 앞의 책, 卷3, 「自警編」〈第119條目〉 295쪽. "存心, 在乎持敬. 須是持敬, 又能忠恕, 久久庶幾乎道."

적 지속성이 도를 향하도록 하는 것이다.[85] 도는 우주만유의 실재적 본체이기도 하지만 인간이 마땅히 지켜야 할 도리이기도 한다. 전자는 도가의 형이상학적 측면이고, 후자는 유교의 도덕 윤리적 측면이다. 주희는 『중용장구』에서 도를 천도(天道)와 인도(人道)로 구분하면서, 천도는 사람이 지켜야 할 기준이고 인도는 사람이 천도에 따르는 것으로 여겼다. 사람이 천도에 따를 때 인간이 마땅히 지켜야 할 도리도 함께 구현되는 것이다. 김석구는 도에 도달함에 있어서, 먼저 물욕으로부터 본심을 보존하는 것이 굳건한 실천적 의지의 경에 있음을 말하고, 그 다음 마음의 안과 바깥에서 경의 꾸준하고 일관됨이 있을 적에 자기 자신을 온전히 실현하는 '충'이 되고 그것을 미루어 타인에까지 이르는 '서'가 되는 것으로 여겼다.[86] 주체적 인격 확립으로서의 '충'과 객관적 배려 행위로서의 '서'가 일체화되어 지속성이 있을 때 바로 도에 가까운 것이다. 김석구는 도가 지닌 특성을 네 가지로 설정하지만[87] '체(體)'와 '용(用)'의 두 가지 측면에서 일체화를 모색하였다. 그는 다음과 같이 말하였다.

> 도의 '체'가 비록 고원하고 미묘하나, 도의 '용'은 매우 평이하면서 가까운 것이다. 진실로 도에 뜻을 두면 모름지기 일용사물의 평이하고 가까운 곳에서 한결같이 리를 따라야 한다. 힘쓰기를 멈추지 않

---

85) 선진시대 曾子는 孔子의 道를 忠恕로 표현하였다. 『論語』 卷4, 「里仁」 〈第15章〉. "子曰: '參乎! 吾道一以貫之.' 曾子曰: '唯.' 子出. 門人問曰: '何謂也?' 曾子曰: '夫子之道, 忠恕而已矣.'"

86) 『論語集註』 卷4, 「里仁」 〈第15章〉. "盡己之謂忠, 推己之謂恕."

87) 『大谷遺稿』 卷3, 「自警編」 〈第123條目〉, 295쪽. "虛靜而涵, 道之體; 沈潛而究, 道之妙; 中正而由, 道之用; 廣大而盡, 道之量."

고 오래되어 완전히 익숙해지면 이른바 고원하고 미묘한 '체'가 곧 여기에 있어 되어 마침내 도와 하나가 되기에 이른다.[88]

고원하고 미묘한 것이 도의 '체'이고 평이하면서도 가까운 것은 도의 '용'이다. 전자는 형이상학의 영역이고 후자는 형이하학의 영역이다. 유학의 공부 방법은 하학 공부를 먼저하고 상달 공부는 나중에 하는 것이다.[89] 평이하고 가까운 곳에서 리를 추구하는 것은 바로 "일이 없을 적에는 몸과 마음을 수렴하여 그 근본 바탕을 세우고, 책을 읽을 적에는 마음을 비우고 이회하여 알지 못한 것을 버려두지 않으며, 일에 응할 적에는 의로움으로써 제어하여 지극한 선에 그치는 것이다."[90] 몸과 마음의 수렴은 근본을 세우는 내면적 자각이고, 독서는 만물의 이치를 궁구하는 객관적 성찰이며, 의로움으로 일에 대응하는 것은 지극한 선에 이르는 궁극적 목표이다. 이러한 세 방면의 하학적 공부가 익숙해졌을 때 고원하고 미묘한 도의 세계에 이를 수 있다. 그가 "도의 '체'는 하나이고 그 '용'은 만 가지이다. '체'를 보존하고 '용'에 대응하는 것은 마음에 있다. 마음이 보존되면 '체'가 확립되고 '용'이 행해진다"[91]는 논지를 감안하면, 도에 뜻을 둔 학자는 도

88) 앞의 책, 卷3, 「自警編」〈第79條目〉, 293쪽. "道之體, 雖高遠微妙, 道之用, 甚平易切近. 苟有志於道, 須於日用事物平易切近處, 一循乎理, 勉勉不已, 久而純熟, 則所謂高遠微妙之體, 卽在於此, 而終至與道爲一."

89) 『論語』 卷14, 「憲問」〈第37章〉. "子曰: '不怨天, 不尤人. 下學而上達. 知我者其天乎!'"

90) 『大谷遺稿』 卷3, 「自警編」〈第117條目〉, 295쪽. "無事, 則收斂身心, 立其本地; 讀書, 則虛心理會, 不知不措; 應事, 則義以制之, 止於至善."

91) 앞의 책, 卷3, 「自警編」〈第118條目〉, 295쪽. "道之體一, 其用萬. 存體而應用, 在乎心. 心存, 則體立而用行."

의 '용'이 되는 하학에 종사하여 일마다 진실하게 한 뒤에야 도의 '체'가 되는 상달의 지혜가 정밀하고 분명하여 어떤 근심도 없을 것이다.[92] 이러한 체용일원(體用一源)의 경지는 그가 "진퇴의 즈음에 경건함을 간직하여 그 정성을 보존하고 의로움을 모아 그 기를 기르면 마음속에 품은 생각을 드러낼 적에 조금도 움츠리는 기상이 없다"[93]고 한 논지가 이를 뒷받침할 것이다. 특히 그가 "하늘이 만물을 생성할 수 있는 것은 그 본령이 하나이기 때문이다. 그러므로 사람도 본령에 한결같이 한 뒤에야 만사를 이룰 수 있다. 본령은 태극과 마음이다"[94]고 독특한 언표는 "도와 하나가 되기에 이른다"는 사유 체계를 확인케 하는 본보기라 할 수 있다. 특히 이러한 궁극적 원리 내지 법칙으로서의 태극과 인간의 도덕적 실현 주체인 마음을 하나로 여기는 사유는 절대자가 임하고 있는 것으로 여겨 모든 행동에 있어 두려워하고 삼가여 방종하지 않도록 하는 종교적 측면도 내포하고 있음을 간과할 수 없을 것이다.[95]

92) 앞의 책, 卷3, 「自警編」〈第80條目〉, 293쪽. "有志於聖人之學, 須先從事於下學, 然後事事却實. 若從用力於上達, 則雖知得精明, 有茫然無交涉之患." 참조.

93) 앞의 책, 卷3, 「自警編」〈第115條目〉, 295쪽. "進退之際, 持敬以存其誠, 集義以養其氣, 放開胸襟, 無一毫跼蹐底氣像."

94) 앞의 책, 卷3, 「自警編」〈第97條目〉, 294쪽. "天之能生萬物, 以其本領一也. 故人亦一於本領上, 然後能成萬事. 本領者, 太極與心乎!"

95) 앞의 책, 卷3, 「自警編」〈第59條目〉, 292쪽. "人之動靜語默·進退坐作, 孰使之然乎? 天之風雨霜露·晝夜晦明, 孰使之然乎? 上帝之常臨, 昭然如此, 其嚴乎!" 참조.

맺는 말

19세기 남원에서 태어난 김석구는 장성에서 강학하던 기정진에게 학문을 닦았다. 기정진의 많은 문인 가운데 3대 제자로 추앙받을 정도로 학문이 깊었다. 구도의 정신이 남다른 그는 과거공부보다는 경전 탐구를 통해 의리를 추구하다가, 스승의 리일원론적 성리설을 계승하는 데 진력하였다. 그가 기술한 「자경설」·「사문문답」·「지구문답」·「사상어록」 등이 이를 뒷받침한다. 이러한 저작물들은 그가 스스로 성찰하려는 수양 내용에서부터 천명·리기·심설·예설 등에 대한 철학적 탐구, 그리고 스승의 학문과 사상을 자기의 소견으로 논술한 기록이 포함하고 있다.

본 논문은 이러한 자료를 토대로 「태극도」의 원융적 이해, 리일원적 선악론 전개, 이명(理明)과 향도(向道)를 위한 경론을 고찰하였다. 본래 「태극도」에 의한 우주생성론은 태극에서 음양이 생성되고 오행의 상호작용으로 만물이 형성되는 것이다. 이러한 사유 체계를 가진 김석구는 「태극도」의 첫 번째 원그림과 두 번째 태극과 음양 관계에 대한 그림을 원융적으로 이해하였다. 그 첫 번째 그림은 태극의 실재적 우월성을 강조하기 위한 것이지 두 번째 그림과 독립된 것이 아니라고 하였다. 이러한 원융적 이해는 노사학에서 음양의 자발적이고 능동적 변화를 인정하지 않는 태극일원론적 사유체계라 할 수 있다. 김석구는 「태극도」에 의거하여 리일원적 사유를 전개한다. 그에 의하면, 리는 초월과 내재 두 측면의 특성이 있으나 리의 주재성은 기를 기반으로 현실태로 드러남을 가리킨다. 현상의 기에 집착하면 기를 리로 여긴다는

'인기위리(認氣爲理)'의 폐단이 있음을 그는 지적한다. 이러한 지적은 현상적 기의 생성원인자로서의 리를 중시하는 리일원적 사유체계이다. 정호의 "선악개천리(善惡皆天理)"에 대해, 그는 스승과 담론을 펼치면서 현상계의 리는 소이연의 원인만 있고 현실적으로 주재하는 소능연의 힘이 없기에 기의 승순과 엄폐에 의한 선과 악이 된다고 주장하였다. 하지만 그 승순과 엄폐는 기가 하는 것이 아니고 리가 그렇게 하는 것이지만 리의 본연이 아니라는 모호한 논지를 전개하였다. 소능연의 힘이 없는 리라면 선과 악은 현상계에서 끝없이 생겨날 것이다. 기의 엄폐를 극복하는 것이 절실하였을 것이다. 기의 엄폐를 극복하기 위한 일환으로, 수양론에서 성학(聖學)의 요체인 경(敬)을 중시하였다. 그는 경을 존양(存養)·격치(格致)·지신(持身)·응사(應事)에 적용한 바, 이는 궁극적으로 마음의 도덕적 주체의 확립에 의한 선을 지향하도록 하였다. 특히 경의 꾸준하고 일관된 유지 상태, 곧 지경(持敬)을 통해 이명(理明)과 향도(向道)의 경향이 이루어지도록 하였다. 먼저 마음의 텅 빎과 고요함을 통해 리가 명확해지고 이를 통해 만 가지 일에 대응하여 도덕적 선에 이르도록 하였다. 이러한 경지에 도달한 인물을 김석구는 대인으로 간주하였다. 또한 경의 꾸준하고 한결같은 유지를 기반으로 한 충(忠)과 서(恕)의 지속성은 궁극적으로 도의 경지에 이르는 것이다. 곧 도에는 고원하고 미묘한 '체(體)'와 평이하고 가까운 '용(用)'의 구분이 있지만, 그는 하학의 '용' 공부를 통해 상달의 '체' 세계에 이르면 체용일원의 경지가 됨을 피력하였다. 이러한 전개는 태극과 마음의 본령이 같다는 사유체계에 의한 것이다. 그의 '이명'과 '향도'를 위한 경 중시 수양론에는 소능연의 힘이 없는 리를 강화시키려는 의도가 복선으로 깔린 듯하다.

결론적으로 김석구의 노사학 계승에 따른 리일원론적 사유에는 '리의 불변적 실재성'을 강조하여 인간의 주체적 자율성을 확립하도록 함이 있었다. 경의 꾸준하고 일관된 유지를 통한 '리의 명확성'과 '도의 체용일원'을 주장한 그의 논지는 소능연의 힘이 없는 리를 강화시켜 도덕적 선을 지향하게 할 뿐만 아니라 대인과 같은 자각적 의식에 의한 참된 자아실현이 그 목적일 것이다. 리의 절대적 능동성을 지향한 그의 리 일원적 사유는 서세동점(西勢東漸)의 시대를 극복하고 나아가 유교의 윤리적 사회질서를 지키려는 것이었다. 이러한 그의 리 일원적 사유와 수양론의 경 중시는 추후 남원과 그 인근지역의 노사학파 계승 양상을 살펴보는데 일조할 것이다.

조의곤의 처사적 삶과 천리 지향 양상

이 형 성

(전남대학교 학술교수)

들어가는 말

유학은 유교인의 학문이다. 선진시대 공자와 맹자의 유학사상은 송나라 때 성리학으로 체계화되어 우주의 생성, 인간의 심성, 수양의 자세 등이 정합적으로 구축되었다. 그 학문적 내용은 교학과 실천의 조화를 목표로 하는 것이다. 교학에 따른 실천은 도(道)를 지향하면서 선을 권장하고 악을 징계하는 도덕적 태도이다. 실천이 없는 교학은 공허한 지식 체계이기 때문이다. 이를 기본적으로 추구하는 인물이 선비이다. 선비는 내성외왕(內聖外王)의 덕을 갖추어 바람직한 인간상으로서의 성인(聖人)을 지향한다. 경전에는 그에 견준 군자(君子), 현인(賢人), 대인(大人), 인인(仁人), 지사(志士), 처사(處士), 유사(儒士), 유현(儒賢) 등의 다양한 인간상도 언급하고 있다. 이들은 역대 성인이 지향하였던 유가의 도를 지키며 그것을 현실사회에 구현하는 것을 최상의 목표로 여겼다.

'지사'나 '처사'는 시대적 상황이 내포한 선비의 상이다.

동오(東塢) 조의곤(曺毅坤, 1832~1893)은 도를 배양하면서 천리(天理)를 중시하는 처사의 삶을 지향하였다. 그의 처사적 삶은 그저 홀로 자기 몸만 선하게 하는 선비의 모습이 아니었다. 그가 독서인으로서 지향한 삶은 "선을 좋아하여 게을리 하지 않고 편안히 천리를 행하여 바른 도로 돌아간다"[1]는 신념에 의한 것이다. 이러한 신념은 그가 이치를 궁구하며 '정성[誠]과 신실함[信]'이란 내면적 자각을 통해 천리를 실현하려는 학적 태도이었다. 이러한 경향의 처사적 삶은 리를 중시하는 학자 노사(蘆沙) 기정진(奇正鎭, 1798~1879)의 영향이 적지 않게 작용하였다. 당시 기정진은 호남의 거유로 많은 문인이 따랐다. 『노사선생연원록』에 의하면 그 문인의 수는 594명에 이른다.[2] 직전문인 가운데 1명 이상의 제자를 배출한 문인들도 69명에 이르고, 이들을 통해 배출된 재전문인의 수는 2,888명에 이른다.[3] 기정진의 성리설을 계승한 문인들은 1901년 스승의 리 중시적 글인 「외필(猥筆)」과 「납량사의(納凉私議)」가 타학파로부터 강하게 비판을 받자, 이를 적극

---

1) 『東塢遺稿』 附錄 卷2, 「東塢遺稿跋」 248쪽. "昔程伯子稱子曾子曰: "安知其不至聖人?" 何嘗見他英氣壯節, 危言絕行, 有驚動人處謂哉? 以其樂善不倦安行天理, 而歸于正也." 참조.

2) 이는 1960년(庚子) 長城 澹對軒에서 발행한 『蘆沙先生淵源錄』에 의거한 것이다. 이 책보다 앞서 기정진과 기우만의 문인만을 수록한 『沙上淵源錄』(국립중앙도서관 소장)이 있다. 이 책 역시 담대헌에서 1948년(戊子) 발행한 것으로 기정진의 문인은 356명에 이른다. 『노사선생연원록』에 수록되지 않은 인물 3명이 있으니, 李鉉榮(3면), 崔東煥(37면), 邊鎭煥(38면)이다.

3) 박학래, 「근현대 湖南儒學의 地形과 전개 양상-도학 계열 문인 집단의 형성과 지역별 분포에 주목하여」, 『동양고전연구』 제78집(동양고전학회, 2020년), 134쪽.

변호하며 재비판에 진력하였다. 이를 보면 기정진의 성리설 계승 의식이 강하였음을 알 수 있다.

조의곤은 1893년에 생을 마감하였기에 철학적 논쟁에 참여하지 못하였다. 그가 지은 『강상차록(江上箚錄)』은 16세 때부터 스승이 생을 마감할 무렵까지 지근에서 스승의 어록을 기록한 것이다. 스승의 학문을 계승하고자 하는 그의 노력은 지대하였다. 조의곤 사후, 스승 기정진이 주향(主享)된 고산서원에 배향되었고, 그의 저서 『동오유고(東塢遺稿)』는 6권 2책으로 1899년에 편집, 간행되었다.

이 글은 근대호남유학연구단에서 고산서원에 배향된 주요인물[4]을 연구하기 위한 일환으로 작성되었다. 기정진을 비롯한 조성가(趙性家, 1824~1904), 이최선(李最善, 1825~1883), 김녹휴(金錄休, 1827~1899), 조의곤(曺毅坤, 1832~1893), 기우만(奇宇萬, 1846~1916), 정재규(鄭載圭, 1843~1911) 6인의 위패가 고산서원에 봉안되었는데 조의곤도 배향되었다. 글의 주제는 조의곤의 처사적 삶과 천리 지향 양상이다. 현재 조의곤에 대한 구체적 연구는 이루어지지 않았다. 다만 인물에 대한 사전적 소개와 문집 해제의 내용이 전부이다.[5] 이 글의 전개는 『동오유고』[6]를 최대한 원용하

4) 고산서원은 蘆沙 奇正鎭을 主享으로 趙性家(1824~1904), 李最善(1825~1883), 金錄休(1827~1899), 曺毅坤(1832~1893), 奇宇萬(1846~1916), 鄭載圭(1843~1911) 등을 모시다가, 1983년 7월에 金錫龜(1835~1885)와 鄭義林(1845~1910)을 추가하여 현재 8인의 제자가 배향되어 있다. 【참고】 현 전남 장성군 진원면 고산로 68번지에 자리한 서원은, 본래 기정진이 1878년 정사를 지어 澹對軒이라고 하고 학문을 강론하던 곳이었다. 후손들이 1924년 중건하였고 1927년 고산서원이라 편액을 걸었다.

5) 자료는 『고창의 유교』(고창군 편, 이회출판사, 1996년)와 『호남의 유학자

여, 종사차록과 처사의 주체적 삶, 성리학 기저와 천리 중시, 도를 지향하는 실천과 후학양성을 중심이 될 것이다. 이 연구가 고창지역의 노사학파 계승 양상도 아울러 살펴볼 수 있는 작은 보탬이 되기를 기대하는 바이다.

종사차록(從師箚錄)과 처사의 주체적 삶

조의곤은 1832년 전북 고창군(高敞郡) 검암리(儉巖里: 현 월암리)에서 태어났다. 본관은 창녕, 자는 사홍(士弘), 호는 동오(東塢)이다. 부친은 조현위(曺炫瑋), 모친은 죽산안씨(竹山安氏)이다. 고창과 인연한 그의 선조는 조선 전기 무관이었던 조침(曺琛, 1487～?)이다. 인천 학산(鶴山)에서 태어난 조침은 사위 전라감사 박민헌(朴民獻, 1816～1586)[7]의 권유로 석정리(石汀里)로 옮겨 정착하니 고창의 입향조가 되었다. 그의 후손들은 석정을 비롯한 인근 마을로 옮겨 세거하기에 이르렀다.

타고난 자질이 맑고 총명한 조의곤은 효도하고 우애하는 성품을 갖고 있었다. 10세 때 오천(鰲川) 고제만(高濟萬: ?～1881)에게

들-연보집성』(최대우 외, 전남대학교출판부, 2018년) 등이 있다. 이형성의 「고창지역 노사 기정진의 문인과 유물유적에 대한 고찰」(『동양고전연구』 제79집, 2020년 6월)에서 약간 언급한 것이 전부이다.

6) 『東塢遺稿』는 『韓國近代文集選刊』(2, 한국학호남진흥원, 2019년)에 수록된 자료를 텍스트로 하였다.

7) 박민헌은 조선 중기의 문신으로, 본관은 咸陽, 자는 希正, 초자는 頤正, 호는 正菴·瑟僩齋·醫俗軒·樗軒이다. 徐敬德의 문인으로, 易學에 조예가 깊었으며 성리학과 문장에도 뛰어났다. 저서로는 『瑟僩齋集』이 있다.

수학하였다. 스승은 제자가 독서를 좋아하여 공부할 것을 번거롭게 독려하지 않았고 그의 행동거지가 자중하여 때에 알맞은 도리를 지켰다고 하였다.[8] 여러 아이들과 섞여 놀이할 적에는 의젓한 대인(大人)의 기상이 있기에 스승은 애중하게 여겨 돌맹이 가운데 옥(玉)과 같다고 하여, 어렸을 때의 이름을 석(石)이라고 불렀다.[9] 어렸을 적의 특별한 행동은 스승의 학문과 기상, 덕성과 안빈낙도의 정신[10]을 통해 자신의 인격을 위하는 행의, 부모에 대한 효행이 더 깊어졌을 것이다.

조의곤은 16세 때(1847년) 장성에서 강학하던 노사(蘆沙) 기정진(奇正鎭, 1798~1879)에게 나아가 학문을 닦았다. 고창의 영취산이 장성과 경계를 이루고 있어 거리가 멀지 않았다. 송시열(宋時烈, 1607~1689)의 춘추의리를 계승하며 리 중시적 학문를 창도하고 벽사(闢邪)에 임하는 스승의 학적 태도를 따르면서도[11] 부모 모시기를 극진하게 하였다. 특히 스승이 삶을 마감하는 1879년까지 33년 동안 학문을 익히면서 여러 서책의 은미한 뜻을 고구하는데 힘썼다. 그의 아들 조석휴(曺錫休, 1852~1922)는 「가장(家藏)」을 지었는데, 그 글에서 아버지의 학문을 하는 모습을 다음과 같이 기록하였다.

> 이로부터 과거 공부를 그만두고 오로지 자기를 위하는 공부만 닦았다. 경서와 제자백가서를 널리 고찰하여 깊이 완미하고 지극히 연역

8) 『東塢遺稿』 附錄 卷2, 「家狀」, 242쪽
9) 앞의 책, 「家狀」, 242쪽.
10) 앞의 책, 卷3, 「祭鰲川高先生(濟萬)文(辛巳)」, 218쪽 참조.
11) 앞의 책, 附錄 卷2, 「墓碣銘(并序)」, 246쪽 참조.

하며 성현을 독실하게 믿고 그 의리를 강마하였다. 무릇 선생께서 가르쳐주시며 고사(古事)를 말한 것과 책을 보며 마음에서 이회하였던 어구들은 모두 차기(箚記)로 만들어 말하기를 "총명은 둔한 붓만 못하다"라고 하였다. 쌓여서 책이 되었는데, 아버지께서 의로움을 봄이 정밀하면서 깊고, 이치를 분석함이 분명하였으며, 청빈하며 담박한 생활에도 애써 공부하여, 넓고 바르며 은미하고 정밀한 것이 모두 이 책에 실렸는데 그 강건정대(剛健正大)와 순근화후(諄謹和厚)의 전체를 또한 곁에서 엿볼 수 있을 것이다.[12)]

조의곤은 기정진에게 수학하면서부터 과거공부를 지향하지 않고 성현을 독실하게 믿고 의리를 추구하였다. 스승의 가르침을 받으면서도, 먼저 무엇이 안이고 밖인지와 손님이고 주인인지의 차이를 먼저 터득하고 그 요체를 궁구하여 자기 몸으로 돌이켰으며, 자신의 사사로운 주장을 버리고 타인의 장점을 따르면서도 항상 자기 존재를 인식하는 데 노력하여 스승에게 인정을 받아 뒷날 고족제자가 되기에 이르렀다.[13)] 그는 "총명은 둔한 붓만 못하다"는 격언을 그대로 발휘하여 16세부터 스승에게 보고 들은 언행과 가르침, 옛 고사에 대한 담론, 그리고 자신이 책을 보며 깨달은 내용을 수시로 기록하며 학문에 매진하였다. 그 기록물이 『강상차록(江上箚錄)』으로 총 75조목이다. 제목 아래에 작은 글씨로 쓴 내용에 의하면, 이 기록은 유고가 간행할 무렵 조의곤이 차록(箚錄)한 내용에서 스승 기정진의 훈회(訓誨)·언행(言行)·문답(問答) 및 기타 인물의 좋고 나쁨이 귀와 눈에 끼쳐 세상 사람

12) 앞의 책, 附錄 卷2, 「家狀,」 242쪽.

13) 앞의 책, 「東塢遺稿跋」, 248쪽 참조.

을 격려할 수 있는 것을 뽑아내 네 가지로 만들고 책 말미에 편집하여 후배들에게 도움을 주고자 한 것이다.[14] 75조목을 일별하면, 첫 번째 1조목에서 17조목까지는 스승의 가르침과 답술(答述)이고, 두 번째 18조목에서 39조목까지는 스승과의 문답이며, 세 번째 40조목에서 67조목까지는 스승에게 들은 것을 두서없이 기록한 것이며, 마지막 68조목에서 끝까지는 인물들에 대한 기록이다. 하나의 일례를 살펴보자.

> 선생에게 여쭈어 말하기를 "소자는 부드러움이 남음이 있지만 굳셈은 부족합니다. 청컨대 이름을 굳세다는 의(毅)로 바꾸어 이름을 돌아보며 뜻을 생각하는 자료로 삼으려 합니다"라고 하였다. 선생이 말하기를 "좋다. 사홍(士弘) 두 글자도 합당할 것인져!"라고 하였다.[15]

이는 스승과 자신의 개명에 대해 담론을 펼친 것이다. 어렸을 적 이름 "석(石)"은 단단한 돌이 옥(玉)을 품고 있는 데서 연유한 것이다. 하지만 성장하면서 자신의 성격이 부드러움이 많고 굳셈이 부족함을 느껴 "의(毅)"로 하면서도 자신의 부드러운 성향을 저버리지 않기 위해 땅을 상징하는 '곤(坤)'을 사용한 듯하다. '곤'이 땅을 상징하는 것이라면 굳셈은 하늘을 상징하기에 그의 이름에는 천지의 조화가 깃들었음을 알 수 있다. 기정진이 "좋다"고 한 그 기저에는 『논어』에서 언급한 "선비는 도량이 넓고 의지가 굳세지 않으면 안 되니, 책임이 무겁고 갈 길이 멀기 때문

14) 앞의 책, 卷4, 「江上箚錄」, 228쪽.
15) 앞의 책, 「江上箚錄」 〈第2條目〉, 228쪽.

이다"[16]는 것에서도 연유한다. 즉 그의 자 "사홍(士弘)" 두 글자가 "의(毅)"와 가장 합당하기기 때문이다.

조의곤은 광산김씨 김문순(金文珣)의 딸과 혼인한 이후, 21세 때(1852년) 아들 석휴(錫休)를 보았다. 한 집안의 가장이 된 그는 동쪽 언덕에 초가 몇 칸짜리를 짓고 살면서 "동오(東塢)"라는 편액을 걸었다.[17] 이곳은 고창읍성에서 동쪽 반등산[방장산] 자락에 자리하였는데, 물과 돌, 폭포와 연못이 별천지를 이룰 만큼 뛰어난 경관이었다. 당시 그가 지은 시 한수를 보면, 주변 아름다운 자연 속에서 아이가 노니는 모습, 책을 벗 삼아 학문에 매진하려 하면서도 뽕나무를 심어 미래의 계획을 모색한 것이 깃들어 있다.[18] 애석하게도 중간에 화재로 인하여 10년 뒤에 언덕 아래로 옮겼다가 다시 언덕 위쪽으로 삶의 터를 옮기려 하였다. 기정진은 제자가 옮겨간다는 소식을 접하고서 미리 「동오기(東塢記)」를 지어 주었다. 이 글은 1870년에 지었으니 당시 조의곤의 나이는 39세이고 스승의 나이는 73세였다.

스승 기정진은 제자의 자호에서 '동(東)'의 의미를 "서쪽에서 동쪽으로 집을 하면 동쪽에서는 서쪽으로 집을 하는 것이다. 이로 말미암아 말한다면 천하에 마침내 동쪽이 없는 것이니, 그렇지 않은가"[19]라고 하였다. 이는 동쪽의 일반적 의미가 무의미함을

16) 『論語』 卷8, 「泰伯」〈第6章〉.

17) 『東塢遺稿』 卷3, 「東塢記」, 225쪽. "余昔寓于塢之東, 結茆數椽, 而扁曰東塢."【참고】 본 기문은 조의곤이 직접 지은 글이다. 기정진이 지은 기문은 『蘆沙文集』에 수록된 것을 원용하였다.

18) 앞의책, 卷1, 「東塢原韻」, 184쪽.

19) 『蘆沙文集』 卷22, 「東塢記」, 489쪽.

역설한 것이다. 때문에 스승은 제자가 동쪽의 일반적 의미에서 벗어나기를 희구하며 "아! 내 몸을 세워 동쪽을 찾는 자는 천만 명 속에서도 항상 자기 자신이 있음을 안다는 뜻이고, 남의 말을 수용하여 동쪽으로 삼는 자는 자기 자신을 버리고 남을 따른다는 뜻이니, 나는 사홍(士弘)이 면할 줄을 안다"[20]라고 하였다. 이는 모든 사람이 주장하는 편견에서 벗어나 자기 주체적으로 새로운 것을 창출하기를 바라는 스승의 암묵적 뜻이라 할 수 있을 것이다. 『주역』에서 언급한 "모든 만물이 동방에서 나온다"[21]는 것을 상기한다면, 그저 일반인들이 말하는 '동(東)'의 의미에서 벗어나 자신이 주체가 되어 모든 것을 주간(主幹)하기를 바라는 것이다.

조의곤은 새롭게 동오정이 단장되자, 스승의 글에 견주어 같은 이름으로 「동오기」를 지었다. 그의 기문은 문답체로 이루어졌다. 어느 객이 동오정 건축이 없는데 1870년 스승이 먼저 기문을 지은 것을 언급하자, 조의곤은 자연을 벗삼아 동오정에 의지한 지가 20년에 가까움을 말하면서 그 주변 골짜기 일대가 모두 동오정이다는 것을 피력하였다. 또 그 객이 춘추 시대 노나라 은공(隱公)이 환공(桓公)에게 왕위를 물려주고서 도구(菟裘) 땅으로 돌아가 살고 싶다고 말한 고사를 예시하여 조의곤을 힐난하였다.[22] 조의곤은 이 말을 듣고 탄식하며 스승이 떠나가자, 마음이 쇠잔하고 옛 일도 지리멸렬하게 되었고 벗들과의 종유도 쉽지 않을 뿐만 아니라 서로 모여 변론하는 것도 없다고 하면서[23] 다음과 같이

20) 앞의 책, 「東塢記」, 489쪽.

21) 『周易』, 「說卦傳」 〈第5章〉. "萬物出乎震, 震東方也." 참조.

22) 『東塢遺稿』 卷3, 「東塢記」, 225쪽. "曰: '然則子之托於是塢也漸矣. 晚年菟裘, 豈不好事?'"

말하였다.

> 고인의 이른바 "선하여도 나에게 말해줌이 없고 허물어져도 나를 바로잡아주는 이가 없으니 보고 느끼는 것이 인멸되면 태만한 마음이 생겨나고 강론하고 익히는 것이 소원하면 참다운 이치가 어두워진다"는 것이 바로 이 경지와 부합하여 두려워할 만한 것이 심하거늘 어찌 일을 좋아한다고 말하는가?[24]

조의곤에 의하면, 동오정을 지은 것은 태만한 마음을 다스리고 참다운 이치를 추구하고자 하는 것이지 그저 자연을 벗삼아 좋아하는 일만 하려는 것이 아님을 역설하는 것이다. 그 객은 또다시 스승이 사람들의 편견에서 벗어나 주체적으로 새로움을 창출하기를 기원하였던 기문 내용을 들어 다그치자[25] 조의곤은 그것을 미처 생각하지 못하였으나, 이제 스승이 명명한 '동오'의 의미를 받들겠다는 의지를 피력하였다.[26] 스승의 가르침에 따라 더욱 연찬하였는데, 40세(1871년) 불혹의 나이가 끝나는 섣달그믐날 시 한수를 지어 스승에게 보낸다.[27] 스승은 늙어서 시 읊기를 그만두었으나 제자의 시에 수창하지 않을 수가 없어서 그 운을 따라 시를 지었다.[28]

---

23) 앞의 책, 卷3, 「東塢記」, 225쪽.
24) 앞의 책, 卷3, 「東塢記」, 225쪽.
25) 앞의 책, 卷3, 「東塢記」, 225쪽.
26) 앞의 책, 卷3, 「東塢記」, 225쪽.
27) 앞의 책, 卷1, 「四十除夕韻」, 184~185쪽.
28) 『蘆沙文集』 卷2, 「次曺士弘(毅坤)四十除夕韻」, 62쪽. "老廢吟哦, 來詩不容無答, 步韻以寄."

七十三年逐水流　칠십삼 년 물 흘러가는 대로 갔는데
餘生一似步竿頭　남은 생애 한결같이 백척간두 걷는 듯
無聞聖訓君休怕　무문이란 성인의 가르침 그댄 두려워 말고
勤把新春贖舊秋　근면히 새봄으로 지난날 보상하길

시에 의하면, 73년이란 긴 세월을 살았기에 노구(老軀)로 남은 생애가 버거움을 드러냈다. 40세 나이에도 불구하고 무문객(無聞客)이라고 표현한 제자에 대해, 스승은 공자의 성훈(聖訓)에서 50세를 염두한 듯 두려워하지 말고 앞으로 더 부지런히 학문에 정진하여 후생가외(後生可畏)의 소리가 있도록 즉 유문(有聞)이 있기를 간절하게 독려하였다.[29]

조의곤은 새롭게 단장한 동오정에 대한 한시 한수를 지어 스승과 함께 있는 강상(江上)의 여러 벗들에게 시를 지어 보낸다.

水石東岡正侈奢　물과 돌, 동쪽 산등성 정히 사치스러우니
如今最恨故人遐　오늘에야 벗들이 멀어질까 가장 한스러우네
他日相尋方丈下　다른 날 방장산 아래 서로 찾을 적에
竹林缺處是吾家　대나무 숲 빈 곳 우리 집이라네[30]

방장산 자락의 자연을 감싼 동오정이 사치스러울 정도로 아름다워, 조의곤의 벗들이 오히려 사치스럽게 여겨 찾아오지 않을까 걱정하였다. 그래도 자연 속에서 자신의 처사적 삶을 알아주는 지인들이 찾아올 것으로 예견하며 "대나무 숲 빈 곳 우리 집

29) 『論語』 卷9, 「子罕」 〈第22章〉.
30) 『東塢遺稿』 卷1, 「新寓東塢以一絕詩寄江上諸友」, 184쪽.

이라네"라고 하였다. 스승 기정진 사후, 그의 벗들 가운데 동문 남파(南坡) 이희석(李僖錫, 1804~1889), 월고(月皐) 조성가(趙成家, 1824~1904), 삼석(三石) 기기진(奇麒鎭, 1830~1903), 애산(艾山) 정재규(鄭載圭, 1840~1911), 후석(後石) 오준선(吳駿善, 1850~1931), 지인으로는 오산후학(鰲山後學) 김수익(金秀益), 송은(松隱) 한진석(韓晋錫, 1833~1909), 광산(光山) 이윤응(李崙應) 등이 찾아서 조의곤이 지은 「동오원운(東塢原韻)」을 차운하여 시를 남겼다.[31] 그 역시 동오정 주변의 아름다운 경치를 한시 25수로 읊었다.[32] 처사로서의 그는 이곳에서 성현의 글을 읽고 지인들과 교류하며 후학을 양성하였다.

성리학 기지와 천리 중시

성리학은 태극·음양·오행 또는 리(理)와 기(氣), 동정(動靜)과 체용(體用) 등의 제 개념으로 우주의 생성과 구조, 인간의 심성과 수양 등을 원리적으로 탐구하는 학문이다. 근현대까지 조선의 학자 대부분은 당시 근본이념이었던 성리학을 탐구하였다. 특히 학자 또는 학파간의 철학적 논쟁은 학문의 정합성을 추구하는 것이기에 조선 성리학은 한층 발전시키는 계기가 되었다.

앞서 살펴본 바와 같이, 조의곤은 16세(1847년) 때 기정진에게 나아가 수학하였다. 기정진은 4년 전 1843년 고창 문수사에서 피

31) 『高敞亭子文化』 제1집, 고창문화원(2010년), 35~43쪽 참조. 【참고】 동문 기기진(奇麒鎭)은 1885년 늦은 봄에 내방하여 시를 남겼다.

32) 『東塢遺稿』 卷1, 「東塢諸景(二十五首)」, 186~187쪽 참조.

서하면서 「납량사의(納凉私議)」 초고를 지었다.[33] 2년 뒤에는 「우기(偶記)」를 지어 사단칠정설(四端七情說)을 논하고 다음해에는 이응진(李應辰)에게 서한을 보내 인물성(人物性)과 심기체질(心氣體質)을 논하였으며, 1853년에는 「리통설(理通說)」을 짓기에 이르렀다.[34] 기정진의 이러한 성리학 체계는 율곡학의 '기(氣)' 중시적 리기론을 벗어나 모든 존재의 궁극적 근거가 되는 '리(理)' 중시적 리기론으로 나아간 것이다. 기정진의 문인들은 주로 리를 중시하는 스승의 성리설을 계승하면서도 일본과 서양의 세력에 대항하여 위정척사(衛正斥邪)라는 시대적 의식을 펼쳐나갔다.

조의곤 역시 스승의 학설을 계승하였으나, 그의 문집에는 성리학에 관한 글이 약간 존재한다. 이를 통해 그의 성리학의 기저(基底)를 살펴보면서 그의 공부론을 살펴볼 것이다. 기정진은 조의곤에게 "태극의 리는 음양이 아직 유행하기 이전에 확립되었고, 음양의 기는 태극이 이미 확립된 이후에 유행하니, 이 설이 어떠한가?"[35]라고 질문하였다. 조의곤은 이에 대해 익히 강구하지 못하여 갑자기 답하기 어려움을 토로하면서 다음과 같이 말하였다.

> 억견(臆見)으로 헤아리면 태극 가운데 이미 본래 음양이 있었고, 음양 또한 태극에서 떨어지지 않았다면 태극과 음양은 아마도 선후로 논할 수 없을 듯합니다. 만일 이와 같이 말한다면 오늘 태극이 있고

---

33) 『蘆沙全集』 附錄 卷1, 『年譜』, 「九年癸卯(先生四十六歲)」. "夏, 避暑南庵, 納凉私議成." (凉議見文集十六卷.)

34) 앞의 책, 附錄 卷1, 『年譜』 참조.

35) 『東塢遺稿』 卷4, 「江上劄錄」 〈第17條目〉, 230쪽. "先生曰: '士弘乎! 試問: 太極之理, 立於陰陽未行之前; 陰陽之氣, 行於太極已立之後, 此說何如?'"

내일 양의(兩儀)를 생성하고 또 내일 사상(四象)을 생성하게 되어 「건괘☰」와 「곤괘☷」가 혹 거의 종식될 것이다. 말이 되지 않을 듯합니다만 어떠한지 모르겠습니다. 선생이 말하기를 "그대의 말은 비록 분명하지 않으나 그럴 듯하다"라고 하였다.[36]

성리학에서 태극은 형이상이고 음양은 형이하이다. 전자는 모든 사물을 낳는 원리 곧 리로써 근본이고, 후자는 모든 사람을 낳는 현상 곧 기로써 유행하고 변화하는 것이다. 서로 다른 두 존재는 서로 분리되지도 않고 섞이지도 않기에 그 관계는 하나이면서 둘이고 둘이면서 하나이다.[37] 기정진에 의하면, 태극의 리는 현상 세계가 있기 전 선험적으로 존재하는 것이고 음양의 기는 태극에 의해 유행하고 변화하는 것이다. 기정진은 이러한 논지를 조의곤에게 질의하였으나, 조의곤은 태극과 음양이 서로 분리되지 않았다는 측면을 강조하고 있다. 특히 그는 스승의 논지를 『주역』「계사하전」〈제11장〉에서 역(易)은 태극에서 시작하여 팔괘에 이르는 시간적 선후관계를 원용하여[38] 이해하였고, 또 「계사상전」 제12장의 "「건괘☰」와 「곤괘☷」가 혹 거의 종식될 것이다"[39]는 것을 인용하여 종국에는 그 변화를 볼 수 없다는 것을 피력하였다. 이러한 그의 역학적 이해에는 『주역』 64괘와 36궁의 관계에 대한 탐구가 있었기에 가능하였을 것이다.[40] 주지하다시피, 태극에서 시작한 생성변화는 우주생성론 혹은 존재론의

36) 앞의 책, 앞의 곳, 〈第17條目〉, 230쪽.
37) 『朱子語類』 上, 卷5, 「性理2·性情心意等名義」〈砥錄〉 참조.
38) 『周易』, 「繫辭下傳」〈第11章〉.
39) 앞의 책, 「繫辭上傳」〈第12章〉.
40) 『東塢遺稿』 卷4, 「江上箚錄」〈第17條目〉, 230쪽.

근거개념으로 써 넓혀가는 것이다.[41] 태극과 음양의 합일적 측면에 있던 조의곤이 태극이란 선험적 존재로부터 생성하며 변화한다는 기정진의 논지에 약간의 의문을 제기하였다. 기정진은 분명하지 않은 논리이지만 어느 정도 수긍하였다.

조의곤은 "솔개가 날고 물고기 뛰는 것은 각각 그 제자리에 그치는 것이니 천리(天理)의 유행이면서 도체(道體)의 스스로 그러함이 아닌 것이 없다. 누가 그것을 그렇게 시켰겠는가? 그러나 천지 사이에 가득한 것은 어찌 일찍이 이러한 도리가 없었겠는가?"[42]라고 하였다. 이는 원리[理]와 현상[氣]이 분리되지 않은 원칙을 주장하면서도 그 현상 이면에는 궁극의 원리가 있음을 피력한 것이다. 원리와 현상은 존재론의 범주이나, 이것이 윤리도덕론의 선악에 원용되면 궁극의 원리로서의 리는 지극한 선이고, 변화하는 현상의 기는 선과 악이 함께 존재한다. 조의곤은 "기의 선함과 악함은 정자·주자 이후로부터 선유(先儒)들이 이미 자세히 말하였다. 어떻게 후생이 이의를 제기할 수 있겠는가"라고 하였지 구체적 논의가 없다. 다만 『중용』 제1장의 첫 번째 구문의 성(性)과 도(道)에 대한 정자의 논의[43], 즉 사람과 동물이 각각 본성을 따르는 솔성(率性)은 분수(分殊)이나, 사람에게도 어질고 어리석임이 있음을 유추할 수 있다는 것이다.[44] 성(性)을 마음의 생리(生理: 살아가는 원리)로, 정(情)을 생리의 발출로 이해하였던[45]

41) 今井宇三郎 외, 『易經』(『新釋漢文大系』 63), 明治書院(2008년), 1523쪽.
42) 『東塢遺稿』 卷4, 「答朴元淑別紙」, 209쪽.
43) 『二程遺書』 卷2上, 「元豐己未呂與叔東見二先生語」 〈제107조목〉 참조.
44) 『東塢遺稿』 卷2, 「答朴元淑」, 209쪽.
45) 앞의 책, 卷4, 「江上箚錄」 〈第49條目〉, 233~234쪽.

그가 언급한 '분수'는 성리학에서 언급되는 리일분수(理一分殊)의 줄임말로, 궁극적 실체의 통일성과 현상적 개체의 다양성을 리와 기의 개념으로 설명하는 명제로 발전하였다.[46] 기정진은 「납량사의(納凉私議)」에서 이를 원용하여 리기관계를 전개한 바, 그 논지는 기(氣)에 의한 분수(分殊)가 리(理: 리일) 가운데 미세한 조리이므로 리와 대비되지 않는다는 것이다. 즉 '리(理)'와 '분(分)'의 관계는 구분되지 않는 상호 매개이고 혼연한 것이다.[47] 조의곤은 자세한 설명 없이 분수로만 간주하고 있다. 일반적으로 기의 정편통색(正偏通塞)에 의거하여 인간과 동물을 구분하는 것과 거리감이 있다 하겠다. 하지만 기정진의 학설을 계승한 분수의 논리는 기에 의한 것이기에 관점에 따라 인간과 동물의 동일성과 상이성이 내포하고 있다. 더욱이 사람과 사람의 상이성에 대하여 그는 주희의 논지, 즉 "사람이 품부받은 기는 비록 모두 천지의 바른 기이지만 끝없이 뒤섞이면서 혼명후박(昏明厚薄)이 있게 된다. 대개 기는 형체가 있는 것이다. 겨우 형체가 있는 존재라면 저절로 아름다움[선함]이 있기도 하고 악함이 있기도 한다"[48]는 것을 원용하여 밝혔다.[49] 이는 기의 어두움과 밝음[昏明]·두터움과 얇음[厚薄]이라는 현상적 차이로 간주하는 것이지, 본래적 태극의 리가 다름을 상정하는 것은 아니다.

---

46) 崔英辰, 「蘆沙 奇正鎭의 理一分殊說에 관한 고찰」, 『朝鮮朝 儒學思想의 探究』(서울: 驪江出版社, 1988), 265쪽 참조.

47) 박학래, 『奇正鎭 哲學思想 硏究』(고려대학교 민족문화연구원, 2004년) 58쪽 참조.

48) 『朱子語類』 卷4, 「性理一·人物之性氣質之性」〈廣錄〉 참조.

49) 『東塢遺稿』 卷2, 「答朴元淑」, 209쪽.

기정진의 리 중시적 성리학을 계승한 조의곤은 만물의 이치를 궁구한다는 궁리(窮理)를 즐겼다.[50] 궁리는 만물 각각의 이치를 궁구하여 정확한 지식을 터득하는 공부이다. 이러한 공부는 본성을 다하고 천명에 도달하는 근간이라 할 수 있을 것이다.[51] 성리학에서는 사물에 나아가 이치를 궁구하여 앎을 지극하게 한다는 격물치지(格物致知) 공부도 궁리와 혼용되기도 한다. 두 공부 방법은 사물에 대한 지식을 이루는 길이기에 인식론적 범주에도 해당한다. 다양한 사물에 대한 궁구는 한순간에 깨닫는 것이 아니고 점진적 방법을 요구하는 것이다. 궁리의 리는 인위적으로 조작할 수 없는 근본 원리이다. 조의곤은 "무릇 만물의 성쇠는 그 이치[理]이다"[52]라고 하였다. 그 본래적 의미로 보면 리의 필연성을 말하는 것으로 강제적 의미가 없는 당연성을 가리킨다. 필연성과 당연성을 동일시하는 경향이기에, 성리학에서의 '그렇게 되는 까닭'인 소이연지고(所以然之故)와 '마땅히 그렇게 되어야 하는 법칙'인 소당연지칙(所當然之則)의 범주 안에 있다 하겠다.

조의곤은 필연과 당위의 관점에서 리를 언급하지 않고, 주로 천리와 지리의 대비적 측면에서 개진한다. 그는 이러한 대비적 측면을 '장설(葬說)'과 연관시켜 다음과 같이 말한다.

> 정자의 이른바 "그 조상이 편안하면 이 후손도 편안하다"는 의논은 오로지 이 때문이다. 또 일찍이 스승에게 들으니, 천리(天理)가 보존된 연후에 지리(地理)가 존재한다고 하였다. 내가 이에 스스로 마음

---

50) 앞의 책, 附錄 卷1, 「祭文(族孫洪承書)」, 209쪽. "窮理是樂." 참조.
51) 『周易』, 「說卦傳」 〈第1章〉. "窮理盡性, 以至于命."
52) 『東塢遺稿』 卷3, 「舊柏自敍」, 223쪽. "夫物之盛衰, 固其理也."

에서 말하기를 "지극하도다, 말씀이여!"라고 하였다. 그 어버이를 위해 영장(永葬)하는 날에 무릇 관곽에 부장하는 것은 반드시 정성스럽고 신실하게 한 연후에 심정을 펼 수 있어 천리가 현연하게 존재한다. 천리가 현연하게 존재하면 지리 또한 여기서 벗어나지 않을 것이다. 그렇지 않으면 이와 반대된다. 대개 요즘 사람들이 왕왕 사특한 말에 현혹되어 그 천리까지 망치는 것을 깊이 깨닫게 하는 것이니, 어떻게 한 가닥의 길한 기운이 있는 줄 알겠는가?[53]

정자의 말은 음양가(陰陽家)의 화복(禍福)에 관한 설을 배척하고, 오직 땅이 윤기나고 초목이 무성한 곳을 택하라고 권고하는 측면에서 피력한 것이다.[54] 여기서 '천리'는 인욕을 없애고 천리를 따라야 한다는 도덕적 상위 명제가 아니라 자연의 섭리를 가리키는 것이다. 지리는 산천의 형세에 따른 땅의 이치를 말한다. 다시 말하면 자연적으로 존재하는 지형의 높낮이를 가리킨다. 고래로 장례는 풍수지리를 따르는 경향이었다. 풍수의 목적은 땅 속에 흐르는 생기에 감응함으로써 피흉발복(避凶發福)할 수 있는 진혈을 찾는 데 있다.[55] 하지만 시대의 변천에 따라 풍수설을 빙자한 사대부들의 종산(宗山) 형성과 전국의 묘지용 산지 점유 쟁탈전, 평민층의 묘산점유 분쟁 등 산송이 만연하면서 도참(圖讖)과 이기파(理氣派) 술수풍수가 극성하게 되었다.[56] 즉 산의 혈과 맥의 정기에 의거하여 부귀복수(富貴福壽)를 누리고자 하는 풍수지리의 잘못된 관행이었다. 조의곤은 스승의 말을 원용하여 다음과 같이

53) 앞의 책, 卷2, 「與安敬浩(基舜○丙子)」, 208쪽.
54) 『二程文集』 卷11, 「葬說(并圖)」 참조.
55) 최창조, 『한국의 풍수사상』, 민음사, 1984년, 74쪽
56) 유기상, 『조선후기 실학자의 풍수사상』, 경인문화사, 2017년, 33쪽.

말하였다.

> 선생이 말하기를, "(…) 요즘 사람들은 화복(禍福)에 대해 반드시 산은 지리를 증험한다고 한다. 그것이 없다고 말하는 것이 아니겠지만, 먼저 천리가 있는 연후에 지리가 따르는 것이다. 만일 어버이의 유해를 발굴하여 여러 해가 되도록 장사지내지 않고 망령되이 명당자리[福地]만 찾아 그 증험을 바란다면 천리가 이미 어긋났으니 어찌 지리가 있겠는가?"라고 하였다. 대개 당시 이와 같은 것이 있었기에 발언하셨던 것이다.[57]

'명'은 천명이다. 이 천명은 '사람에게 주어진 사명', 또는 '사람의 의지와 노력으로 어떻게 할 수 없는 운명적 상황'의 뜻이 있다. 기정진이 언급한 '명'은 후자로, 화복과 같은 것이다. 어진 사람이 오래 사는 것은 하늘의 이치이지만, 그렇지 않은 상황도 허다하다.[58] 자연 필연으로 존재하는 땅의 높낮이 형세가 복을 주지 않는 것도 그러한 것이다. 조의곤이 천리를 중시하는 기정진의 논지를 수용하였는데, 그 천리의 실현은 『예기』의 "무릇 관곽에 부장하는 것은 반드시 정성스럽고 신실하게 한다"[59]는 '정성[誠]과 신실함[信]'의 전제가 있어야 가능하다. 기수(氣數)가 관계하면 모면할 수 없지만[60] 천리와 지리의 실현은 사람의 '정성과 신실함'에 있는 것이다. 어떤 행위가 천리나 지리에 합당한지 여부에 따라 행동하는 것일 뿐 그 결과를 예단하지 않는 것이라 할

---

57) 『東塢遺稿』 卷4, 「江上劄錄」 〈第23條目〉, 230쪽.
58) 앞의 책, 卷3, 「祭奇友章一(宇夔)文」, 216쪽.
59) 『禮記』 卷3, 「檀弓上第三」 〈第11條目〉.
60) 『東塢遺稿』 卷2, 「與安上舍書(庚辰)」, 201쪽.

수 있다. 다시 말하면 조의곤은 화복과 무관한 객관적 천리나 지리를 인간 자신의 사명 또는 운명으로 수용하면서 '정성과 신실함'이란 내면적 자각을 통해 실현하려는 것일 뿐이다. 때문에 그는 산세·지세·수세 등의 높낮이 등을 판단하여 이것을 인간의 길흉화복에 연결시키지 않고,[61] 지리가 보존되면 천리도 통하고 선한 사람은 길하게 되고 악한 사람은 흉하게 된다는 논지를 피력하였다.[62] 그의 이론은 인간 스스로 천리와 지리에 대한 객관적 성찰과 자신이 타고난 '정성과 신실함'의 내면적 자각을 통한 구현이다. 이것은 보상보다는 당위성이라는 원리 원칙을 스스로 깨달아 실천하는 '자각적이고 자율적인 윤리설'에 해당하는 것이라 하겠다.[63] 즉 인간의 주체적 자율성을 통해 악을 누르고 선을 지향하면서 '천리의 불변적 실재성'을 중시하는 이론 체계라 할 수 있다.

향도적(向道的) 실천과 후학양성

조의곤은 일찍이 과거 공부보다는 실천 공부를 위주로 하였기에 문장을 여사로 여겼고,[64] 또한 실천에 앞서 궁리 공부에 힘쓰고 그것을 함양하면서도 정밀하게 분석하여 학문의 조예도 있었다.[65] 이러한 일련의 과정은 독서하면서 이루어지는 것이다. 그

61) 앞의 책, 卷2, 「與金莘湖(祿休丙戌)」, 201쪽.
62) 앞의 책, 卷1, 「謹次三淵金先生四絕韻」〈四首〉, 184쪽.
63) 윤사순, 『조선, 도덕의 성찰』, 돌베개, 2010년, 55쪽 참조.
64) 『東塢遺稿』 附錄 卷1, 「祭文(族孫洪承書)」, 209쪽. "躬行實卓, 文章餘事."

에 의하면 독서는 만물의 이치 곧 리를 궁구하여 마음을 바르게 하려는 것이니,[66] 이는 객관적 성찰과 내면적 자각의 근간이 되는 실질적 공부이다. 때문에 책의 내용을 기록하고 암송하기만 하는 폐단을 경계하였다. 그는 다음과 같이 말한다.

> 요즘 사람들은 독서할 적에 모두 이해하지 못하고 오로지 기록하고 암송하는 것만 힘쓰니 비록 만권을 읽는다 한들 내 몸에 무슨 이익이 있겠는가?[67]

그저 입으로 글만 읽고 마음으로 이해하여 체득하지 못한다면 "글은 글대로 나는 나대로"라는 "서자서 아자아(書自書 我自我)"의 병통이 있게 되어 어떤 효과도 없게 될 것이다. 때문에 그는 "독서의 법은 먼저 마음을 맑게 하고 생각을 적게 하며 과정을 엄격하게 세워서 이 한 곳의 문장의 의미를 간파하여야 한다. 말뜻이 분명해지고 취지나 의미가 무젖도록 하여 한 터럭만큼의 잡념이 그 사이를 난잡하게 할 수 없는 연후에야 그 효과를 요구하고 그 나아감을 바랄 수 있다"[68]라고 하였다. 즉 독서법은 조금도 잡념이 없는 마음가짐을 통해 글 내용의 뜻을 체득하여 성과와 발전이 있게 하는 것이다. 이러한 경우에서야 책 내용에 대한 이해뿐 아니라 학문과 문리의 요령을 체득하기에 이르는 것이다.[69] 선비

---

65) 앞의 책, 附錄 卷1, 「祭文(族孫洪承書)」, 209쪽.
66) 앞의 책, 附錄 卷2, 「家狀」, 243쪽. "見讀書者, 勸之以窮理正心."
67) 앞의 책, 附錄 卷2, 「家狀」, 244쪽.
68) 앞의 책, 卷3, 「答奇松沙」, 222쪽.
69) 앞의 책, 卷3, 「書贈族姪錫一」, 222쪽.

가 이러한 요령을 체득하였을 때 도(道)로 향하는 근본이 확립될 것이다. 그에 의하면 도는 비록 고원하지만 독서라는 실질적 공부와 노력을 통해 세워진다는 것이다.[70] 때문에 그는 도를 멀리 있는 것으로 여기지 않고 자신이 움직여서 올바른 것을 도로 여겼다.[71] 그는 도의 체득을 중시하는 입장에서 다음과 같이 말하였다.

> 무릇 선비의 처세는 진실로 능히 나의 도를 다하여 아름다운 이름이 썩지 않고 영원한 명성이 멀리 전하도록 할 수 있다면 비록 아침에 듣고 저녁에 죽어도 무슨 유감이 있겠는가? 그러나 어찌 쉽게 말하겠는가? 그 도를 능히 닦지 못하고 늙어서도 죽지 않는다면 장수한들 무엇이 유익하겠는가?[72]

이는 선비의 의연한 자세와 그 지향하는 목표가 무엇인지를 엿볼 수 있는 글이다. "아침에 듣고 저녁에 죽어도"라는 것은 "아침에 도를 들으면 저녁에 죽어도 괜찮다"[73]는 공자의 성언(聖言)으로, 도를 탐구하는 공자의 절실한 표현이다. 죽고 사는 것은 하늘의 뜻이겠지만, 공자는 인간이 살아가며 도를 깨쳐서 참된 인간이 되는 길이 어려움을 언표한 것이다. 때문에 선각자의 가르침

70) 앞의 책, 卷1, 「步韻答金生峻默」, 189쪽. "道雖高矣自卑登, 人一能之已百增." 참조.

71) 앞의 책, 卷3, 「送族弟昞三(豐坤)西行說」, 221쪽. "又曰: "動而正曰道." 予之動亦大矣, 所愼亦不一矣. (…) 道豈遠乎哉? 術豈多乎哉? 動而正而已." 참조. 【참고】"動而正曰道"은 周敦頤의 『通書』「愼動第五」에 있다.

72) 앞의 책, 卷3, 「祭奇友章一(宇夔)文」, 216쪽.

73) 『論語』 卷5, 「里仁」 〈第8章〉.

을 받아야 하겠지만, 무엇보다 도에 대한 신념과 의혹이 없어야 한다.[74] 다시 말하면 자신의 주체적 노력과 정밀한 사색이 없다면 도에 대한 터득은 어려운 것이다. 주희는 이 성언에 대해 "도는 사물의 당연한 이치이니, 참으로 이것을 얻어 듣는다면, 살아서는 이치에 순하고 죽어서는 편안하여 다시 남은 한이 없을 것이다"[75]라고 하였다. 사물의 당연한 이치로서의 도는 천지 사이의 각 사물에 존재하는 개별성과 모든 사물을 포괄하는 보편성을 가리키는 것이다. 이러한 도는 궁리에 의한 주체적 내재화가 있을 때 주희가 말한 '살아서는 이치에 순하고 죽어서는 편안하다'는 생순사안(生順死安)의 경지가 되는 것이다. 그러나 도에 대한 궁리는 생을 마감할 때까지 이루어져도 우주 전체의 차원까지 확충하기 어렵기에 조의곤은 유감스러운 바가 있다고 하였다.[76] "사람이 도를 넓힐 수 있지 도가 인간을 넓히는 것이 아니다"[77]는 것을 감안하면, 도를 닦지 못하고 장수한들 어떤 이익도 없다는 말로 끝맺은 것은 그가 도의 주체적 내재화를 극언한 것이다. 주체적으로 기르는 도는 성대한 덕의 일이다.[78] 그는 도를 향한 자아의식의 확립을 위해 일상에서의 실천을 지향하였다.

---

74) 『東塢遺稿』 卷1, 「戱次月皐松沙次柳河東八十韻」. "信道終無惑, 知言元不差." 참조.

75) 『論語集註』 卷,5 「里仁」 〈第8章〉.

76) 『東塢遺稿』 附錄 卷2, 「家狀」, 244쪽.

77) 『論語』 卷15, 「衛靈公」 〈第8章〉.

78) 『東塢遺稿』 卷2, 「答韓寢郎(庚寅)」, 206쪽. "其在君子自牧之道, 未嘗不是盛德事." 卷2 「答奇立夫(宰〇丁亥)」, 208쪽. "其在君子自牧之道, 固盛德事." 참조.

> 일찍이 스승의 가르침을 받아 학문의 길은 올바름을 얻었고, 맑고 깨끗하며 바르고 순수한 바탕으로 부지런하면서 민첩하고 확실한 공부를 더하였다. 분명하게 알고 실천하는 것은 빈궁에 빼앗기는 바가 되지 않았고, 세상 소리 듣지 않으며 화려한 집 영락하여도 부귀에 옮기는 바가 되지 않았다. 다른 사람의 호학(好學)을 보면 친애하기를 멈추지 않고, 다른 사람의 선행을 들으면 취하기를 미치지 못하듯 하였다. 책을 볼 적에는 대강 보며 넘기는 것을 절대로 피하고 반드시 정밀하고 익숙하게 하여 실천하는 방법을 구하였고, 글을 지을 적에는 표절을 숭상하지 않고 말이 전달되는 것에 그쳐 화려한 꾸밈이 없었다.[79]

이 글은 처사적 행의의 일생을 그대로 보여 준 것이라 하겠다. 지행합일의 자세는 가난을 이겨내고 원칙을 지키는 것이었고, 세속의 부귀영화는 정당한 방법이 아닌 경우에는 절대로 추구하지 않았음을 알 수 있다. 부귀를 탐하면서 가난을 모면하려는 마음은 도에서 벗어나는 행위이기에 바람직하지 않다. 도에 뜻을 둔 군자는 입고 먹는 등 사소한 일에 마음을 두지 않는다.[80] 이를 극복하기 위해 조의곤은 수신을 향한 군자의 행동과 학문은 고요함이 우선해야 함을 강조하였고, 나아가 “묵묵히 앉아서 마음을 맑게 하고 천리를 체인하는 자세”를 중시하였다.[81] 인용문에서 “다른 사람의 호학(好學)을 보면 친애하기를 멈추지 않고 다른 사람의 선행을 들으면 취하기를 미치지 못하듯 하였다”는 것은 어

79) 앞의 책, 附錄 卷1, 「家狀」, 242쪽.
80) 『論語』 卷5, 「里仁」 〈第9章〉.
81) 『東塢遺稿』 卷2, 「答奇松沙」, 202쪽.

진이를 보면 같아지기를 생각한다는 '견현사제(見賢思齊)'[82]의 정신을 엿볼 수 있다. 즉 이러한 정신에는 스스로 찾아서 행동하는 주체적 자율성이 깃든 것이다. 그의 이러한 향도적 실천은 후학에게 많은 귀감이 되었을 것이다. 그의 여러 제자들은 스승에게 격언을 청하였다. 조의곤은 다음과 같이 말하였다.

> 내가 무슨 말을 하겠는가? 요임금과 순임금의 도는 효(孝)와 제(悌)일 따름이고, 부자의 도는 충(忠)과 서(恕)일 따름이다. 이것을 버리고 무엇을 구하겠는가?[83]

주지하다시피, '효'와 '제', '충'과 '서'는 유교 윤리의 근간이다. '효'는 부모와 자식간의 도리로서 수직적 윤리이고 '제'는 형과 아우간의 수평적 윤리이다. 이 두 가지는 인(仁)을 실천하는 근본이지만 사회 질서를 구현하는 출발점이기도 하다. '충'과 '서'는 역시 '인'을 구현하는 방법으로, '충'은 자기의 마음을 남에게 다하는 것이고, '서'는 자기의 마음을 남에게 미치는 것이다. 전자는 남에게 최선을 다하는 마음이고 후자는 호의를 베푸는 배려이다. 곧 이는 거짓 없는 마음가짐과 도덕적 행의이다. 특히 남에게 베푸는 호의적 배려로서의 '서'는 자신이 바라지 않은 것을 남에게 억지로 시키지 않는 것이고,[84] 자신이 바라는 것이라면 남에게도 적극 베푸는 태도이다.[85] 이러한 도덕윤리적 덕목의 실현은 외부

82) 『論語』 卷4, 「里仁」 〈第17章〉.

83) 『東塢遺稿』 附錄 卷2, 「家狀」, 243쪽. "日: '吾何言? 堯舜之道, 孝悌而已; 夫子之道, 忠恕而已. 捨此何求?'"

84) 『論語』 卷15, 「衛靈公」 〈第23章〉.

에서 구하는 것이 아니라 자기 속마음의 자각과 주관에 따른 것이다. 때문에 조의곤은 “성인 이하로 몸가짐[處身]과 자기 규율[律己]의 도는 속마음에서 존양(存養)할 뿐만 아니라 외부로 검속(檢束)하는 것이니 또한 아우르고 다하여 하나도 폐할 수 없는 바가 있다”[86]라고 하였다. 여기서의 ‘존양’은 이러한 마음을 보존하고 선천적 본성을 기르는 것이고, ‘검속’은 올바른 주재를 통해 밖으로 확대적용하여 실천하는 것이다. 이러한 실천 구현의 정신은 문인들에게 적지 않은 영향을 끼쳤을 것이다.[87] 그의 문인들은 주로 고창에서 활동하였고,[88] 가학(家學)으로도 전승되기에 이르렀다.[89]

조의곤이 후학들에게 효제와 충서를 재인식시킨 것은 내우외환을 겪는 19세기 중후기 사회에서 가족을 결속시키고 사회 풍속을 교화시켜 전통적 유교 사회질서를 구현하고자 하는 것이라 하겠다. 다시 말하면 내외합일적 수양을 통해 유가의 도덕적 근본

85) 앞의 책, 卷6, 「雍也」 〈第28章〉.

86) 『東塢遺稿』 卷1, 「與奇松沙(宇萬乙亥)」, 202쪽.

87) 조의곤의 문인은 『蘆沙先生淵源錄』 卷5, 「諸家門人編」 〈曺東塢毅坤門人〉(905쪽 하면~906쪽 상면, 25인), 『松沙儒林淵源錄』(31후면, 2인), 『모양지』 등에 수록되었다. 『송사유림연원』의 2인 가운데 鄭警源은 중복되고 金永基는 중복되지 않는다. 조의곤은 문인은 부록 참조. 『모양지』는 學行, 行義·聞望·儒行·文行 등으로 구분한 수록한 바, 「학행」에는 ⑫ 卞鍾爀, ㉕ 李孔雨, ㉗ 曺豊坤, 「행의」에는 ⑨ 曺錫一, 「문망」에는 ④ 曺鎔坤, 「유행」에는 ⑦ 曺洪承, ⑬ 姜泰永, ⑮ 卞鍾瑗, ⑰ 曺秉宜, ㉓ 徐愚植, ㉔ 曺錫永, ㉘ 曺國承, 「문행」에는 ⑥ 柳允錫, ⑲ 曺錫匀 등이다.

88) 부록에서 언급한 문인 가운데 曺匡承은 정읍출신이고 金永基는 출신지가 불균명하다.

89) 가학 전승을 살펴보면, 아들 曺錫休(1852~1922. 저서는 『無憂堂遺稿』가 있음), 손자 조덕승(曺悳承, 1873~1860. 저서는 『欽齋文集』이 있음), 증손 曺秉烈(1911~1955. 저서는 『朝鮮歷史』가 있음) 등이 있다.

윤리를 독실하게 행하면서 자신이 처한 시대적 책임을 다하도록 하는 양상이라 할 것이다.

맺는 말

19세기 활약한 조의곤은 기정진에게 나아가 학문을 닦았다. 과거공부보다는 성현을 독실하게 믿고 의리를 추구하는 학문을 지향하였다. 송시열의 춘추의리를 계승하며 리 중시적 학문을 창도하고 벽사(闢邪)에 임하는 스승의 학적 태도를 따르면서도, 그는 "총명은 둔한 붓만 못하다"는 옛사람의 격언을 그대로 발휘하여 스승에게 보고 들은 언행과 가르침 등 총 75조목의 내용을 기록하였다. 이러한 기록은 학문에 매진하도록 하는 방법이겠지만, 또한 스승의 어록을 후학에 전하여 배움에 보탬이 되도록 하는 것이다.

조의곤은 사변적 이론보다는 향리에 세운 동오정(東塢亭)에서 처사로서의 주체적 삶을 지향하였다. 그의 처사적 삶은 "선을 좋아하여 게을리 하지 않고 편안히 천리를 행하면서 바른 도로 돌아간다"는 신념에 의한 것이다. 이는 동오정의 '동'에 대한 의미—자기 주체적으로 새로운 것을 창출하기를 바라는 스승의 암묵적 의미—가 적지 않게 작용하였을 것이다. 특히 그는 천리와 지리가 동일하다는 논지를 통해 산의 혈과 맥의 정기에 의거하여 부귀복수(富貴福壽)를 누리고자 하는 풍수지리의 잘못된 관행을 비판하였다. 그의 비판적 이론은 인간 스스로 천리와 지리에 대한 객관적 성찰과 자신이 타고난 '정성[誠]과 신실함[信]'의 내면적 자각을 통한 구현이다. 이것은 보상보다는 당위성이라는 원리 원칙을 스스로 깨달아 실천하는 '자각적이고 자율적인 윤리설'에 해당하는 것이라 하겠다. 천리를 중시하는 태도는 곧 향도적(向道的) 처사의 삶이었다. 이러한 학적 체계와 삶으로 후학을 양성하였고, 가학으로 전승되도록 하였다.

결론적으로 조의곤의 처사로서의 주체적 삶과 천리 중시 양상은 인간의 주체적 자율성을 통해 악을 누르고 선을 지향하면서 '천리의 불변적 실재성'을 중시하는 이론 체계라 할 수 있다. 특히 그는 정도를 붙드는 것을 자기 임무로 삼았기에 비록 초야에 있어도 나라를 걱정하는 마음을 잊지 않았다.[90] 서세동점(西勢東漸)의 시대에 그는 사변적 이념에 머물지 않고 춘추의리를 지키면서 유교 윤리의 근간인 효제와 충서의 도를 고양시켜 전통적 유교 사회질서를 지키려 하였다. 이러한 이론은 노사학에서 리의 절대적 능동성이 적지 않게 투영되었을 것이다. 끝으로 그의 처사로서의 학문적 특징은 고창지역의 노사학파 계승 양상을 엿볼 수 있는 작은 보탬도 될 것이다.

90) 『東塢遺稿』 附錄 卷1 「行狀」 209쪽.

[부록]

동오(東塢) 조의곤(曺義坤) 문인

번호	이름	생몰연대	본관	자	호	비고
①	조경승(曺敬承)	1848~?	昌寧人	德賢	栗亭	
②	조병일(曺秉馹)	1849~?	昌寧人	德裕	方樵	
③	조석휴(曺錫休)	1852~1922	昌寧人	而敬	無憂堂	
④	조용곤(曺鎔坤)	1856~?	昌寧人	甫敬	儉軒	
⑤	조경곤(曺景坤)	1857~?	昌寧人	正彬	儉圃	
⑥	유윤석(柳允錫)	1863~?	高興人	善慶	春齋	
⑦	조홍승(曺洪承)	1867~?	昌寧人	文用	方巖	
⑧	김한묵(金翰默)	1867~?	安東人	允天	晦山	
⑨	조석일(曺錫一)	1868~?	昌寧人	學敬	梧巖	
⑩	정경원(鄭警源)	1871~?	晉州人	啓明	後松	
⑪	김준묵(金峻默)	1872~?	安東人	穉德	希齋	
⑫	변종혁(卞鍾爀)	1873~1947	草溪人	晦叔	尼山	
⑬	조덕승(曺悳承)	1873~1960	昌寧人	伯據	欽齋	
⑭	강태영(姜泰永)	1873~?	晉州人	公魯	栢軒	
⑮	정휴철(鄭休哲)	1874~?	晉州人	元明	東皐	
⑯	변종원(卞鍾瑗)	1876~?	草溪人	仲述	慕巖	
⑰	조병직(曺秉直)	1876~?	昌寧人	公裕	龍齋	
⑱	조병의(曺秉宜)	1876~?	昌寧人	仁夫	方軒	
⑲	임기만(林基萬)	1878~1962	平澤人	定一	愚軒	
⑳	조석균(曺錫勻)	1878~?	昌寧人	允平	東巖	
㉑	조광승(曺匡承)	1878~?		文伯	秋水軒	
㉒	이인녕(李璘寧)	1879~?	延安人	文敬	水村	
㉓	이종덕(李鍾悳)	1879~?	驪州人	允明	愚山	
㉔	서우식(徐愚植)	1881~?	利川人	子明	東山	
㉕	조석영(曺錫永)	1881~?	昌寧人	景類	訥軒	
㉖	이공우(李孔雨)	1882~?	慶州人	肅卿	愼庵	
㉗	김영기(金永基)	1852~?	海豊人	仁三		
㉘	조풍곤(曺豊坤)	1851~?	昌寧人	炳三	斗峯	
㉙	조국승(曺國承)	?~?	昌寧人	覲謙	星齋	

정시림의 주리설

— 교유관계와 외필논변을 중심으로 —

조 우 진

(전남대학교 학술교수)

서론

월파(月波)[1] 정시림(鄭時林, 1839~1912)은 구한말 호남 보성(寶城)의 유학자이자 교육자이며, 기정진의 제자로 안빈낙도(安貧樂道)의 삶을 추구했다. 본 논문은 월파의 학문적 교유관계와 주리설(主理說)을 탐구함으로써 그의 위상과 역할을 살펴보는 데 있다. 월파는 학문적 교유관계를 통해서 성리학의 계보를 공자 → 주자 → 율곡 → 노사로 연결되는 도통을 주리(主理)의 축으로 이해했다. 특히 그는 공·맹과 정·주의 학문 정신을 자신의 삶과 일치시

---

1) 월파는 광주에 있는 月波臺를 보고 "강물 위에 석대가 있어 걸음마다 시원하게 가슴을 열어주네. 간곡히 모래톱의 물새는 말을 걸어 나를 보고 주인이 왔다고 하는구나."라는 시를 지었는데 '月波'라는 호는 여기에서 연원한 것이다. 『月波集』 권1, 「詩」, 〈登月波臺(在光州)〉, 1a. "石臺江水上, 步步曠襟開, 丁寧沙鳥語, 謂我主人來."

키려고 노력했으며[2], 노사의 리 중심의 이론체계를 율곡 성리학의 확장으로 이해했다. 이것은 월파가 지금까지 없었던 새로운 학문체계를 구성하기보다는 성리학적 경전 이해를 통해 현실에 대응하는 이론적 토대를 구성했다는 것을 의미한다.

월파를 살펴야 할 필요성은 다음과 같은 네 가지가 있다. 첫째는 월파의 학문적 교유관계 및 성리학적 사유를 담고 있는 『월파집(月波集)』 15권 2책과 『월파속집(月波續集)』 3책이 있다. 둘째는 보성지역에 성리학을 보급하고 노사학파의 외연을 확장하는데 중추적인 역할을 했을 뿐만 아니라, 강습재(講習齋)를 중심으로 많은 문인을 배출했다.[3] 셋째는 내우외환의 시대 상황에서 일제에 대한 저항의식과 의리정신을 드러내어[4] 유학의 전통 가치를 계승하고자 했다. 넷째는 20세기 성리학 논쟁에 참여하여 노사의 주

---

2) 鄭時林, 『月波續集』 권1, 「書」, 〈答金敎獻(相春)〉, 15a. "세상에는 오직 두 가지 일이 있는데, 하나는 농사에 부지런한 일이요, 하나는 성현의 글을 읽어 나의 몸을 보전하고 나의 식견을 넓히는 것이다.[世間惟惟兩件事, 一則勤於農務, 一則讀聖賢書, 保我軀命, 長我識見.]" 월파는 편지를 쓸 때 자신의 소식을 자주 '근근이[僅僅]'라는 말을 쓰는 것을 보면 매우 가난했다는 것을 알 수 있다. 또한, 그는 가난한 농부의 삶 속에서 공부론을 말할 때, 자주 농사짓는 것에 비유하여 설명했다.

3) 『월파속집』에 수록된 「問答編」과 「講習齋講錄編」에서 묻고 대답하는 직전 문인만 헤아려도 대략 110명 정도 된다. 여기에 실리지 않은 직전·재전 문인의 수를 조사한다면 실제 문인의 수는 헤아릴 수 없이 많을 것으로 추정된다. 『호남인물지』에는 "直提學 仁寬의 후손, 奇蘆沙 正鎭의 門人이다. 學問으로 이름이 있어 門人이 數百 명이었다."고 기록하고 있다.(金鳳文, 『湖南人物志』, 梨花文化史, 1991, 239쪽.)

4) 鄭時林, 『月波集』 권3, 「書」, 〈抵日憲兵所〉, 29b. "내가 주는 돈을 받으면 이름이 올바르다고 하겠는가? 말이 순조롭다고 하겠는가? 이 돈을 주려는 번거로움을 중지하고 하나의 실오라기 같은 목숨을 끊어라.[時林之受賜金名其正乎? 言其順乎, 停此賜金之煩, 斷此一樓之命.]"라고 일본헌병소에 편지를 보냈다.

리적 성리학 체계를 옹호하는 「외필상질설(猥筆相質說)」을 저술하였다. 이것으로 볼 때 월파에 관한 연구는 철학·역사·문학 등 다양한 분야에서 재조명되어야 할 필요성이 있다.

월파에 관한 선행 연구는 노사학파를 다루면서 부분적이거나 개략적으로 거론한 것이 있을 뿐[5], 직접 다룬 논문 1편[6]과 『국역 월파집』 해제[7]에 실려 있는 글이 전부이다. 월파를 직접 다룬 것은 김귀석의 「월파 정시림의 생애와 시문학 연구」라는 소논문이 있다. 이 논문은 월파의 시문학을 연구하는 초석을 제공하였을 뿐만 아니라, 보성지역 노사학파의 강학 활동을 살필 수 있는 실마리를 제공했다는 점에서 큰 의미가 있다. 안동교의 「월파집 해제」는 월파의 성리설을 중심으로 이기론·심성론·수양론의 전체적인 흐름을 간략하게 제시했다는 점에서 매우 탁월하다. 즉 이것들은 모두 월파의 문학과 사상을 다양한 방향으로 연구할 수 있는 발판을 마련해주었다.

월파는 스승 노사를 비롯한 당대의 지식인들 및 후학들과 학문적 교유관계를 구축하여 스승의 리 중심의 성리학 체계를 신념화했고, 기호학파 내부에서 일어난 논쟁을 잠식시키기 위해 상호결속을 강화했다. 또한, 그는 스승의 이론을 바탕으로 당시의 시대

5) 김봉곤, 「노사학파의 형성과 활동」, 한국학중앙연구원 박사학위논문, 2007, 118쪽; 권수용, 「노사학파의 누정 건립활동 연구」, 『석당논총』 49권, 동아대학교 석당학술원, 2011, 227~228쪽; 최대우 외, 『19세기 호남유학의 재구성-노사학파의 형성과 발전』, 전남대학교출판부, 2015, 38~40쪽; 안진오 외, 『호남의 유학자들』, 전남대학교출판부, 2016, 495~508쪽.

6) 김귀석, 「월파 정시림의 생애와 시문학 연구」, 『한국시가문화연구』 25권, 한국고시가문학회, 2010.

7) 鄭時林 著, 『國譯 月波集』, 李百純 譯, 寶城郡, 寶城鄕校, 1998.

상황을 인식하는 이론적 근거를 세워 지역사회 교화와 후학 양성에 힘썼다. 본 논문에서는 먼저 월파가 스승 노사를 만나기 전후의 학문적 교유관계를 고찰할 것이다. 이것을 통해 월파의 주리설의 입장을 살펴보고, 당시 사상계의 흐름에서 논쟁의 핵심이었던 「외필」의 쟁점을 월파의 시각에서 기술할 것이다. 이러한 과정에서 구한말 한 지식인의 학문적 교유와 「외필」 논쟁의 의미를 살펴볼 수 있을 것이다.

학문적 교유관계

■ 독학으로 홀로서기

월파는 자가 백언(伯彦)이고, 이름이 시림(時林)이며, 광산 정씨(光山鄭氏)이다. 그는 보성군 옥암면 노산리 집에서 아버지 한채(漢彩)와 파주 염씨(坡州廉氏) 사이에서 태어났다. 월파의 가계[8]는 고려 말 충숙왕 때 봉은사(奉恩寺) 진정직(眞殿直)과 상호군(上護軍)을 지냈고, 삼중대광(三重大匡) 문하찬성사(門下贊成事)에 추봉되었던 저인호(鄭臣扈)를 시조로 한다. 2대조 정윤부(鄭允孚)는 나주에서 체찰사(體察使)로 있으면서 권근(權近, 1352~1409) 등과 함께 세금으로 걷은 곡물을 저장하는 영산창(榮山倉) 건립을 감독했

8) 정의림의 가계(직계): 鄭臣扈(시조)-鄭允孚(2세)-鄭麟晋(3세)-鄭存(4세)-鄭以忠(5세)-鄭晊(6세)-鄭應鍾(7세)-鄭彪(8세)-鄭仁寬(9세)-鄭瀜(10세)-鄭之素(11세)-鄭暹(12세)-鄭復晩(13세)-鄭德立(14세)-鄭聖麟(15세)-鄭昌悟(16세)-鄭潤澤(17세)-鄭琪(18세)-鄭宇喆(19세)-鄭漢彩(20세)-鄭時林(21세)-鄭尙贊(22세).

다.[9] 3대조 정인진(鄭麟晋)은 조선조에서 처음으로 문과에 급제했으며, 사헌부 감찰(司憲府監察)을 지냈다.[10] 4대조 정종(鄭存)은 강원 도사(江原都事)·사헌부 감찰을 역임했으며, 청렴과 결백으로 백성들을 교화시켰다.[11] 5대조 정이충(鄭以忠)은 문과에 급제하여 운봉 현감(雲峯縣監)·사헌부 감찰로 재직했다.[12] 6대조 정질(鄭晊)은 문장과 의리로 추앙받았으며, 참봉(參奉)·병조 정랑(兵曹正郎)을 지냈다.[13] 7대조 정응종(鄭應鍾)은 김굉필(金宏弼, 1454~1504)을 따라 성리학을 연구했으며 사헌부 집의(執義)·예조 판서(禮曹判書)를 역임했는데, 연산군 정란(政亂) 때에 나주로 낙향하여 유유자적하면서 살았다.[14] 8대조 정표(鄭彪)는 진사에 급제하여 학문과 덕행으로 이조에서 사헌부 대간(臺諫)으로 천거되어 좌승지(左承旨)까지 올랐다. 9대조 정인관(鄭仁寬)은 전라 도사(全羅都事)·직제학(直提學)·이조 참의(吏曹參議)로 재직했으며, 기대승(奇大升, 1527~1572)과 도의(道義)로서 교유했다.[15] 그는 특히 고봉 기대승의 만장(挽章)[16]을 짓고 제문(祭文)[17]을 작성할 정도로 남다른 관계를 맺었다. 10대조 이후 선조들로부터 아버지에 이르기까지는 특별한 관직이나 행적이 없는데 아마도 모두 덕을 숨기고 벼슬하지

---

9) 權近, 『陽村集』 권11, 「記」, 〈龍安城漕轉記〉, 15a 참조.
10) 奇宇萬, 『松沙集』 권48, 「行狀」, 〈日新齋鄭公行狀〉, 3b 참조.
11) 張漢祐·鄭鍾煥 編輯, 『光州鄭氏總觀』, 光州鄭氏大宗會, 2017, 71쪽 참조
12) 鄭琦鎬 編輯, 『光州鄭氏族譜』 上, 光州鄭氏族譜編纂會, 2001, 229쪽.
13) 鄭琦鎬 編輯, 『光州鄭氏族譜』 上, 光州鄭氏族譜編纂會, 2001, 230쪽.
14) 鄭琦鎬 編輯, 『光州鄭氏族譜』 上, 光州鄭氏族譜編纂會, 2001, 231쪽 참조.
15) 鄭琦鎬 編輯, 『光州鄭氏族譜』 上, 光州鄭氏族譜編纂會, 2001, 261쪽.
16) 奇大升, 『高峯集』, 「別集附錄」 卷2, 「挽章」, 11b~12a.
17) 奇大升, 『高峯集』, 「別集附錄」 卷1, 「祭文」, 4a~5b.

않은 듯하다.

월파는 총명하여 겨우 말할 수 있을 때부터 아버지가 사물을 가리키면 거기에 맞는 한자로 대답했다.[18] 10여 세(1848) 때에 집이 너무 어려워 고모가 살던 보성군 문덕면 법화마을[19]로 가서 양육되었다. 월파는 당시 옆 마을 內洞里에서 강학하던 스승 매국당(梅菊堂)[20] 염상룡(廉相龍, 1794~1850)에게 수학했다. 그 이유는 어머니가 매헌(梅軒) 염제신(廉悌臣, 1304~1382)의 후예였기 때문이라고 볼 수 있다. 월파는 매국당의 모습을 다음과 같이 회상했다.

> 선생의 재능과 인품이 가지런하고 엄숙하며, 웃으면서 이야기하는 것이 평화롭고 기뻐하셨다. 詩律은 온화하고 우아하면서도 속에는 간략하고 엄밀함이 있으며, 筆法은 고상하고 아름다우면서도 속에는 힘차고 굳셈이 있으셨다. 후학을 깨우치거나 도와줄 때는 정성스럽고 간절하게 가르치고 인도하셨다. 時林도 어렸을 때 일찍이 문하에서 배운 적이 있는데, 그때를 추억해 보면 어제의 일과 같은데 끝까지 배우지 못해서 한탄스럽다.[21]

18) 鄭時林 著, 『國譯 月波集』, 李栢淳 譯, 寶城郡, 寶城鄕校, 1998, 756쪽 참조.

19) 법화마을은 桐巢山 아래 法華寺가 있었는데, 그 주의에 마을이 형성되면서 절 이름을 빌려서 만들어진 마을로 淳昌趙氏·坡州廉氏·珍原朴氏가 살았다.

20) 鄭時林, 『月波集』 권13, 「行狀」, 〈梅菊堂先生廉公行狀〉, 2b~3a 참조. 국사를 돕고 왕업을 빛낸 梅軒 廉悌臣과 菊坡 廉國寶(?~1388)를 사모하는 효심 때문에 堂을 '梅菊'으로 하였다.

21) 鄭時林, 『月波集』 권13, 「行狀」, 〈梅菊堂先生廉公行狀〉, 2b.

매국당은 시율(詩律)과 필법(筆法)이 뛰어났기 때문에 월파 또한 이것에 영향을 받았을 것이다. 그리고 매국당은 월파를 비롯한 함께 공부하는 여러 제자에게 "책을 읽는다는 것은 단지 외워서 말하는 데 있는 것이 아니라, 반드시 사물의 이치를 깊이 연구해야 하며, 더 나아가 단지 사물의 이치를 깊이 연구하는 데 있는 것이 아니라 반드시 그것을 실천해야 한다."[22]라고 하여 지행합일과 실천궁행(實踐躬行)을 강조했다. 이때 월파는 가난함 속에서도 어떻게 살 것인가에 대해 자신의 뜻과 학문하는 태도를 정립했던 것 같다. 월파와 매국당의 생몰연대로 미루어보면, 월파가 매국당에게 글을 배운 기간은 1년 정도밖에 되지 않으며, 다른 사승 관계에 대한 기록이 없다. 그래서 매국당 사후에는 아버지가 마을 사람들과 계(契)를 맺어 샀던 경사(經史)와 제자서(諸子書)를 중심으로 20여 년 동안 독학한 것으로 보인다. 22세(1860) 때에 부친상을 당했는데 가난한 가운데에도 상례와 제례를 다 갖추었으며, 새로운 물건을 얻으면 반드시 사당에 올리고 나서 어머니에게 바쳤다. 월파는 어려운 삶에서도 부모에 대한 효심과 청렴이 지극하여 훗날 천거의 제안을 받을 정도였다.[23]

▪ 노사 기정진을 만남

그렇다면 보성에 살았던 월파는 어떻게 스승 노사를 만나게 되었을까? 그 만남에는 족제(族弟)인 정의림(鄭義林, 1845~1910)의

22) 鄭時林, 『月波集』 권13, 「行狀」, 〈梅菊堂先生廉公行狀〉, 1b.
23) 鄭時林 著, 『國譯 月波集』, 李栢淳 譯, 寶城郡, 寶城鄉校, 1998, 754쪽 참조.

역할이 있었다. 정의림은 1864년(20세)에 노사를 만나 16년을 수학했고, 월파는 4년 뒤 1868년(30세)에 노사를 만나 12년을 배웠다. 월파는 그 만남을 다음과 같이 기록했다.

> 옛날 우리 두 사람이 戊辰年 正初에 함께 下沙에서 노사를 찾아뵙고 그때부터 서로 함께 출입하며, 함께 가기도 하고 함께 가지 않기도 했다. 그런데 타고난 자질이 같지 못하여 한 사람은 부지런하고 한 사람은 게을러 그대는 玉이 되고 나는 돌이 되었다.[24)]

정의림은 월파와 스승 노사를 연결해 주는 중요한 가교 역할을 했다. 즉 노사에게 먼저 수학했던 정의림은 학문에 열정이 있는 월파를 스승에게 소개했다. 그 후 월파는 스승 노사를 찾아갈 때마다 능주에 있는 정의림을 만났다. 그 이유는 정의림이 족제일 뿐만 아니라, 거리상 보성과 장성(長城)의 중간 지점이 능주(綾州)이기 때문일 것이다. 두 사람의 『문집』에 주고받은 편지가 모두 3통뿐이라는 점을 고려해 보면, 두 사람은 능주와 보성에 살면서 편지보다는 직접 왕래하면서 스승에게 소식 전하고 학문을 공유했을 것이다.

노사 선생을 처음 만났을 때 가까운 옆자리를 내어주었고, 돌아올 때 '무실(務實)'이라는 두 글자를 크게 써서 주었다. '무실'이라는 두 글자는 율곡이 말하는 "실(實)에 힘쓰는 것이 자기를 닦는 핵심[務實爲修己之要]"[25)]이라는 말에서 확인된다. '실(實)'의 의

---

24) 鄭時林, 『月波集』 권10, 「祭文」, 〈祭族弟季方(時林)文〉, 13a～14a. "昔我二人在戊辰年正初同與拜謁先師于下沙自玆以後相與出入, 或同或否. 顧此資稟相殊一勤一惰君玉我石."

미는 성실(誠實)함을 힘써 행하는 것으로 진실무망(眞實无妄) 하는 것이며, 또한 실제에 힘쓰면서 자신을 속이지 않는 것이다. 그래서 월파는 이것을 평생 자기 삶의 기준으로 삼았다. 월파는 "'무실'이라는 큰 글자로 가르치고 인도해주심이 정성스러우니 진실로 띠에 써야겠습니다."[26]라고 했고, "'무실'이라는 큰 글자와 편지로 가르쳐주신 말씀을 감당하지 못할까 두려울 뿐이지 애써 일러주신 뜻을 감히 잊겠습니까?"[27]라고 했다. 그래서 월파는 무실을 바탕으로 거경(居敬)·궁리(窮理)·실천을 학문하는 요체로 삼았는데, 이 세 가지는 주자가 평생 공부하는 방도이다. 수학하는 과정에서 스승 노사는 "무실을 이처럼 긴요하게 하는 것이 참으로 좋지만, 다시 의리로써 적셔 마음속을 넓힌다면 이것이 곧 수레의 두 바퀴와 새의 두 날개가 함께 나아가 법도이다."[28]라고 하여 무실에 의리를 병행할 것을 주문했다. 즉 이것은 실질적인 것을 힘쓰면서도 의리적인 것을 겸해야 함을 강조한 것이다.

월파가 스승 노사를 만난 것은 가뭄에 단비를 만난 것처럼 사유의 세계를 열어 놓았다. 그것은 노사를 만나기 전 독학하면서 생겼던 많은 의문점을 해결할 수 있는 계기를 마련했기 때문이다. 그래서 월파는 노사 선생을 만난 그 해부터 많은 경학과 성

---

25) 李珥, 『栗谷全書』 권15, 「雜著」, 〈東湖問答〉, 17b～20a 참조.

26) 鄭時林, 『月波集』 권2, 「書」, 〈上蘆沙先生書〉, 1a. "務實大字, 教誨諄諄, 固當書紳."

27) 鄭時林, 『月波集』 권10, 「祭文」, 〈祭蘆沙先生文〉, 11a. "務實大字書尺教條, 惟恐不堪敢忘勤義?"

28) 奇正鎭, 『蘆沙集』 권11, 「書」, 〈答鄭伯彦(庚午二月)〉, 1b～2a. "務實如此, 喫緊固善, 而更須以義理浸灌, 使胸次開廣, 此便是輪翼兩進法."

리학에 관한 질문을 던지기 시작했다.[29] 『노사집』에는 월파에게 보낸 답장이 여덟 통 있는데, 네 통은 월파의 질문에 대한 대답 형식이다. 노사 선생은 이러한 질문에 대해 “말과 뜻이 지극히 자세하고 시원하게 통하니 어찌 대면하여 토론하는 것보다 못하겠는가?”[30]라고 했다. 또한, 스승에게 직접 가서 질정하면 스승이 칭찬하고 기대하면서 ‘신고(辛苦)를 견디고 본분의 일을 잊지 않으니 남아의 사업이라고 할 수 있다’라고 하고, ‘널리 사우를 사귀고 향당에 본보기가 되어라’고 했다.[31] 이러한 만남의 과정에서 더욱 중요한 것은 경학 중심의 학문에서 스승의 리 중심의 성리학 체계를 이해할 수 있는 계기가 되었다는 점이다. 제자인 이교천(李敎川, 1882～1931)은 “물러 나와 학문을 강론하고 예를 익혀 선비들의 기풍이 크게 변했고, 우리 고향[보성]의 학자들이 성리학에 대한 담론을 들을 수 있었던 것은 실제로 우리 공의 힘이다.”[32]라고 평가했다. 월파는 노사의 만남을 통해 보성지역에 성리학을 전파하는 역할을 했을 뿐만 아니라, 당시에 노사를 비롯한 여러 사우와 교유하는 환경을 마련했다.

29) 『蘆沙集』에는 「答問類編」에 79번의 문답이 실려 있고, 『月波集』에는 「師門質疑」에 39번의 문답이 수록되어 있다.

30) 奇正鎭, 『蘆沙集』 권11, 「書」, 〈答鄭伯彦(庚午二月)〉, 1b. “辭意極其綢繆, 其爲慰豁, 何減對討也?”

31) 鄭時林 著, 『國譯 月波集』, 李栢淳 譯, 寶城郡, 寶城鄕校, 1998, 754쪽 참조.

32) 鄭時林, 『月波續集』, 「月波集答問編跋」, 1b. “退而講學, 習禮士風丕變, 吾鄕之學者, 得聞性理之談者, 實我公之力也.”

■ 사문의 계승자들

노사 선생과의 만남은 학문에 대한 지적 갈망을 해소하는 계기가 되었을 뿐만 아니라, 전국적인 인적 관계망을 형성하는 발판이 되었다. 월파는 민주현(閔胄顯), 김평묵(金平默), 유중교(柳重敎), 조성가, 김록휴(金祿休), 김석구, 최익현, 송병선, 최숙민, 김한섭(金漢燮), 정재규, 정의림, 기우만 등 당시 기호학파 지식인들과 교유했다. 월파는 지리산 화엄사에서 영·호남의 학술대회에 속하는 「종산강회」를 마치고 삼산(三山)으로 가는 친구 염경안(廉敬安)에게 다음과 같이 말했다.

> 나를 종유하는 사람을 만나면 반드시 내가 일찍 뵈었던 현인과 군자를 들어서 말해주기를 '우리 동방에 사는 사람은 면암 최익현을 뵙지 않으면 안 된다'라고 했고, 영남의 도에 가까이 있는 사람은 '애산 정재규를 친근히 하지 않으면 안 된다'라고 했으며, 본도에 사는 사람은 '송사 기우만에게 배우지 않으면 안 된다'라고 했다. …… 나는 말하노니 敬安이여! 큰 바다에 떠 있는 사람이 북두성을 쳐다보면 방향을 따라 운행하는 길은 틀리지 않는다고 하니, 면암을 보고, 애산을 친근히 하고, 송사를 배운다면 그 배우는 사람이 북두성을 본 것이 아니겠는가?[33)]

월파는 노사를 중심으로 형성된 기호학파 지식인들과 교유했

33) 鄭時林, 『月波集』 권7, 「序」, 〈送廉敬安往三山序〉, 8b～9a. "見從我遊者, 必擧吾所嘗承接之賢人君子語之曰: 生吾東者不可不見崔勉庵, 隣嶺省者不可親鄭艾山, 居本省者不可不學奇松沙云云…余曰: 敬安乎! 浮大海者見北斗, 則隨方運柁之路, 不差, 見勉庵親艾山學松沙, 則其非學者之見北斗乎?"

는데, 특히 최익현, 정재규, 기우만을 본받고 배워야 한다고 강조했다. 그는 이 세 분을 학문하는 사람들의 길잡이가 될 북두성과 같은 존재로 보았다. 그렇다면 월파는 그 세 분을 구체적으로 어떻게 평가하는가? 면암에 대해 「제문」에서 다음과 같이 말했다.

> 천지의 正氣이며, 춘추의 大義요, 천고의 綱常이며, 사해의 星斗요, 성현의 학문이며, 호걸의 자질입니다. 정도를 붙잡고 사악함을 배척하며, 중화를 높이고 오랑캐를 물리치니 여귀가 된 張中丞이요, 죽기까지 힘을 다한 諸葛孔明입니다. 귀신도 옆에서 질정하고 초목도 이름을 압니다. 늠름하고 의젓한 霜雪이요, 역사책을 빛낼 것입니다. 나라에 태사가 있어 영원토록 천억 년까지 전할 것입니다.[34]

월파는 당시 나라가 무너져가는 상황에 학문과 사상 및 삶의 방향을 인도할 수 있는 중심적인 인물을 면암 최익현으로 보고서 "큰 이름은 북두의 별처럼 우러르니, 화서의 정맥으로 도덕이 높습니다."[35]라고 했다. 그는 우리나라에서 공부하는 선비라면 반드시 면암을 만나서 그의 사유방식과 실천정신을 본받아 세상의 변화에 적극적으로 참여해야 한다고 생각했다. 이러한 월파의 생각은 바로 구한말 노사학파와 화서학파가 바름을 붙잡고 사악함을 배척하는 위정척사로 결합한 결과로부터 나온 것이다. 그래서

34) 鄭時林, 『月波集』 10권, 「祭文」, 〈祭勉庵崔尙書文〉, 12a. "天地正氣, 春秋大義, 千古綱常, 四海星斗. 聖賢之學, 豪傑之資, 扶正斥邪, 尊華攘夷. 爲厲中丞, 盡瘁孔明, 鬼神質傍, 草木知名, 凜熱霜雪, 丹青竹帛, 國有太史, 永垂千臆."

35) 鄭時林, 『月波集』 권1, 「詩」, 〈呈勉庵崔尙書(益鉉)〉, 1b. "大名北斗星辰仰, 正脉華西道德高."

월파는 나라가 망하고 일제가 돈을 내려 준 것에 대항하면서 "공자는 '반드시 이름을 바르게 해야 한다. 이름이 바르지 않으면 말이 순조롭지 않다'고 했는데, 내가 (일본이) 주는 돈을 받으면 이름이 바르다고 하겠는가? 말이 순조롭다고 하겠는가? 이 돈을 주려는 번거로움을 중지하고 이 한 가닥의 목숨을 끊어가라."36)고 일본헌병소에 편지를 보내 울분을 토했다. 또 월파는 영남지역에서 학문하는 사람이라면 노백헌 정재규와 친근히 지내야 하는 이유를 다음과 같이 말했다.

> 스승의 「납량사의」와 「외필」에 대해 간재 전우가 기록한 변설을 당신이 이미 혈기를 부리지 않고 낯빛을 변하지도 않으면서 조용히 음미하여 깊이 생각하고, 세밀히 살펴 정밀하게 연구하며, 충분히 헤아려 논란의 여지가 없고, 보는 사람이 밝게 알아 의심할 곳이 없으니 이는 우리의 도를 지킨 것이요, 어둡게 하고 남에게 자랑하거나 내보이려는 폐단이 없으니 올바름을 붙잡은 공이 큽니다.37)

월파는 당시 「납량사의」와 「외필」을 보았던 제자들뿐만 아니라 주변의 학자들이 반론하던 상황38)에서 정재규가 「납량사의기의변(納凉私議記疑辨)」과 「변외필변(猥筆辨辨)」을 저술하여 스승

36) 鄭時林, 『月波集』 권3, 「書」, 「抵日憲兵所」, 29b. "孔子曰: '必也正名乎. 名不正則言不順.' 時林之受賜金, 名其正乎? 言其順乎? 停此賜金之煩, 斷此一縷之命."

37) 鄭時林, 『月波集』 권2, 「書」, 〈與鄭厚允〉, 6a. "師門納猥之爲田錄辨說者, 兄旣不作於氣, 不動於色, 潛玩而深思, 細察而精究, 爛商無餘, 使見之者昭然見得, 而無所疑, 則其衛吾道, 無眩鬻之蔽, 其於扶正之功大矣."

38) 權鳳熙의 『猥筆略辨』과 田愚 艮齋의 「納凉私議疑目」·「猥筆辨」 등이 있다.

의 주장을 섬세하게 밝혔다는 점에서 학문적 역량을 높이 평가했다. 그래서 월파는 학문적 역량이 뛰어난 정재규를 중심으로 영남지역에서 스승 노사의 학문을 공유해야 함을 강조했다. 그리고 월파는 정재규와 관계를 "내가 그대와 본관은 비록 다르지만 성이 같고, 정진한 학업은 비록 얕지만 사문이 같고, 얻은 소견은 비록 부족하지만 도가 같습니다. 성이 같고 사문이 같고 도가 같으니 행운이 이보다 더할 수 있겠습니까?"[39]라고 표현했다. 월파는 사우들 가운데 정재규의 학문적 위상을 가장 높이 평가하면서, 의문 생길 때마다 그와 많은 문답을 나누었다. 또 그는 호남에서 가서 배워야 할 대표적인 인물을 송사 기우만으로 보았다.

> 사문을 누가 붙잡으며 세상의 도를 누가 유지합니까? 갈 길을 모르는 선비들이 가르침을 청하러 어디로 가야 합니까? 다행히 賢孫이 있어 德音이 드러나니 師門이 비지 않아 한없이 이어질 것입니다.[40]

월파는 호남에서 스승의 뒤를 직접 이어받을 제자를 손자인 송사 기우만으로 보고서 반드시 그에게 배워야 함을 강조했다. 즉 그는 노사학파 학맥을 전수할 수 있는 제자가 송사 기우만이라고 여겨 "천명입니다. 이러한 불행을 만났으니 어찌하겠습니까? 가

39) 鄭時林, 『月波集』 권7, 「序」, 〈竹樹旅邸送艾山鄭厚允序〉, 2a. "吾於大兄所貫之鄕雖異, 而得姓則同, 所進之業雖淺, 而師門則同, 所得之見雖劣, 而爲道則同. 同姓也, 同門也, 同道也, 其爲幸也 孰加焉?"

40) 鄭時林, 『月波集』 권10, 「祭文」, 〈祭蘆沙先生文〉, 11a~b. "斯文誰扶, 世道孰持? 倀倀逢掖, 就正安之? 奉有賢抱,德音休影, 門墻不空, 嗣續無疆."

만히 생각건대 노형은 높은 의로운 명성으로 온 세상 사람들이 공경하여 우러러보니 진실로 시대의 소망과 합치합니다."[41]라고 말했다. 송사 기우만은 또한 월파를 다음과 같이 평가했다.

> 타고난 재질이 총명하고 빼어나 스스로 경전을 스승으로 삼아 얻은 것이 있었는데, (노사 선생의) 문하에 들어와서 질정하니 칭찬과 인정을 받은 것이 매우 많았습니다. 그 식견이 정밀하고 밝으며, 문장이 크게 전파되어 우뚝 선진이 되었고, 노백헌과 일신재 등 여러 학자와 함께 이름을 나란히 하면서 서로 좋게 지냈으며, 실질적인 것을 힘쓰고 가르침을 받아 만족스럽게 돌아갔습니다.[42]

월파는 어려서부터 경전을 스승으로 삼아 독학했는데, 노사 선생을 만나자 그동안 의문이 되었던 많은 것을 질문하면서 同姓인 정재규와 정의림을 비롯한 여러 학자와 교유했다. 그는 스승에게 경전의 내용을 물어보면서 자신의 학문을 구축했고, 그 결과가 「법화문답」이다. 월파는 「법화문답」을 스승에게 보이고 싶었지만, 天命이 허락하지 않았다. 그래서 그는 실질적인 것에 힘쓰는 '務實'의 가르침을 받아 고향에서 후학 양성에 힘썼다.

---

41) 鄭時林, 『月波續集』 권1, 「書」, 〈與奇松沙〉, 8a. "天也. 遭此不辰謂之何哉? 竊惟老兄崢嶸義聲, 擧世欽仰, 實協時望."

42) 奇宇萬, 『松沙集』 권16, 「序」, 〈月波集序〉, 1a. "天賦聰穎, 自得於經師, 及門就正, 許可藉甚. 蓋其見識精明, 文辭斐蔚, 菀然爲先進, 而與老柏·日新諸公, 齊名相善, 務實受訓, 充然而歸."

■ 후학 양성

『노사선생연원록』의 기록에 의하면, 보성 출신 노사 제자는 월파를 포함하여 4명[43]이고, 월파의 제자는 모두 16명[44]이다. 『월파집』에 등장하는 주요 문인은 염재업(廉在業), 염재신(廉在愼), 양회락, 염택수(廉宅洙), 송기만(宋祺萬), 이상춘(李相春), 이교천(李敎川), 문경호(文暻鎬) 등이 있는데, 『노사선생연원록』에는 빠져 있다. 『월파집』과 『월파속집』의 편지 및 제자들과 문답을 나누었던 「답문편(答問編)」과 「강습재강록편(講習齋講錄編)」에 기록된 제자들은 대략 110여 명이다. 제자들의 편지 가운데 일부는 안부에 대한 편지이지만, 대부분 경전의 내용에 대한 문답 형식[45]으로 되어있다.

월파는 "시·서·예·악은 천 년 동안의 토대요, 공·맹·정·주는 백 세의 스승이다."[46]라고 자신의 학문 기본방향을 설정했다. 제자들과 문답은 도학의 맥을 잇는 『소학』·『근사록』과 사서삼경 비롯한 성리설에 대한 것인데, 그중에 대부분은 사서가 중심이다. 특히 월파는 "경전과 역사서를 읽되 『대학』과 『중용』을 항상 외었고, 여러 책을 두루 보지만 『주자서』을 항상 보았다."[47]라고

43) 月波 鄭時林, 松村 李台容, 日峯 李敎文, 奇峯 金箕勳.

44) 春軒 朴鎔鎭, 白庵 李弘根, 月軒, 全泰馨, 雲南 朴重圭, 錦北 丁炳龜, 雲坡 文鶴烈, 存庵 金性圭, 藤庵 金錫圭, 溪南 金仁圭, 月堂 文丞周, 新齋 宣珍圭, 陽川 朴在柱, 龜岡 宋柱洪, 勤齋 金容圭, 竹坡 宋柱采, 鰲峰 朴玄圭.

45) 문답의 형식의 자료는 다음과 같다. 스승과 문답한 것은 「答問類篇」과 「師門質疑」가 있고, 동학과 문답한 것은 金錫龜의 「知舊問答」이 있으며, 자문자답한 것은 「法化問答」이 있고, 제자와 문답한 것은 「答問篇」과 「講習齋講錄篇」이 있다.

46) 鄭時林, 『月波集』 권1, 「詩」, 〈校宮講諸生〉, 3a. "詩書禮樂千年地, 孔孟程朱百世師."

했다. 그는 사서 중에서도 『대학』과 『중용』을 중시하여 『대학차록(大學箚錄)』과 『중용차록(中庸箚錄)』을 지었다.

> (월파가 물었다.) 天命은 중용의 父母요, 性은 중용의 體質이요, 道는 중용의 名號요, 戒愼恐懼는 중용의 血絡命脈이요, 中和는 중용의 德行이요, 智仁勇은 중용의 元氣요, 費隱은 중용의 精神魂魄이요, 誠은 중용의 筋骨臟腑입니까? (노사가 대답했다.) 대체로 근사하다. 만약 공부하지 않았다면 여기에 이르기 쉽지 않았을 것이다.[48]

월파는 『중용』에 등장하는 중요한 개념을 사람의 정신과 신체에 비유하여 물었는데, 스승 노사는 월파의 『중용』에 대한 이해를 끊임없는 공부의 결과로 보았다. 즉 월파의 학문적 태도는 단순한 내용을 파악하는 측면을 넘어서 실질적인 것에 대비시켜 전체적으로 이해하는 방식이다. 월파는 주자의 관점에서 『대학』과 『중용』을 공부하여 자신의 학문과 삶의 태도를 일치시켰고, 또한 후학 양성에 힘썼다.

> (월파는) 당시의 여러 현인 松沙·老栢·日新이 모두 동문으로 도에서 교분을 나누었다. 날마다 道學을 갈고닦았고, 理氣와 性質의 나누어짐, 五常과 七情의 근원을 깊이 연구했다. 여러 학생이 구름처럼 모

47) 鄭時林 著, 『國譯 月波集』, 李栢淳 譯, 寶城郡, 寶城鄕校, 1998, 754쪽. "輪流經史, 而以庸學爲恒誦, 博覽羣書, 而以朱書爲常目."

48) 鄭時林, 『月波集』, 「雜著」, 〈師門質疑〉, 24b. "天命中庸之父母也, 性是中庸體質也, 道是中庸名號也, 戒愼恐懼中庸之血絡命脉也, 中和中庸之德行也, 智仁勇中庸之元氣也, 費隱中庸之精神魂魄也, 誠是中庸之筋骨臟腑也, 大槩近之, 若非用工未易說得到此."

> 여 덕행을 살피고 학업을 물으면 정성스럽게 지도하고 이끌어주었으며, 각자 힘쓰고 젖어들어 변화하고 성취하였다.[49]

월파는 스승을 비롯한 기우만·정재규·정의림 등의 동학들과 학문적 교분을 쌓아 성리학의 핵심 이론들을 많은 제자에 가르쳤다. 월파는 형편상 한곳에 머물지 못하고 여러 곳을 돌아다니면서 강학 활동을 했는데, 배우는 자들이 계를 만들어 1893년에 보성 문덕면 동산리 법화마을 동소산(棟巢山) 아래 강습재를 지어 학문 활동을 하면서 더욱더 많은 제자를 배출했다. 이때 월파는 정재규에게 강습재 기문[50]을 부탁했다.

> 齋를 명명한 뜻은 兌卦에서 취했다. 兌는 기뻐함이다. 천하에 기뻐할 만한 일이 붕우들과 강습하는 것만 같은 것이 있겠는가? 강습은 서로를 유익하게 하니 두 연못이 붙어 서로 적셔주는 상이 있다. 상을 보고 헤아려보니 강연하고 익히는 것이 또한 기쁘지 않겠는가? 그러나 태괘의 道는 바름이 이로우니 바르면 화합으로 기뻐하고 믿음으로 기뻐하여 후회가 없을 것이다. 바름으로 기뻐하지 않아 사사로움에 치우치면 (도리를 잃고) 와서 기뻐하는 흉함이 되니 점을 칠 필요도 없이 판단할 수 있다. 이 齋에서 강습하는 자들이 어찌 한결같

49) 鄭時林, 『月波續集』, 「月波集答問篇跋」, 1a. "當時諸賢松沙老栢日新, 皆同門道契也, 日常講磨道學, 而深究理氣性質之分·五常七情之原. 至若諸子雲集考德問業, 諄諄然指導誘掖, 各自勉勵沈漬化則成."

50) 송사 기우만은 「題講習齋石刻後」라는 「跋」을 썼으며, 면암 최익현이 「講習序」를 지었다. 월파는 "「강습서」는 말씀이 높고 밝으며 뜻이 세밀하여서 보는 사람들이 베껴서 외우니 교화하고 감동하는 속도가 이와 같음에 이르렀습니다.[講習序, 辭高明而義縝密, 故見者無不謄誦, 其鼓化感動之速, 至於如此.]"라고 최익현에게 편지를 보냈는데 『勉菴集』에는 존재하지 않는다.

이 바름으로 힘쓰지 않겠는가?[51)]

정재규는 강습재라는 이름을 『주역』 태괘(兌卦) 「상전(象傳)」을 바탕으로 지었다. '강습'이라는 말은 강연하고 익힌다는 뜻으로 태괘의 위와 아래가 서로 기뻐하는 모습을 상징한다. 이것은 『논어』의 "배워서 때에 맞게 익히면 또한 기쁘지 아니한가?"라는 의미이다. 또한, 강습하는 것은 서로에게 도움을 주어 기쁜 일이지만, 중요한 것은 바름[貞]이 바탕이 되어야 한다. 바르면 태괘 초효와 2효처럼 서로 조화로써 기뻐하고 신뢰로써 기뻐하여 좋은 결과가 생기고 후회가 없다. 그런데 바르지 않음으로써 기뻐하면 태괘 3효처럼 사사로움에 빠져서 나쁜 결과를 초래한다. 즉 강습하는 것은 서로에게 좋은 것이지만 태괘의 괘사처럼 기뻐함은 반드시 바름이 전제되어야 이롭다. 월파는 이처럼 강습재를 중심으로 후학 양성과 지역사회 교화에 힘썼다.

이상에서 볼 때 월파는 노사를 비롯한 여러 사우와 교유관계를 형성하면서 스승의 주리적 성리학 이론을 공유했으며, 그것을 바탕으로 기호학파 내부의 학술 논쟁에 참여하여 내우외환의 시대 상황을 인식하는 이론적 근거를 구축했다. 즉 그는 교유관계를 통해서 노사의 이론을 신뢰했고, 내부적 갈등을 해소하기 위해 적극적으로 대응하면서 스승의 학문을 후학에게 계승하는

51) 鄭載圭, 『老柏軒集』 권34, 「記」, 〈講習齋記〉, 8a. "名齋之義蓋取諸兌. 兌說也. 天下之可說, 孰如朋友講習. 講習相益, 有麗澤互滋之象. 觀象擬議, 講而習之, 不亦說乎? 然兌之道利於貞, 貞則所謂和兌也, 孚兌也, 吉且悔亡. 不以貞而說, 以偏私則來兌之凶, 不待揲扐而可決. 凡講習於是齋者. 盍一於貞勉勉哉?"

데 앞장섰다. 그렇다면 월파가 이해하는 주리적 사유체계는 무엇인가?

주리적 사유체계

■ 부득불연(不得不然)의 묘(妙)로써 리(理)

월파는 주자처럼 太極의 개념을 성리학적 입장에서 만물을 존재하게 하는 소이연의 理로 보았다. 그런데 그는 세계의 근원을 설명할 때 理라는 글자 하나만 있어도 충분한데 왜 태극이라는 두 글자를 썼는지에 대해 다음과 같이 설명했다.

> 理라는 한 글자는 개념이 매우 많아서 진실로 열거하여 모두 헤아리거나 낱낱이 지적할 수 없다. 太極이라고 말할 경우, 다시 더할 수 없는 것을 太라 하고 지극히 다하여 남음이 없는 것을 極이라 하니 이 두 글자는 바로 道理가 더할 나위 없는 지극한 명칭이다. 만약 理라는 글자 하나만 말하여 이론을 세운다면 대수롭지 않은 말이 되어버릴 것이다. 성인이 비로소 두 글자를 세워 만세에 열어 보이신 것이니 조화의 오묘함이고, 명칭과 이치의 뿌리이다.[52]

이것은 북송시대 주돈이(周敦頤, 1017~1073)가 세계의 근원을

52) 鄭時林, 『月波集』 권4, 「雜著」, 〈法化問答〉, 8b~9a. "理一字名目甚多, 固不可校擧悉數, 指的件件. 若夫太極說稱, 無可更加之謂太, 至盡無餘之謂極. 此二字乃道理之無加至極名稱. 若只說單理字立論, 則猶爲歇后語言. 聖人所以刱立二字, 開示萬世, 造化要妙, 名理根柢."

리라고 표현하지 않고 태극이라는 개념을 사용한 이유를 밝힌 것이다. '리'라는 한 글자는 개념이 너무 많아서 하나하나 지적할 수 없지만, 태극은 다시 더할 수 없고 지극히 다하여 남음이 없어서 도리가 지극한 명칭이다. 그래서 월파는 태극과 리를 구분하여 태극으로부터 리의 근거를 세우고, 리의 다양한 명칭을 다음과 같이 열거했다.

> 이치가 지극한 것을 太極이라 하고, 이치가 유행하는 것을 道라 합니다. 이치가 진실한 것을 誠이라 하고, 이치가 자연스러운 것을 善이라 합니다. 이치가 정해져 있는 것을 命이라 하고, 이치가 물에 있는 것을 性이라 합니다. 이치를 실제로 얻은 것을 德이라 하고, 이치가 합당한 것을 善이라 합니다. 이치를 헤아릴 수 없음을 神이라 하고, 이치에 과불급이 없는 것을 中이라 합니다. 이치가 열리고 닫히는 것을 易이라 하고, 이치의 낳고 낳음을 仁이라 합니다. 이치의 개념이 비록 많지만 여러 가지 말을 합해서 보면 의미에 맥락이 있음을 말할 수 있을 듯합니다.[53)]

월파는 유가 경전의 중요한 개념인 태극·도·성(誠)·선·명·성·덕·신·중·역·인을 통해서 리 개념의 의미를 밝혔다. 또한, 이러한 개념들은 성리학의 이론체계를 구성하는 필수적인 요소인데, 월파는 그 개념들을 리 중심으로 이해했다. 월파는 하나의 개념

53) 鄭時林, 『月波續集』 권1, 「書」, 〈上蘆沙奇先生別紙〉, 5a. "理之至極者曰太極, 理之流行者曰道. 理之眞實者曰誠, 理之自然者曰善. 理之有定者曰命, 理之在物者曰性. 理之實得者曰德, 理之恰好者曰善. 理之不測者曰神, 理之無過不及者曰中. 理之開闔者曰易, 理之生生者曰仁. 理之名目雖多, 而合衆說而觀之, 則似有旨意之有脉絡可言處."

을 이해할 때 경전의 전체적인 맥락에서 상호 연관성을 탐구했는데, 이는 리에는 많은 개념이 있지만, 하로 볼 수 있는 맥락이 있다는 것이다. 그는 이러한 리의 존재를 본원과 유행의 측면으로 나누어 설명했다.

> 理는 하나일 뿐이지만, 본원의 측면에서 말할 수가 있고 유행의 측면에서 말할 수가 있다. 본원의 體는 하나이지만 유행의 用은 만 가지로 다르다. 리의 본원은 눈으로 볼 수도 없고 손으로 만질 수도 없지만, 기가 유행하는 곳에 리 또한 기를 타고 유행한다. 그러므로 그 유행하는 이면에 나아가 가만히 살펴보면 리가 되는 까닭을 이해할 수 있고, 그 유행하는 리을 알게 되면 리의 原頭와 一本이 통합된 곳도 명료하게 이해할 수 있다.[54)]

이것은 이일분수(理一分殊)의 관점에서 본원의 리는 하나이지만, 유행하는 리는 만 가지로 다르다는 것이다. 리의 본원은 감각적으로 인식할 수 없지만, 기가 유행할 때 리 또한 기를 타고 유행한다. 이것은 다양하게 유행하고 있는 현상세계를 탐구함으로써 그 내재하고 있는 본원의 리를 인식할 수 있다는 것이다. 그래서 월파는 이기불상리(理氣不相離)의 관점에서 리와 기의 관계를 설명했다.

---

54) 鄭時林, 『月波集』 권6, 「雜著」, 〈開說〉, 8b. "理一而已矣, 而有以本原上言之者, 有以流行上言之者. 本原之體, 則一也, 而流行之用, 則有萬不同也. 理之本原, 則不可以目擊, 不可以手模, 而氣之流行處理亦乘氣流行, 故就其流行之裡面而黙會, 則其所以爲理者, 亦可得以領會矣, 知其流行之裡則理之原頭, 一本一本統會處亦可得以瞭然矣."

> 리는 모든 사물이 그렇게 존재하지 않을 수 없는 妙이다. 크고 많다고 해서 남음이 있는 것도 아니고, 적고 작다고 해서 부족함이 있는 것도 아니다. 기를 떠나서 허공에 매달려 홀로 있는 것이 아니다. 음양·오행·만사·만물 가운데 있으면서 음양·오행·만사·만물의 주재자가 된다. 리는 작용함이 없고 기는 작용함이 있다. 그러므로 모든 사물이 발현하는 것은 기가 아니면 발현할 수 없고, 리가 아니면 발현할 바가 없다. 그렇다면 리는 기 속에 있고, 기는 리 밖에서 있지 않다. 사물이 이처럼 존재하는 것은 기이며, 사물이 이처럼 존재하는 까닭은 리이다.[55]

리는 사물이 존재하게 하는 묘(妙)를 가지고 있는데 기를 떠나서 형이상학적으로 홀로 존재할 수 없다. 즉 리는 음양·오행·만사·만물에 가운데 존재하면서 그것을 주재한다. 월파는 전통 성리학의 측면에 '리는 작용함이 없고 기는 작용함이 있다'는 것과 '리가 아니면 발현할 바가 없고 기가 아니면 발현할 수 없다'는 율곡의 이기론을 그대로 수용했다. 즉 모든 사물이 존재하는 것은 기가 작용한 것이고, 그 사물이 존재하게 하는 까닭은 리이다. 그렇다면 리의 주재를 더욱 강조하는 월파는 현상세계에서 기가 리를 해치는 경우에 대해 어떻게 이해하는가?

> 리는 기를 주재하는 것이요, 기는 리를 싣는 것이다. 리가 비록 기를

55) 鄭時林, 『月波集』 권6, 「雜著」, 〈主理主氣說〉, 10a~b. "理者凡事物之不得不然之妙也. 非以大以多而有餘也, 非以小以寡而不足也. 非離氣而懸空獨立者也, 在陰陽五行萬事萬物之中, 而爲陰陽五行萬事萬物之主宰者也. 理無爲也, 氣有爲也. 故凡事物之發見者, 非氣不能發, 非理無所發, 則理在於氣之內, 而氣不在於理之外也. 事物之如此者氣也, 事物所以如此者理也."

> 주재하지만, 리는 하는 것이 없고 기는 하는 것이 있다. 그러므로 기가 혹 때에 따라 궤도를 따르지 않고 리가 기에 가려지면 리가 제재할 수 없다.……하지만 마치 어진 사람이 혹 소인에게 굴욕을 당했을지라도 결국에는 소인이 죄를 얻고 어진 사람이 칭송되는 것을 보면 리가 결국에 주재한다는 것을 알 수 있다. 인간의 어리석음과 불초함을 반드시 기의 죄로 돌려서는 안 될 것이다. 기의 국한성에는 본래 어리석음과 불초함의 다름이 있지만, 진실로 학문에 힘쓰고 독실하면 어리석어도 반드시 밝아지고 불초해도 반드시 현명해지는 것은 분명하다. 이것은 리가 주재하는 곳이 아니겠는가?[56]

이것은 월파가 현실에서 일어나는 일에 비유하여 리의 주재성을 설명한 것이다. 즉 월파는 군자가 소인에게 탄압을 당해도 나중에는 소인이 벌을 받고 군자가 칭송된다는 점에서 리의 주재성을 확인할 수 있다고 보았다, 또한 그는 어리석고 불초하더라도 학문에 힘쓰면 반드시 명철해지는 것도 리의 주재성 때문이라고 여겼다. 월파는 당시의 시대 상황에서 사람이라면 취해야 태도와 학문에 힘써야 할 이유를 리의 주재성에서 찾았다. 이러한 입장에서 월파는 주리와 주기(主氣)의 입장을 다음과 같이 구분했다.

> 사물이 그 道를 얻어 理에 합당한 것은 이 사물 가운데 나아가 氣가 없는 것은 아니지만, 본연의 리에 합당하기 때문에 리를 주로 삼은

56) 鄭時林, 『月波集』 권3, 「書」, 〈答申國範〉, 6a. "理主氣者也, 氣載理者也. 理雖主乎氣, 而理無爲也氣有爲也. 故氣或有時不循軌, 而理爲氣之所揜, 則理果不能宰制.……然而如賢者或見屈於小人, 而終見小人得罪, 賢者稱揚, 則可見乎理之終爲主宰也. 若人之愚者及不肖者, 不必歸罪乎氣也. 氣之所局, 固有愚不肖之殊, 而苟能勤篤學問, 則愚而必明, 不肖而爲賢也必矣. 此非理之主宰處乎."

것이다. 사물이 그 도를 잃어 리에 어긋난 것은 그 사물 가운데 리가 없는 것은 아니지만, 본연의 리에 어긋나기 때문에 기를 주로 삼은 것이다.57)

월파는 주리와 주기를 이기동정(理氣動靜)의 관점에서 구분한 것이 아니라, 도의 득실에 따라 본연의 리에 합당한지 아닌지로 구분했다. 이것은 주리와 주리의 판단 기준을 사람이 선을 실천하고 악을 저지르는 윤리적 가치의 문제와 연관시킨 것이다. 즉 주리의 측면에서 보면 사람이 선을 실천하는 것은 기가 본연의 이치에 합당하게 행한 것이고, 주기의 측면에서 보면 악을 저지르는 것은 본연의 이치가 기에 가려져 부당하게 행하는 것이다. 이처럼 성리학을 주리론적으로 이해했던 월파는 「외필상질설」에서 노사의 「외필」을 분석했다

■ 「외필」의 주리를 옹호하는 「외필상질설(猥筆相質說)」

노사의 「외필」은 조성가의 질문을 통해서 완성되었지만, 노사는 "80년 동안 애타게 생각을 마음에 품었으면서도 입을 열어 분명히 말하지 못했다."58)라고 회고했다. 스승 노사가 김석구·정재규·정의림에게 「외필」과 「납량사의」를 보여주자, 그들은 스승의

57) 鄭時林, 『月波集』 권6, 「雜著」, 〈主理主氣說〉, 10b～11a. "事物之得其道, 而合於理者, 就此事物之中, 不爲無氣, 而合於本然之理, 故可以理爲主也. 事物之失其道, 而違於理者, 就其事物之中, 不爲無理而, 違於本然之理, 故可以氣爲主也."

58) 奇正鎭, 『蘆沙集』 권16, 「雜著」, 〈猥筆〉 28a. "是以內抱耿耿八十年, 不敢發口明言."

주리적 성리학 체계를 신뢰했다. 특히 영남과 호남의 제자들은 구례 화엄사나 순천 송광사 등에서 만나 강연회를 열고 상호 유대관계를 강화면서 스승의 학문을 공유하고 계승할 것을 다짐했다. 월파가 썼던 「종산강회록서(鍾山講會錄序)」[59]에 그 뜻이 잘 드러나 있다.

> 도가 융성하고 덕이 높아서 땅이 실어주고 바다가 품어주는 것처럼, 철문의 열쇠를 한 손으로 열어 主氣의 학문을 물리치고 同異의 분쟁을 분별하여 우리의 도가 평온하게 바른길을 얻었으니 바로 하나의 나침판을 얻은 것이다. 아하! 태산이 무너지고 대들보가 꺾였으니 사문의 도가 땅에 떨어지지 않게 하는 것은 문인의 책무가 아니겠는가![60]

월파를 비롯한 제자들은 1891년 가을에 종산강회라는 학술대회를 열어 스승의 학문적 위상을 높이고 계승할 것을 다짐했다. 월파는 성리학의 주요 논쟁에서 노사의 학문적 역량을 주기의 학문을 물리치고 인물성동이론의 분쟁을 분별했다는 점을 강조했다. 이러한 강연회는 스승의 학문에 대한 이해뿐만 아니라 영남과 호남의 학문적 교류의 기반이 되었으며, 마침내 경상남도 산

---

59) 강회가 끝나고 헤어지면서 정재규는 그날 모인 사람들의 성명과 講錄說을 모아 한 권의 책자를 만들어 이름을 『鍾山講會錄』이라고 하고, 사람을 시켜 월파 정시림에게 서문을 짓도록 했다. 그런데 현재 정시림의 문집에 『종산강회록』 서문만 존재할 뿐이다.

60) 鄭時林, 『月波續集』 권1, 「序」, 〈鍾山講會錄序〉, 18b. "道隆德高, 地負海涵, 鐵門秘鑰, 隻手開釋, 闢主氣之學, 辨同異之分, 使吾道坦然得正, 便是一得指南. 普天之下, 東西南北無不得其正面. 嗚呼! 泰山頹矣, 梁木催矣, 師門之道, 得以不墮乎地, 非門人之責耶!"

청의 신안정사에서 『노사집』을 간행하는 계기[61]가 되었다고 볼 수 있다.

「외필」 논쟁의 실질적인 발단은 1901년 『노사집』 목판본을 간행할 때 영남지역 노론에 속하는 권봉희와 최동민 등이 『노사집』 훼판을 요구하면서 시작되었다. 그 이유는 「외필」의 영향으로 후학들이 『율곡전서』를 왜곡하여 보지 않을 것이라고 여겼기 때문이다. 그래서 권봉희는 「외필약변(猥筆略辨)」을 저술하여 "(「외필」) 가운데 한 곳도 율곡을 말한 곳이 없지만, 지목해서 배척한 것은 모두 율곡의 학설이다."[62]라고 하여 율곡의 학설과 어긋난다고 보았다. 그래서 그는 당시 학문적 실세인 송병선과 전우에게 『노사집』 간행을 막아달라고 편지를 보냈다. 이때 월파를 비롯한 제자들은 노사와 율곡의 이론이 서로 다르지 않다고 송병선에게 편지를 보냈는데, 송병선은 "지금 여기에 새겨 넣어 오래 전하고자 하는 것은 스승의 본래 뜻을 높이는 것이 아니고, 또한 여러분이 스승을 높이는 도가 아닌 것 같다."[63]라고 답장을 보내왔다. 송병선은 권봉희 등의 경상도 노론의 입장을 옹호하면서 「외

61) 신안정사는 安東 權氏와 星州 李氏가 합심하여 주자의 영정을 모셨고, 훗날 尤庵 宋時烈(1607~1689)을 배양한 곳이다. 신안정사에서 『노사집』을 간행한 것은 재정적인 문제도 있었겠지만 주자로부터 율곡, 우암, 노사로 이어지는 기호학파의 맥을 확립하기 위한 것이다. 그런데 1901년에 간행을 시작한 이유는 대원군의 서원철폐령으로 훼철되었다가 1901년에 신안정사 중건되었는데, 이것을 기념하여 『노사집』 간행을 추진한 것이라고도 볼 수 있다.

62) 權鳳熙, 『石梧集』 권4, 「雜著」, 〈猥筆略辯〉, 19a. "猥筆中無一處稱擧栗谷者, 而其所指斥則皆栗谷說也."

63) 宋秉璿, 『淵齋集』 권15, 「書」, 〈答蘆沙門生(趙性家·李奎永·崔琡民·鄭時林·鄭載圭·鄭義林·趙相夔)壬午八月〉, 20b~21a. "今此入鋟而壽傳者, 似非尊師門之本意也, 亦非僉座下尊師之道也."

필」을 『노사집』에 새겨 넣는 것에 대해 다시 한 번 고려할 것을 요청했다. 이러한 과정에서 「외필」에 대한 논란은 경상도에서 전라도·충청도로 확산했으며, 구한말 기호학파 내부의 학술 논쟁으로 발전하여 조선 성리학 여러 논쟁의 마지막을 장식했다.[64] 특히 간재 전우가 「납량사의」와 「외필」을 반박하자, 정재규와 정의림이 반박하는 글을 작성하면서 논쟁은 더욱 확대되었다.[65]

월파 또한 이러한 논쟁의 맥락 흐름 속에서 「외필상질설」을 저술했는데, 『월파속집』 권1에 실려 있다. 「외필상질설」은 어떤 대상과 논쟁하는 글이 아니라 「외필」에 대한 의문을 서로 대질(對質)하는 방식을 취하고 있다. 즉 손님[客]이 질문하고 월파가 대답하는 형식이다. 「외필상질설」은 1,270여 자의 12개 문답으로 이루어졌는데, 그 주요 내용은 「외필」을 논의할 때 대부분 언급하는 주리/주기와 기자이/비유사지(非有使之)가 중심이다. 월파는 전반적으로 율곡과 노사의 사유 방식을 옹호하면서 노사의 주리설이 율곡의 이론을 확장한 것으로 이해했다. 손님의 첫 질문과 월파의 대답은 다음과 같다.

손님이 물었다. "세상에서 간혹 율곡을 주기론자라고 말하는 경우가

64) 박학래, 「蘆沙 奇正鎭의 性理說을 둘러싼 기호학계의 논쟁-「猥筆」을 중심으로-」, 『민족문화연구』 48집, 고려대학교 민족문화연구원, 2008, 407~409쪽 참조; 김봉곤, 「蘆沙學說에 대한 淵齋學派의 批判」, 『한국사상사학』 33집, 사상사회연구소, 2009, 284~285쪽 참조.

65) 간재 전우(1902)가 『納凉私議』와 『猥筆』에 대해 반론하자, 노백헌 정재규(1903)는 「納凉私議記疑辨」과 「猥筆辨辨」을 작성하여 대항하고, 일신재 정의림(1904)은 「辨田愚所箸蘆沙先生納凉私議記疑」와 「辨田愚所著蘆沙先生猥筆辨」을 써서 논박했다.

있는데 믿을 만합니까?" 월파가 대답했다. "아니다. 그렇지 않다. 율곡은 주리론자이다."[66)]

성리학의 근본을 주리로 이해하는 월파는 손님의 질문에 대해 단호하게 율곡을 주리론자라고 말했다. 율곡을 주기론자라고 주장하는 대부분 사람은 '이무위(理無爲)'와 '기발이승일도(氣發理乘一途)'라는 이론적 근거를 바탕에 깔고 있다. 그런데 월파가 율곡을 주리론자라고 하는 구체적인 이유는 무엇인가?

편 머리의 「理一分殊賦」에서 "누가 그 기틀을 주관하는가? 오호라! 태극일 것이다"[67)]라고 했고, 우계에게 답장을 보내는 편지에서 "리는 기의 주재이다"[68)]라고 했으며, "리가 아니면 기에 근거할 곳이 없다"[69)]라고 했고, "발동하는 것은 기이고 발동하게 하는 까닭은 리이다"[70)]라고 했으며, "무형·무위하면서도 유형·유위의 주재자는 리이다"[71)]라고 했다. 이와 같은 종류는 수없이 많다.[72)]

월파는 『율곡전서』에 나오는 말들을 인용하여 율곡이 주리론

66) 鄭時林, 『月波續集』 권1, 「說」, 〈猥筆相質說〉, 4b. "客有問者曰, 世或有栗谷主氣爲言, 信乎. 曰否. 不然. 栗翁主理."
67) 李珥, 『栗谷全書』 권1, 「賦」, 〈理一分殊賦〉, 16a.
68) 李珥, 『栗谷全書』 권10, 「書二」, 〈答成浩原(壬申)〉, 2a.
69) 李珥, 『栗谷全書』 권10, 「書二」, 〈答成浩原(壬申)〉, 2a.
70) 李珥, 『栗谷全書』 권38, 「附錄六」, 〈前後辨誣章疏〉, 51b.
71) 李珥, 『栗谷全書』 권10, 「書二」, 〈答成浩原〉, 25b～26a.
72) 鄭時林, 『月波續集』 권1, 「說」, 〈猥筆相質說〉, 48a～b. "篇首理一分殊賦中, 執尸其機, 嗚呼太極. 與夫答牛溪書曰, 夫理者, 氣之主宰也. 又曰非理則氣無所根柢. 又曰發之者, 氣也, 所以發者, 理也. 又曰無形無爲而爲有形有爲之主者, 理也. 若此之類不一而足."

자임을 증명했다. 즉 기가 움직인 것은 리가 주재한 것이고, 리가 아니면 기가 근거할 곳이 없으며, 발동하는 것은 기이고 발동하게 하는 것은 리이다. 월파는 「외필」의 주된 의미도 모두 율곡의 이러한 뜻과 일치한다고 보았다. 그런데 율곡이 주리론자라면 왜 노사는 「외필」을 지었는가?

> 세상 사람들이 "그 기틀이 스스로 그러하여 시키는 것이 있지 않다"라는 말을 잘못 보고서 마침내 주기론자라고 말하기 때문에 「외필」을 저술하여 후학들이 잘못 보는 폐단을 구제하려 한 것이다.[73]

월파는 「외필」을 저술한 이유에 대해 후학들이 율곡을 주기론자로 잘못 이해하는 것을 구제하기 위한 것으로 보았다. 즉 평생 고민해서 지었던 「외필」은 기호학파 내부의 논쟁으로 확산했지만, 크게 보면 그 핵심은 율곡을 주기론자라고 보는 퇴계학파의 주장에 맞서기 위해 율곡학파가 반박하는 측면에서 탄생한 것이라고 볼 수 있다. 하지만 논쟁의 연결고리가 되는 '그 기틀이 스스로 그러하여 시키는 것이 있지 않다'라는 한 구절은 글자 그대로 보면 주리와 상반된 관점으로 볼 수 있는 여지가 있는데, 어떻게 이해할 것인가?

> 주자는 "본원으로 말하면 리가 먼저고 기가 나중이며, 품부로 말한다면 기가 먼저이고 리가 나중이다"라고 했다. 또한, 말하기를 "기가 형체를 이루면 리도 거기에 품부된다"라고 했다.[74] 유행으로써 말한

73) 鄭時林, 『月波續集』 권1, 「說」, 〈猥筆相質說〉, 47b. "世人錯看其機自爾非有使之者之說, 遂以主氣爲言, 故著述此筆, 以救後學誤見之弊."

다면 반드시 먼저 기를 말하고 나중에 리를 말하므로 노사는 율곡의 이 말을 '단지 유행하는 한 측면을 말했다'[75]라고 한 것이다.[76]

월파는 주자가 이기 관계를 본원과 유행의 측면으로 보는 것을 인용하여 '그 기틀이 스스로 그러하여 시키는 것이 있지 않다'라는 구절에 대해 노사가 유행의 측면으로 이해했다고 보았다. 이것은 율곡이 유행의 측면만을 설명한 것이고, 실질적인 근원의 측면에서 보면 주재하는 리가 있다는 것이다. 하지만 근세 학자들은 대개 이 한 부분만을 가지고 율곡을 주기론자라고 비판하는데, 이것은 퇴계학파가 율곡학파를 주기론이라고 공격하는 전형적인 방식이다.[77] 그런데 율곡은 주재하는 리가 있다고 하면서 왜 '기틀이 스스로 그러한 것이지 시키는 것이 있지 않다'고 말하는가?

> 리에는 함이 없고[無爲], 기에는 함이 있다[有爲]. 리에는 할 수 있는 능력이 없고[無能然], 기에는 할 수 있는 능력이 있다[有能然]. 만약 '시키는 것이 있다'고 말한다면, 이에 함이 있고 할 수 있는 능력이 있는 것이다. 이러한 이유로 이처럼 말한 것이다.[78]

---

74) 『中庸章句』, 『朱子全書』 6책, 32쪽 참조.

75) 奇正鎭, 『蘆沙集』 卷之12, 「書」, 〈答鄭季方(辛未九月)〉 38a 참조.

76) 鄭時林, 『月波續集』 권1, 「說」, 〈猥筆相質說〉, 48a. "朱子曰, 以本原言之, 則理先而氣後, 以稟賦言之, 則氣先而理後. 又曰氣以成形, 理亦賦焉. 夫以流行言之, 則必先言氣後言理, 故蘆翁以栗翁此言爲特是流行一邊說言之也."

77) 이향준, 「외필의 기원」, 『유학연구』 51집, 충남대학교 유교연구소, 2020, 136쪽 참조.

78) 鄭時林, 『月波續集』 권1, 「說」, 〈猥筆相質說〉, 48b. "理無爲也, 氣有爲也, 理則無能然也, 氣則有能然也. 如曰有使之云, 則是有爲也, 有能然也. 爲是

주재한다는 것은 소이연(所以然)의 원리를 말하는 것이지, 시키는 것[使之]을 의미하지 않는다. '시키는 것이 있다'라는 것은 하는 것이 있고 할 수 있는 능력이 있기 때문에 '시키는 것이 있지 않다[非有使之]'라고 한 것이다. 즉 리는 시키는 것[使之]이 아니라 시키는 것처럼[使之然] 하는 소이연이니, 하는 것도 없고 할 수 있는 능력도 없다. 그렇다면 율곡이 리란 하는 것도 없고 할 수 있는 능력도 없다고 하면서 '태극이 그 기틀을 주관한다[太極之尸其機]'[79]라고 말했는데, 서로 다른 측면이 있다. 그 이유는 무엇인가?

> 율곡의 이 말은 앞과 뒤가 부합하지 않으므로 노사는 「외필」에서 "앞 현자들의 논의에도 간혹 지나치게 비약적으로 말한 것이 있다"[80]라고 했다. 다만 주자의 말에서도 역시 앞과 뒤에 서로 다른 곳이 있어서 훗날 이전에 말했던 잘못된 부분을 고치거나 또 후대의 현인들이 보충한 경우도 있다. 그렇다면 율곡의 이 말도 혹시 한 대목 고칠 데가 있는가? 아니면 牛溪에게 답하는 편지를 갑자기 쓰느라 그런 것인가? 아니면 혹시 당시에 주리를 주장하는 자들 가운데 기는 리와 전혀 상관하지 않는다고 하는 이들이 있어서 그 치우쳐보는 폐단을 구제하기 위해서 그런 것인가? 알 수 없다.[81]

之故, 而如是下言."

79) 李珥, 『栗谷全書』 권1, 「賦」, 〈理一分殊賦〉, 16a. "孰尸其機, 嗚呼太極."

80) 奇正鎭, 『蘆沙集』 권16, 「雜著」, 〈猥筆〉, 38b.

81) 鄭時林, 『月波續集』 권1, 「說」, 〈猥筆相質說〉, 49a. "栗翁此說, 有此前後不契, 故蘆翁於猥筆中, 以爲前賢之論, 或發之太快云. 第惟朱子之言, 亦有前後相殊處, 後是改其前言之有欠者, 而又或有後賢補輯者, 則栗翁此言, 亦或有一處改正者耶. 抑或所答牛溪書, 是倉卒書尺間下言而然乎. 抑或當時有主理者間, 或謂氣專無與於理云, 故救其偏見之獘而然耶. 蓋未可知也."

묻는 손님의 입장을 보면 리는 하는 것이 없는데, 태극이 그 기틀을 주관하는 것은 리가 하는 것이 있는 것처럼 보인다는 것이다. 월파는 율곡의 말이 앞뒤가 맞지 않는다고 인정하면서도, 주자의 말도 앞뒤가 다른 곳이 있어 잘못된 곳을 고치거나 후현이 보충한 것이 있다고 주장하면서 노사를 옹호했다. 월파는 율곡의 이 부분에 대해 세 가지 입장으로 의문을 던졌다. 첫째, 이 한 부분을 수정해야 할 것인가? 둘째, 우계에게 보내는 편지를 갑자기 쓰다가 그런 것인가? 셋째, 주리를 주장하는 사람들 가운데 기가 리와 상관이 없다고 보는 편견을 구제하기 위해서인가? 월파는 알 수 없다고 말하지만, 첫 번째와 세 번째 의문에 무게를 두었다.

> 이러한 논설은 기가 리에게 명령을 받아서 주인과 종의 형세가 있음을 말한 것이다. …… 왕이 신하와 백성을 버릴 수 있다는 것을 말한 것은 아니다. 리와 기 두 가지는 서로 떨어질 수 없으니 기가 아니면 리도 유행할 수 없다. 기를 버릴 수 있다는 말은 너무 막혀 있다.[82)]

월파는 주인과 종의 비유를 통해서 리와 기가 서로 떨어질 수 없다는 것을 분명하게 설명했다. 왕은 명령을 내려고 신하와 백성은 그 명령을 따라 실행한다. 왕은 함이 없으면서도 함이 있는 묘(妙)이다. 그러므로 리와 기는 서로 떨어질 수 없으며, 기가 아

---

82) 鄭時林, 『月波續集』 권1, 「說」, 〈猥筆相質說〉, 49a. “凡此論說, 謂氣受命於理, 而有主僕之勢云也.……非謂君可以廢臣民也. 理氣二者, 不可相離, 而非氣則理亦不得流行矣. 氣可廢之說, 何其滯滯也.”

니면 리도 유행할 수 없다. 그렇다면 노사가 율곡의 이론을 수정하는 것[83]은 온당하지 못한 것 아닌가?

> 伊川의 논의를 주자도 따르지 않은 곳이 있고, 주자가 결정하지 못했던 책을 勉齋[黃幹] 또한 역시 수정하고 보완한 것이 있다. 우리나라의 경우 퇴계의 이기설을 율곡도 취사선택한 것이 있고, 율곡이 '四端이란 七情 중에서 中節한 것'이라고 말한 것을 尤菴은 '이곳은 온당치 않다'[84]라고 했다. …… 그러한즉 반드시 온당치 못하다고 여길 일이 아니다.[85]

월파는 중국과 한국 성리학자의 학맥과 사승 관계에서도 따르지 않거나 수정·보완하는 경우가 존재한다는 예시를 들면서 굳이 노사의 이론을 '온당하지 못하다'라고 여길 필요는 없다고 주장했

83) "기정진이 율곡학의 자장 안에 있는 것이 사실이라면, 그의 성리학적 사유는 필연적으로 율곡의 이기론의 고유방식을 공유해야 한다. 전반적으로 「외필」은 '理尊無對'의 관점과 율곡학파 성리학의 대전제라고 할 수 있는 '리는 무위이고 기는 유위이다.[理無爲, 氣有爲]'는 기초에서 '기발이승일도설' 등에 대한 수정주의적 해석을 제안하는 것이라고 해석할 수 있다. '機自爾'를 '리의 소이연'을 넘어서, '리의 사지연'이라는 측면에서 해석하고, '順理'라는 조건을 달기는 하지만 기발을 퇴계학파의 어휘라고 할 수 있는 '理發'과 동일시할 수 있다는 주장 등이 이런 것이다." 이향준, 「「외필」의 외침 -騎士는 죽었는가?」, 『한말 성리학계에서 蘆沙學派의 형성과 활동』, 한국전통문화대학교 한국철학연구소·전남대학교 철학연구교육센터 공동 학술대회, 2020, 119쪽.

84) 宋時烈, 『宋子大全』 권133, 「雜著」, 〈退溪四書質疑疑義二〉, 17a. "栗谷先生於此 辨論甚詳 而但以四端爲七情中中節者而言 此爲未安"

85) 鄭時林, 『月波續集』 권1, 「說」, 〈猥筆相質說〉, 49b. "伊川論議, 朱子亦有不從處. 朱子未定之書, 勉齋亦有所修補. 至於我東, 退溪理氣之說, 栗谷亦有取捨. 栗谷之四端以七情中中節者言之之說, 尤庵曰此爲未安. …… 則不必以此爲未安."

다. 즉 기정진이 율곡의 이론을 수정·보완했다는 것은 단순히 앞 현인의 온당치 못한 것을 들추어내어 훼손하려는 것이 아니라, 율곡을 주기론자로 이해하는 잘못을 지적하고 당시의 시대적 상황에 맞게 재해석했다는 의미이다. 그런데 당시 권봉희와 최동민 등이 「외필」을 비난하는 것에 대해 손님이 묻자 다음과 같이 말했다.

> 치우치고 음란하고 사특하고 속이는 말로 전도시키고 분열시키는 자들이 거짓으로 율곡의 뜻이라고 칭하니 매우 안타깝다. 생각건대, 공자의 뒤를 이어 주자가 나왔고, 주자의 뒤를 이어 율곡이 나왔거늘 우리나라에서 율곡을 존경하는 것이 어찌 저들과 같아서야 되겠는가? 스스로 알지 못 하는 말을 하여 스스로 선현에게 누를 끼치는 데 빠졌으니 이것이야말로 섣부르게 사람들의 귀를 움직이려는 계책이다.[86]

이상에서 볼 때 월파의 「외필상질설」은 영남 노론에 속하는 권봉희와 최동민 등이 「외필」을 비난하는 시점에서 저술되었다. 그들은 「외필」이 율곡의 이론을 왜곡했을 뿐만 아니라, 후세 사람들의 학문을 어긋나게 할 것이라고 주장했다. 하지만 월파는 성리학의 계보를 공자 → 주자 → 율곡으로 이어지는 학맥으로 보는데, 율곡과 노사가 다르지 않다는 맥락에서 공자 → 주자 →

86) 鄭時林, 『月波續集』 권1, 「說」, 〈猥筆相質說〉, 49b. "詖淫邪遁, 顚倒昌披者, 誣稱指謂栗谷. 噫! 其甚矣. 竊聞後孔子朱子也, 後朱子栗谷也, 則我東之尊慕栗翁, 果如何而彼哉. 言說之不自知, 自陷於累先賢之科. 是故以膚受之說, 動人聽聞爲計."

율곡 → 노사로 연결되는 도통을 주장했다. 즉 월파는 기호학파 내부의 논쟁에서 노사학파의 사우들과 그 결[87]을 같이하면서 율곡과 노사의 이론이 서로 다르지 않으며, 노사가 율곡의 이론을 시대적 상황에 맞게 계승·발전시켰다고 보았다.

결론

월파는 구한말 안빈낙도의 삶을 추구했던 호남 보성의 유학자이자 교육자이다. 그는 어렸을 때 염상룡에게 1년 정도 배웠을 뿐, 아버지가 사놓았던 경사와 제자서를 중심으로 20여 년 동안 독학했다. 그런데 월파는 정의림을 통해 스승 노사를 만나면서 새로운 성리학 체계를 이해하는 계기를 마련했고, 당시에 노사를 비롯한 최익현·정재규·기우만·김석구 등과 학문적 교유관계를 구축하여 주리의 시각을 넓혔다. 즉 그는 기호학파의 지식인들과 교유하면서 스승의 이론체계를 합리화하고 현실에 대응하는 이론 근거를 구축했다. 월파가 이해하는 리는 '시키는 것처럼[使之然]' 하는 소이연이며, '그렇게 하지 않을 수 없는 묘[不得不然之妙]'이다. 그래서 그는 주리적 입장에서 윤리적 가치인 선을 실현하는 리의 주재성을 강조했으며, 당시의 시대 상황에서 사람이라면 취

87) 당시 다른 문인 집단은 대체적으로 학파의 종장이 제시한 학문에 대한 계승을 둘러싸고 학파 내부의 분열과 갈등이 빚어졌지만, 노사학파는 기정진의 학문에 대한 계승 의식을 뚜렷이 하며 학파적 일체감과 결속력을 강화하였다. 박학래, 「蘆沙學派의 형성과 蘆沙學의 계승」, 『동양고전연구』 80집, 동양고전학회, 2020, 486쪽.

해야 태도와 학문에 힘써야 할 이유를 리의 주재성에서 찾았다.

특히 월파는 「외필상질설」을 지어 「외필」을 본지를 밝혔으며, 노사 이론의 정당성을 주장하면서 20세기 초 논쟁에 관심을 집중했다. 그는 노사의 학문을 율곡 성리학의 연장선으로 보면서 공자 → 주자 → 율곡 → 노사로 연결되는 도통을 주리의 축으로 이해했다. 즉 월파는 기호학파 내부에서 일어난 논쟁을 통해 율곡과 노사는 다르지 않으며, 노사가 율곡의 이론을 시대적 상황에 맞게 계승·발전시켰다고 보았다.

월파의 위상은 나라가 망하는 상황에서 리 중심의 성리학 이론을 통해서 현실에 대응하는 실천적 토대를 구축하고, 일반 대중을 교화시키는 데 앞장섰다는 점이다. 또한, 월파는 보성지역에 성리학을 보급하고 노사학파의 외연을 확장하는데 중추적인 역할을 했을 뿐만 아니라, 끊임없는 문제의식을 가지고 자신의 삶과 접목했다. 월파가 제자로서 스승의 성리학적 사유를 바르게 계승했다는 것은 의의가 있지만, 스승의 비판적 사유를 더욱 발전시키지 못했다는 것은 아쉬운 점이라고 평가할 수 있다. 하지만 필자는 앞으로 지역학 측면에서 노사학파의 성리학이 장성[기정진] → 화순[정의림] → 보성[정시림]으로 이어지는 중심축을 그려 구한말 보성과 화순지역의 학문적 흐름을 고찰하고자 한다. 더 나아가 사상적 측면에서 구한말 지식인들이 망국의 상황을 대처하는 방식에 대해 현대적 입장에서 다시 논의를 확대하고, 지금의 COVID-19와 같은 위기 속에 개인과 국가의 실천문제와 접목해 볼 필요성이 있다.

정의림의 역할과 위상

— 한말 기호학파의 논쟁을 중심으로 —

조 우 진

(전남대학교 학술교수)

서론

본 논문은 한말 기호학파 내부 논쟁에서 일신재(日新齋)[1) 정의림(鄭義林, 1845~1910)의 역할과 위상을 살피는 데 목적이 있다. 이것은 논쟁의 발단과 전개 과정에서 그 쟁점을 확인하고, 정의림의 학문적 입장과 현실 인식의 연관성을 고찰하는 작업이다. 정의림은 기정진의 리(理) 중심의 이론체계를 이이 성리설의 확장으로 이해했으며, 자신의 삶과 국가의 운명을 하나로 여겼다. 이것

---

1) 鄭義林, 『日新齋集』 卷2, 13a, 43쪽. 정의림은 '일신재(日新齋)'에 대해 "옛날이나 지금이나 뜻있는 많은 사람에게 처음부터 끝까지 명성이 없는 것을 생각해보면 끊어지고 힘쓰지 않기 때문이다. 만약 날로 새롭고 또 새롭게 하여 끊어짐이 없다면 어찌 여기에 이르겠습니까?"라고 했다. 이 글에서 인용되는 정의림 1차 자료는 鄭義林(2019), 『日新齋集』 卷2, 『標點影印 한국근대문집선간』 1, (한국학호남진흥원)을 저본으로 한다.

은 정의림이 새로운 학문이론을 구성하기보다는 이이와 기정진을 융합하는 리(理) 중심의 이론체계를 확립하여 현실 세계에 대응하는 이론적 근거로 삼고자 한 것이다.

정의림을 재조명해야 할 필요성에 대해 살펴보면 다음과 같은 네 가지를 갖추고 있다. 첫째는 자신의 학문과 사상을 담고 있는 『일신재집(日新齋集)』 21권 11책, 『일신재신종록(日新齋信從錄)』 1권, 『일신재선생연원록(日新齋先生淵源錄)』 3권 2책, 『일신재일기(日新齋日記)』가 있다. 둘째는 화순지역을 중심으로 노사학파 학단을 이루어 성리학 전파에 힘썼는데, 그 문인은 직전 및 재전, 삼전을 합하여 4,000명이 넘는다. 셋째는 내우외환의 시대 상황에서 위정척사 운동과 의병 활동의 중추적인 역할을 했다. 넷째는 「외필」과 「납량사의」 논쟁사에 참여하여 20세기 초 성리학 논쟁의 가교 역할을 했다. 이상으로 볼 때 정의림에 대한 연구는 문학·역사·철학의 전반 분야에서 더욱 관심 있게 다루어져야 할 필요가 있다.

정의림에 대한 연구는 노사 및 노사학파를 다루는 연구에서 개략적으로 논의되고 있지만[2], 직접적으로 다룬 논문은 2편에 불과하다. 먼저, 정의림의 철학에 대한 연구로 박학래의 "일신재 정의림의 성리설 연구"[3]라는 소논문이 있다. 이 논문은 정의림의 주

2) 박학래(2008), 『기정진-한말 성리학의 거유』, 성균관대학교출판부; 고영진(2007), 『호남사림의 학맥과 사상』, 혜안; 홍영기(2004), 『대한제국기 호남의병 연구』, 일조각; 한국사상사연구회(2009), 『조선 유학의 학파들』, 예문서원; 최대우 외(2015), 『19세기 호남유학의 재구성-노사학파의 형성과 발전』, 전남대학교출판부; 안진오 외(2016), 『호남의 유학자들』, 전남대학교출판부; 안진오 외(2018), 『호남의 유학자들 Ⅱ』, 전남대학교출판문화원.

리적 심성론을 처음으로 체계화한 연구라는 점과 노사학파의 지역학 연구 방향을 제지했다는 점에서 매우 탁월하다. 둘째, 정의림의 문학에 대한 연구로 권수용의 "1900년 전후 화순 유학의 흥성과 정의림의 역할"[4]이라는 소논문이 있다. 이 논문은 근대 화순 유학자들의 문집과 문인 및 강학 공간인 누정의 현황을 살폈고, 그 가운데 노사학파 정의림의 활동과 그 학단의 형성 및 활동사항을 개략적으로 고찰하고 있다. 이것들은 정의림 연구의 시발점이 되었다는 점에서 의의가 있다.

본 논문에서는 구체적으로 먼저 정의림 가계의 사상적 경향과 그의 학문적 삶을 다루고, 이런 과정에서 기정진을 만나기 전후의 사승 관계와 사상적 대응의 흐름을 살펴볼 것이다. 이것은 논쟁에서 기정진과 이이의 이론에 대한 정의림의 관점을 설명하는데 중요한 지점이다. 그리고 논쟁의 구체적인 과정과 그 쟁점을 정의림의 시각에서 기술할 것이다. 그 논쟁의 핵심은 기정진의 학설이 이이를 옹호하는가 비판하는가의 문제인데, 정의림은 이이와 기정진이 다르지 않다고 보았다. 그러므로 이이와 기정진과 정의림의 학문적 입장을 고찰하는 것이 중요하다.

3) 박학래(2006), 「日新齋 鄭義林의 性理說 硏究」, 『범한철학』 제41집, 범한철학회.

4) 권수용(2014), 「1900년 전후 화순 유학의 흥성과 정의림의 역할」, 『지방사와 지방문화』 17권, 역사문화학회.

가계와 학문적 삶

■ 가계

정의림은 자가 계방(季方)이고, 호는 일신재(日新齋)이며, 본관은 광산(光山)이다. 그 시조는 고려 후기 문하찬성사(門下贊成事)를 지낸 정신호(鄭臣扈)이다. 그의 아들 정윤부(鄭允孚)는 체찰사(體察使)로 나주에 주둔했는데, 세곡을 모으는 영산창(榮山倉)을 만들었다. 그리고 조선조에 처음으로 문과에 급제한 조상은 사헌부감찰(司憲府監察)을 지낸 정인진(鄭麟晉)이다. 그의 조카 정지하(鄭之夏)는 사헌부(司憲府) 장령(掌令)으로 있을 때, 문종(文宗)이 즉위하면서 불사(佛事)를 일으키려 하자, 도리에 합당하지 않을 뿐만 아니라 세종 때에 행했지만 전혀 효험이 없었다고 강력하게 반발했다.[5] 그의 손자 정인인(鄭麟仁)은 갑자사화 때 김종직의 문하이면서 왕의 실정을 간언했다는 이유로 죽임을 당했다.[6]

그 이후 가계에서 이름난 조상은 응교(應教) 정웅(鄭熊, 1472～1533), 절도사(節度使) 정응규(鄭應奎, 1508～1565), 사직(司直) 정연(鄭演, 1541～1621) 삼대(三代)가 있다. 정웅은 검열(檢閱)로 있으면서 무오사화(戊午史禍)에 관한 일을 논의하고서 김종직(金宗直)과 김일손(金馹孫) 등의 신원을 상소했다.[7] 그는 무오사화 이후 벌을 받아야 할 사람들이 도리어 상을 받는 것에 대해 분개하면서 사학(史學)이 있어야 시비가 밝아지게 되고 시비가 밝아져야 세상의

5) 『朝鮮王朝實錄』, 文宗 卽位年 庚午(1450) 2월 27일과 28일 참조.
6) 許穆, 『眉叟記言』 第26卷 下篇, 世變, 虛庵 事蹟.
7) 金宗直, 『佔畢齋集』 附錄, 「事蹟」, 戊午史禍事蹟, 참조.

공적인 의로움[公義]이 만들어진다고 여겼다.8) 아들 정응규는 무과에 급제하여 많은 관직에 부임하면서 민생 안정과 국방력 강화에 힘썼다. 정연은 아버지의 공덕으로 과거급제 없이 음직(蔭職)에 나아갔으면서도 동지중추부사(同知中樞府事)와 같은 높은 벼슬을 했으며, 덕망 있는 선비들과 교류하면서 팔선계(八仙契)와 구로회(九老會)를 결성하여 학문과 친목을 도모하고 안빈낙도의 삶을 추구했다.9) 정연의 둘째 아들 정창문(鄭昌門, 1565~1604)은 문학적 자질로 이름을 날렸으나 벼슬을 사양했으며 40세에 선교랑 품계만 받고 단명했다.10) 그는 선대로부터 물려받은 장토를 고향인 나주에 많이 가지고 있었던 듯하다.11) 그의 아들 정찬(鄭纘)은 벼슬에 나아갈 뜻이 없어 유학의 품행을 갖추고서 나주의 구장(舊庄)에 은둔했다.12)

정의림의 가계는 고조부 정이후(鄭履厚, 1706~1745)에 이르기까지 나주에 살다가 증조부 정채(鄭㮚, 1734~1787)가 영암으로 이주했고, 다시 조부 정가석(鄭加錫, 1764~1844)이 능주로 옮겨왔다. 정의림의 조부 정가석과 아버지 정제현(鄭濟玄, 1803~1883)은 모

8) 金尙喆 외, 『國朝寶鑑』 第18卷, 중종조 1, 2년(정묘, 1507) 참조.

9) 張韓祐·鄭鍾煥, 『光州鄭氏總觀』, 京畿, 光州鄭氏大宗會, 2017, 173쪽 참조.

10) 鄭琦鎬, 『光州鄭氏族譜』 上, 동두천, 光州鄭氏族譜編纂會, 2001, 246쪽 참조.

11) 정창문의 두 아들 정찬(鄭纘)과 정진(鄭縉) 모두 나주 고향으로 내려와 왔고, 서울에 살던 그의 손자 정시설(鄭時卨) 또한 노년에 나주 반남에 은둔하면서 안방준(安邦俊)의 문하에서 성리학 연구에 몰두했다는 것을 통해서 미루어볼 수 있다. 鄭琦鎬, 『光州鄭氏族譜』 上, 동두천, 光州鄭氏族譜編纂會, 2001, 361쪽 참조.

12) 鄭義林, 『日新齋淵源錄』 卷之1, 「家狀」, 46a. "無意仕進, 還遯于湖南羅州舊庄."

두 81세에 수직(壽職)으로 통정(通政) 부호군(副護軍)이 되었다. 정제현은 부모를 충실히 봉양했고 자식을 가르침에 법도가 있었으며, 어머니 진원(珍原) 박씨(朴氏)는 박치성(朴致聖)의 딸로서 행동이 정숙하고 예법을 갖추었다.[13)]

이와 같은 맥락에서 볼 때, 정의림의 가계는 여말·선초부터 정계에 진출했으며, 나주의 많은 농토를 바탕으로 사림정신과 유학적 풍토 속에서 성장했다. 특히 조부가 능주로 옮겨오면서 그 지역의 도학정신과 성리학의 흐름을 접목하는 계기가 되었다.

■ 기호학을 접함 (유년기)

정의림은 1845년 11월 7일 능주 죽수(竹樹)의 대덕동 집에서 태어났다. 6세 때(1850)에는 『소학』 읽는 소리만 듣고서 “쇄소(灑掃)란 사람 된 자의 가장 기본적인 일이다.”라고 했고, 7세 때(1851)에는 처음으로 『효경』을 읽었는데 반드시 몸소 행했다.

10세 때(1854)에는 명촌(明村) 황기현(黃紀顯)[14)]에게 수학했다. 이때 “선(善)한 생각은 화(華)이고 악(惡)한 생각은 이(夷)이니, 모름지기 먼저 내 마음속의 화이를 보존하고 물리친 이후에야 비로소 천하의 화이를 받들고 물리칠 수 있다.”라고 화이(華夷)를 설명했다.[15)]

13세 때(1857)에는 능주 출신 무사재(無邪齋) 박영주(朴永柱, 1803~1874)의 제자가 되어 『사서(四書)』를 읽었는데, 1년도 되지 않아

13) 奇宇萬, 『松沙集』 卷之48, 「行狀」, 「日新齋鄭公行狀」, 3b 참조.
14) 鄭義林, 『日新齋集』 卷1, 「謹次黃處士先生明村(紀顯)韻」, 8b, 21쪽 참조.
15) 鄭義林, 『日新齋淵源錄』 卷之1, 「年譜」, 2a~2b 참조.

학문을 섭렵하고 이치를 관통했다. 정의림은 스승 박영주에 대해 “우리 선생의 도덕과 조예는 진실로 후학들이 배워서 밖으로 드러낼 수 있는 것이 아니다. 예를 들어, 지조가 확고부동하였고, 포부가 두루 갖추어졌으며, 몸가짐과 행동이 독실하였다.”[16]라고 평가했다. 박영주는 군주의 수신서로 이이의 『성학집요』와 송시열의 「기축봉사」를 날마다 강학해야 한다고 주장했다.[17] 박주영의 스승은 송시열의 후손인 강재(剛齋) 송치규(宋穉圭, 1759～1838)이며, 그는 당시 기정진과도 학문적 교유를 했다.[18] 송치규는 송시열에 대한 축문에 “선생은 공자와 주자의 바른 줄기요, 율곡과 사계의 정통을 전했으며, 과거를 잇고 미래를 연 업적이 위대하고, 나라를 지킨 공로가 전일하며, 하늘의 이치를 밝히고, 사람의 마음을 바로잡았다.”[19]라고 했다. 송치규는 이이와 김장생 및 송시열의 학문적 전통을 이어받아 그것을 고수하는 데 열중했다.

16) 鄭義林,『日新齋集』卷13,「序」, 無邪齋遺稿序, 24a, 295쪽. “我先生道德祖禰, 固非後學所可擬測, 而見於外者. 如持守之堅確, 抱負之該洽, 操履之篤實.”

17) 朴永柱,『無邪齋集』卷之1,「三政擬策」, 16a. “殿下之身, 以誠正爲務而進, 先正臣李珥之聖學輯要, 先正宋時烈之己丑封事, 日設講筵薰陶德性, 濡染耳目.” 卷之2,「明正學說」·「學求堂示諸益」 참조.

18) 奇正鎭,『蘆沙先生淵源錄』,「年譜」, 7a～7b. 기정진은 28세에는 오촌(鰲村)을 지나다가 당시 기호학파의 종장인 송치규를 배알했다. 강재가 “훌륭한 명성을 들은 지가 오래되었다”라고 하면서 “문장(文章) 공부를 해야 하는가? 성명(性命) 공부를 해야 하는가?”에 관해 물었다. 노사가 대답하길 “이 두 가지에 도달한 것이 아직 없지만, 일찍이 문장(文章) 공부와 성명(性命) 공부가 다르지 않다고 들었습니다. 길이 다르다고 하면서 문장을 하는 것은 비루한 것입니다.”라고 했다. 송치규는 그의 식견을 높이 평가하여 “남방의 선비들이 의지할 곳이 있겠다.”라고 칭찬했다.

19) 宋穉圭,『剛齋集』, 卷之7,「祝文」, 知禮興禮司奉安尤庵先生文, 1b. “恭惟先生, 孔朱正脉, 栗沙嫡傳, 繼開業大, 閑衛功專, 明天之理, 而正人心.”

송치규의 스승은 김장생의 후손인 과재(過齋) 김정묵(金正默, 1739~1799)이다. 「행장」에 "김정묵은 한원진의 심성론(心性論)·이기론(理氣論)·예설(禮說) 등 대부분이 이이와 송시열의 뜻에 위배된다."[20]라고 했다. 유년기에 정의림은 김정묵→송치규→박영주로 이어지는 사승 관계에서 이이·김장생·송시열의 이론을 배웠다. 즉 인적 관계망을 통해서 볼 때 정의림은 기정진의 영향을 받기 전에 이미 기호학파의 학문적 이론과 사상을 접했으며, 자신의 학문에 대한 뜻을 세웠다.

■ 기정진의 만남과 배움 (청년기)

20세(1864) 때에는 도성 사대부들의 태도에 대해 회의를 느끼고서 과거시험의 뜻을 접고, 당시 경영관이었던 세안당(世安堂) 김병준(金炳駿, 1815~?)을 찾아가 경의(經義)에 대해 강학하는 수업을 들었다. 그는 내려오는 길에 족대부 석당(石幢) 정구석(鄭龜錫, 1790~1865)을 찾아뵈었다. 정구석은 재성의 밝음과 공부의 순수함과 실천의 확고함을 보고 '일신(日新)'이라는 두 글자를 지어주면서 "나는 자네를 가르칠 수 있는 사람이 아니네. 또 호남 장성에 노사 선생이 있다고 들었는데, 그의 도학(道學)과 문장(文章)은 스승을 이은 것이 아니라 공자의 도와 정주학의 근원을 곧바로 거슬러 올라갔으니 선비가 이 세상에 태어나 귀의할 곳이 있네. 자네가 가서 스승으로 삼게나."라고 권유했다.[21] 이것이 바로

20) 宋穉圭, 『剛齋集』 卷13, 「行狀」, 過齋金先生行狀, 34b. "先生以南塘之論心性理氣與禮說, 多違背於栗尤之旨, 而士趨風靡, 半世尊尚."

21) 鄭義林, 『日新齋淵源錄』 卷之1, 「年譜」, 3b.

스승 기정진을 만나게 된 계기였다.

24세 때(1868)에는 마침내 아버지의 편지[22]를 가지고 기정진 선생을 찾아뵈었다. 기정진은 "타고난 자질이 즐겁고 편안하며, 식견이 이미 바르다."라고 칭찬하면서 "후학이 도에 들어가기 위한 정문으로 확실하고 명백한 것은 주자의 글만 한 것이 없네. 사서와 육경의 훈고와 주석은 주자가 온갖 힘을 다해 주석하여 모아놓은 곳에 모두 망라되어 있으니 돌아가서 구해보면 매우 많은 스승이 있을 것이네. 어찌 늙은 나의 문하에서 힘을 허비하려고 하는가?"라고 겸손하게 사양했다. 하지만 정의림은 "노사 선생은 바탕이 태어나면서 아는 자에 가깝고, 도는 중용에 근본 하여 대체를 세웠으며, 말하는 것마다 그릇된 것이 없어 근본으로부터 뚝뚝 떨어져 온다."라고 보면서 따랐다.[23]

26세 때(1870)에는 오경(五經)과 사서(四書)를 읽으면서 사문들과 토론했고, 29세 때(1873)에는 형질(形質)과 기질(氣質)에 대한 의문점을 스승에게 질문했다.[24] 31세 때(1875)에는 "김석구(金錫九)와 정재규(鄭載圭)와 선생은 자리에 앉아 온화하고 강직한 모습으로 (스승을) 옆에 모시고 서로 논변하여 은밀한 것까지 펼치지 않음이 없었고, 미세한 곳까지 통하지 않음이 없었다. 그래서 옆에 사

---

22) 鄭義林, 『日新齋淵源錄』 卷之1, 「年譜」, 4b. "삼가 원하는 것을 이루지 못하여 저의 자식을 도모케 하고자 하는데, 자식이 또한 재질이 소원하고 옅어서 볼만한 것이 하나도 없습니다. 삼가 성대한 덕과 커다란 법도를 주시어 물리치지 않으시고, 부디 받아주시어 가르침과 깨우침을 주신다면 부끄럽고 부끄럽지만 감사하고 축하는 속마음을 감당하지 못할 것입니다."

23) 鄭義林, 『日新齋淵源錄』 卷之1, 「年譜」, 4b~5a 참조.

24) 奇正鎭, 『蘆沙集』 卷之12, 「書」, 答鄭季方(辛未九月), 36b~37a, 276~277쪽 참조.

람들은 그 역량의 크기를 헤아리지 못했다. 세상에서는 노사 삼문제자라고 하였다."라고 하여 그의 뛰어난 역량을 보였다.[25] 32세 때(1876)에는 서로 멀리 떨어져 있는데도 약속이나 한 듯이 정재규가 스승을 만나러 오게 되면 정의림을 만나는 것이 세상에 보기 드문 일이라고 보고서 「호상기우록(湖上奇遇錄)」을 짓게 했다. 청년기에 정의림은 스승 기정진을 만나면서 그동안 의문이 되었던 것을 사문들과 토론하고 스승에게 물어 경전의 참된 의미를 본격적으로 연구하는데 몰두했다.

■ 삶의 고뇌와 후진양성 (장년기)

33세 때(1877)에는 어머니 박씨가 돌아가시자 『주자가례』를 따라서 상례를 행했다. 34세 때(1878)에는 김석구와 함께 태극도설(太極圖說)을 논의했을 때 서로 막혔던 부분을 스승에게 물었다.[26] 35세 때(1879)에는 스승이 자신을 비롯한 김석구와 정재규에게 「납량사의(納涼私議)」와 「외필(猥筆)」을 보여주면서 "이 기록에 대해 들어본 적이 있는가?"라고 묻자, "이것을 듣기는 했지만 이제야 읽습니다."라고 대답했다. 다시 선생이 "너희들의 의사는 어떠냐?"라고 묻자 함께 일어나 "진심으로 믿고자 합니다."라고 말했다.[27]

36세 때(1880)에 스승이 돌아가셨다. 37세 때(1881)에는 주자

25) 鄭義林, 『日新齋淵源錄』 卷之1, 「年譜」, 7b.
26) 奇正鎭, 『蘆沙集』 卷之12, 「書」, 答鄭季方問目, 38b~39a, 278~279쪽 참조.
27) 鄭義林, 『日新齋淵源錄』 卷之1, 「年譜」, 9b~10a.

의 『자치통감강목』, 『주자대전』, 『주자어류』, 『근사록』, 『심경』 등의 책을 읽었다. 39세 때(1883)에는 아버지가 돌아가셨다. 정의림은 3년 간격으로 어머니와 스승과 아버지를 잃었고, 또 2년 뒤에는 친구 김석구가 세상을 떠났다. 이러한 상황에서 정의림은 자신의 삶과 고뇌가 극도에 도달했을 것이며, 한 개인의 심적인 마음으로 공부하기는 쉽지 않았을 것이다.

43세 때(1887)에 이후부터 정의림은 유람하면서 자신의 삶을 되돌아보기 시작했으며, 당시 사우들과 서석산에 올라갔다가 돌아와서 영귀계(詠歸契)를 만들었다. 44세 때(1888)에는 『일지록(日誌錄)』을 저술하여 주렴계의 태극도설, 음양의 대대[교역]와 유행[변역], 천리와 인욕, 심성과 효제자 등을 『주역』과 『중용』의 내용을 기반으로 자신의 성리설을 주장했다. 46세 때(1890)에는 스승과 제자들이 서로 묻고 답했던 『답문류편』[28]을 분류하여 고쳤다. 정의림은 「발문」에 "선생이 살아계실 당시에 듣지 못했던 것이 지금 모두 여기에 있다. 미진한 점을 더욱 궁구하고 힘써 문집을 마쳐서 대의(大義)가 70 제자들의 몸에 없어지지 않게 한다면 이른바 부처의 은혜에 보답하는 것이 여기에 있을 것이다."[29]

---

28) 『답문류편』 등장하는 인물을 살펴보면, 김석구(金錫九) 105번, 정의림(鄭義林) 85번, 정시림(鄭時林) 77번, 정재규(鄭在奎) 34번, 이최선(李最善) 11번, 조의곤(曺毅坤) 10번, 권우인(權宇仁) 조성가(曺性家) 6번, 김녹휴(金祿休) 5번, 기우만(奇宇萬) 0번으로 되어있다. 여기서 알 있는 것은 『답문류편』의 전체적인 흐름이 노사삼문을 중심으로 이루어졌으며, 이들의 문답은 공간적인 한계와 관련된다. 그런데 기우만이 한 번도 등장하지 않는 이유는 『노사집』 초간본을 제작할 때 주도적인 역할을 하면서 대부분 문집에 포함되었기 때문일 것이다.

29) 鄭義林, 『日新齋集』 卷15, 「跋」, 「蘆沙先生答問類篇跋」, 1b, 333쪽. "先生在座, 當日所未聞者, 今皆在是, 益究餘蘊, 勉卒舊業, 使大義不泯於七十子

라고 썼다. 48세 봄(1892)에 칠송리에 영귀정을 짓기 시작하여 다음 해(1893) 겨울 2월에 완성되었고, 매년 봄과 가을에 석전제를 지내고 상견례를 행했다.[30] 영귀정이 완성된 뒤 51세 때(1895)에 실질적인 강학 활동이 본격화되었다. 54세 때(1898)에는 월강회(月講會)를 만들어 서로 나이가 비슷한 사람들과 더불어 강연을 열었다. 장년기에 부모와 스승과 친구를 잃은 정의림은 삶과 죽음의 갈림길에서 자신의 삶을 되돌아보는 계기를 마련했으며, 스승의 학문체계를 바탕으로 후진양성을 위한 강학활동에 힘썼다.

■ 논쟁의 발단과 죽음 (노년기)

56세 때(1900)에는 단성의 신안정사에 가서 정재규와 더불어 스승의 문집을 교감하는데 당시에 면암 최익현이 참여했다. 58세 때(1902)에는 「통고영남열읍장보문(通告嶺南列邑章甫文)」, 「통고호남열읍장보문(通告湖南列邑章甫文)」, 「절작변무문(節酌辨誣文)」, 「서시제동지(書示諸同志)」를 지어 영남과 호남의 사문들에게 이이와 기정진 학문의 일치성을 알렸다. 특히 전우가 기정진의 「납량사의(納凉私議)」와 「외필(猥筆)」을 보고서 1902년에 「납량사의의목(納凉私議疑目)」과 「외필변(猥筆辨)」을 작성하여 조목조목 비판하자, 정의림은 60세 때(1904)에 반비판하면서 「변전우소저노사선생납량사의기의(辨田愚所箸蘆沙先生納凉私議記疑)」와 「변전우소저노사선생외필변(辨田愚所著蘆沙先生猥筆辨)」[31]을 작성하여 스승의 이일분

之身, 則所謂服佛恩在此."

30) 鄭義林, 『日新齋淵源錄』 卷之1, 「年譜」, 19a.

31) 鄭義林, 『日新齋集』 卷11, 「雜著」, 「辨田愚所著蘆沙先生猥筆辨」, 32b~

수설(理一分殊說)과 주리설(主理說)을 변론했다.

66세 때(1910)에는 나라가 없어졌다는 소식을 듣고 눈물을 흘리며 "옛날에 나라가 망함에 죽어야 할 의리가 하나 있었는데, 신하는 사직이 없음에 죽었다. 지금 나라가 망함에 죽어야 할 의리가 둘 있는데, 신하는 사직이 없음에 죽고 선비는 사람과 짐승의 나누어짐에 죽는다. 사직이 없는데 혹 죽지 않으면서 오히려 그 절개를 온전히 하는 자가 있고, 사람과 짐승의 나누어짐에 죽어서 사람이 되는 자가 있다. 이것은 사람과 짐승의 나누어짐이 사직이 없는 것보다 중요하고, 정의를 위해 목숨을 바치는 것은 사직을 위해 바치는 절개보다 크다."[32]라고 했다. 정의림은 어려서부터 마음속의 화이(華夷)에 대해 선한 생각이 화(華)이고 악한 생각이 이(夷)라고 구분했는데, 이것은 당시의 시대상황을 선비의 입장에서 인간과 금수를 구분하는 인수지판(人獸之判)의 논리를 주장한 것이다. 그해 10월 10일에 임종을 앞두고 "내가 죽은 뒤에도 영귀정에 와서 배우도록 인도하는 사람이 없다면 이것이 한스럽다."라고 했으며, "내가 평소에 권면하고 힘썼던 말을 잊지 말라."고 당부하고 죽음을 맞이했다. 노년기에 정의림은 어려서

33b, 259~260쪽. 마지막 부분은 간재의 글이 확실한데, 『간재집』에는 그 내용이 보이지 않고, 정의림의 『일신재집』에만 실려 있다. 그 부분은 다음과 같다. "기노사 어른의 이기설에 대해 최근 김계운 어른이 보여준 변설에서 두 차례 보았는데, 율곡 선생과 입각처가 매우 달라 이해할 수 없는 곳이 있었다.[蘆沙奇丈理氣說, 近因溪雲金丈所示辨說, 概見一二顯與栗谷先生角立, 極有不可曉處.]"에서부터 "이것으로써 반복적으로 추론해서 노사의 설에 잘못이 있음을 알 수 있을 것이다.[以此反覆推究, 見其說之不能無失也耶.]"까지다.

32) 鄭義林, 『日新齋淵源錄』 卷之1, 「年譜」, 43b.

배웠던 이이의 학문과 스승 기정진의 이론을 결합하여 논쟁의 중심에 있었으며, 그의 성리학 이론을 바탕으로 현실에 적극적으로 참여했다.

정의림 사후 1911년에 바로 『문집』 21권 11책이 간행되었으며, 1912년에 「가장(家狀)」과 「행장(行狀)」이 완성되었다. 1927년에 『일신재신종록』이 완성되었으며, 1930년에 금곡사(金谷祠)에 배향되었다. 1932년에 동산단(東山壇)에 향사되었고, 1946년에 칠송리에 있는 영귀사(詠歸祠)에 추앙되었다. 1952년에 삼산사(三山祠)에 배향되었고, 용산사(龍山祠)에 향사되었다. 1967년에 비로소 『일신재선생연원록』이 완성되었다.

「납량사의」·「외필」 논쟁의 진개

정의림은 기호학파 논쟁에서 자신의 독창적인 이론을 창출하기보다는 기정진의 「납량사의」와 「외필」의 입장을 자신의 방식대로 변론했다. 「납량사의」는 46세(1843) 때 '서늘한 기운을 느끼면서 사사로이 의논한다'는 의미로 작성된 것이고, 「외필」(1878)은 말년에 월고(月皐) 조성가(趙性家)의 질문에 답하면서 쓴 글이다. 영남 출신의 조성가는 어떤 사람들이 이이의 '음양동정(陰陽動靜)', '기자이(機自爾)', '비유사지(非有使之)'를 지적하여 주기(主氣)의 폐단을 열었다고 보는 견해에 대해 기정진에게 질문했다.[33] 그런

33) 趙性家, 『月皐先生文集』 卷6, 「上蘆沙先生(戊寅)」, 11a~b. "聞諸人, 或指摘栗谷陰靜陽動, 機自爾也, 非有使之者兩句, 謂栗翁已啓主氣之弊. 竊恐不然. 此只是形容其機之自然, 非謂於理無所關由也. 若原其所以然, 則其自爾

데 여기서 말하는 '어떤 사람들'은 이이를 주기론자로 보는 영남지역의 퇴계학파 사람들일 가능성이 높다. 그렇다고 하면 「외필」은 퇴계학파의 이론을 겨냥한 이론이라고 볼 수 있을 것이다. 그런데 기정진은 자신의 학문적 입장을 정리하는 「외필」을 완성하고도 남들에게 보여주지 않았다.

> 내가 속으로 근심한 지 80년이 되었으나 감히 발설하지 않았다. 지금 온갖 생각이 재처럼 식어버렸지만, 근심은 아직도 남아 있다. 전현(前賢)이 아직 살아있다면 참으로 질정하고 싶지만 이미 그렇게 할 수 없으니 질정할 만한 사람은 후현(後賢)뿐이다."[34]

기정진은 자신이 80년 동안 살아오면서 가졌던 생각을 감히 말하지 못했는데, 조성가가 이이의 이론에 관해 묻자 마침내 「외필」을 작성했다. 즉 「외필」은 조성가의 물음으로 작성된 것이지만, 평생토록 고민했던 생각을 죽기 직전에 단호하게 표현한 글이다. 기정진은 전현(前賢)이 생존해있다면 바로 질정하고 싶지만 그렇게 할 수 없기 때문에 후학에게 질정하는 아쉬움을 토로하고 있다. 이것은 기정진에게 전현에 대한 의문점이 여전히 남아있다는 의미이다.

기정진은 죽기 직전(1879)에 노사삼문(蘆沙三門)인 정의림·조성

處卽是理使之然也. 是故不旋踵而復解之曰: 其所以陰靜陽動者理也, 觀於此一句可知. 若以非有使之謂氣自主張, 則此言又何謂也. 且栗翁平日之論曷嘗有土氣之意乎?"

34) 奇正鎭『蘆沙集』「附錄」卷之1, 「年譜」, 33a. "先生以爲吾內抱耿耿八十年, 不敢發口. 今雖萬念灰冷耿耿.猶存前賢尙在實有奉質之願, 而旣不可得, 則所可質者後賢."

가·정재규에게 「외필」과 「납량사의」를 보여주자, 제자들은 한결같이 "원컨대 독실하게 믿겠습니다."[35]라고 했다. 믿었던 것은 정의림의 입장에서 본다면 이이의 이론을 당시의 상황에 맞게 기정진의 사유방식으로 이해하는 학문적 신뢰이다. 그렇게 마지막까지 학문적 사유에 대한 타자와 거두기를 고심했던 기정진은 왜 세 제자에게만 보여주었을까? 아마도 기정진은 자신의 이론이 보는 관점에 따라서 달라질 수 있고, 논란의 여지가 남아있다는 것을 이미 알고 있었을 것이다.

기정진의 이론은 세 제자에 의해서 전수되었고, 바로 『노사집』이 간행되었다. 『노사집』은 기우만을 중심으로 1883년 초간본과 1898년 중간본이 완성되었을 때부터 이미 다른 학파들의 관심 대상이 되었다.[36] 실질적인 논쟁은 1901년 영남과 호남의 기정진 문인들이 문집을 목판으로 간행하려고 할 때 관심의 대상을 넘어서 편지를 통한 격렬한 비난으로 확산되었다. 이것은 학파 간의 세력 다툼의 일환으로 작용했으며, 그 내용은 이이의 이론에 대한 이해 방식으로 나타났다.

노사삼문 가운데 가장 적극적으로 기정진의 이론을 변론한 사람은 바로 일신재 정의림이다. 그러므로 정의림의 학문적 위상은 논쟁의 발단과 그 흐름에서 살필 수 있다. 실질적인 논쟁의 발단

35) 奇正鎭, 蘆沙集』「附錄」 卷之1, 「年譜」, 35b. "願篤信焉."

36) 「외필」은 이미 1883년 무렵에 김평묵 등 화서학파에 알려졌으며, 1891년에는 전우에게 알려져 상당히 논란거리가 되기까지 했다. 그런데 송병선과 그의 문인 권명희도 「외필」의 존재를 알고 있었지만, 목판본으로 간행되기 전까지 「외필」이 이이를 비판한 것으로 크게 문제 삼지 않았다. 김봉곤(2007), 「노사학파의 형성과 활동」, 한국학중앙연구원 박사학위논문, 186쪽 참조.

은 『노사집』(1902)이 목판본으로 제작될 때 「외필」과 「납량사의」의 내용을 변론하면서 시작된다. 처음으로 영남지역의 노론에 속하는 권봉희(權鳳熙)와 최동민(崔東敏)의 무리 등이 『노사집』 훼판(毁板)을 요구했다. 특히 권봉희는 『노사집』에 실려 있는 「외필」에 대해 반론하면서 논쟁의 불씨를 댕겼다.

> 노사의 「외필」은 참으로 사람들의 앎과 생각을 어지럽히는데, 지금 뒷사람이 그 망령됨을 꺼려할 줄 모르고 도리어 더욱 크게 펼친다. 변론하여 업신여기는 글이 나오면 또 고금을 인용하여 장황하게 과장하고 꾸며 한 시대의 이목을 현혹하려고 한다. 후대의 뛰어난 사람들이 모두 그 이론을 믿게 하여 『율곡전서』를 덮어버리고 검토하지도 않으려고 할 것이니, 사문의 해됨이 어찌 육상산과 왕양명에 그칠 따름이겠는가?[37]

권봉희는 기정진의 「외필」이 후학들에게 영향을 끼쳐서 결국 『율곡전서』을 보지 않는 지경에 이를까 염려했다. 그래서 그는 「외필약변」을 써서 이이의 전통 이론을 옹호하고 기정진의 이론이 육상산과 왕양명과 같은 이단으로 빠진 것이라고 비판했다. 권봉희는 기정진과 이이의 구체적인 차이를 다음과 같이 말했다.

> 「외필」 아래 문장에 또 '조종하는 힘'이란 말이 있다. 리에 이미 '시키는 권한'과 '조종하는 힘'이 있다면 (리가) 스스로 준동하고 스스

37) 權鳳熙, 『石梧文集』 권4, 「猥筆略辨」, 24b. "彼之猥筆固足以亂人知思, 而今其後人不知所以諱其妄也, 反爲之大加布張. 其所謂辨誣文者, 出則援引古今, 張皇誇耀, 欲以眩一世之耳目. 是將使後來之秀, 皆篤信其說, 而栗谷全書則欲廢而不檢也. 其爲害斯文, 奚止陸王二氏而已哉?"

로 조작하는 것이 아니고 무엇이겠는가? 율곡의 리(理)자는 본래 이와 같지 않다.[38]

권봉희는 리(理)의 역할에 대한 이이와 기정진의 입장을 분명히 구분했다. 기정진의 리는 '시키는 권한'과 '조종하는 힘'을 가지고 있는 리이며, 이이의 리는 스스로 준동하고 스스로 조작하지 않는 원리로써 리이다. 즉 이것은 이이와 기정진의 입장을 소이연(所以然)과 사지연(使之然)으로 구분한 것이다. 권봉희의 입장은 사지연으로 말하면 리는 준동하는 것이고, 소이연으로 말하지 않으면 기는 근거가 없다는 것이다. 그래서 권봉희[39]는 「외필약변」의 내용을 바탕으로 기호학파의 종주인 연재(淵齋) 송병선(宋秉璿)[40]과 기호학파의 실세인 간재(艮齋) 전우(田愚)에게 편지를 보내었다.

한 사람의 망론이 본시 율옹을 어떻게 하지는 못하겠지만, 후학들이 그의 주장을 잘못 믿기라도 해서 점점 어긋나게 된다면 그 폐단이 장차 어느 극단에까지 이르겠습니까! 하물며 지금은 그 문인들이 목판에 새겨 널리 유포해서 천하를 바꾸겠다고 생각하고 있으니 사문에 해됨은 어찌 이단이 혹세무민하는 데 그치겠습니까?[41]

---

38) 權鳳熙, 『石梧文集』 권4, 「猥筆略辨」, 23a. "猥筆下文, 又有操縱之力之語. 理旣有使令之權·操縱之力, 則非自蠢動自造作而何? 栗翁理字, 本不如是."
39) 권봉희는 영남 지역의 노론계열로 송병선의 직접적인 제가가 아니지만, 당시 송병선의 제자인 권명희와 교류하였다. 그래서 권봉희는 권명희가 보낸 「외필」 관련 두 편지[上權石梧]를 받으면서 「외필」 논쟁에 적극적으로 관여한다.
40) 송병선의 동생인 송병순 또한 「辨猥筆說」과 「辨或人說」을 작성하여 「외필」에 대한 논변에 참여했다.

> 지금 노사는 누구에게서 이기(理氣)를 배웠길래 성현의 정론을 돌아보지 않고 제멋대로 자신의 주장을 펴고, 붓을 놀려 폄훼하고 배척하는 것입니까? 이것이 과연 어떤 학술이길래 그의 유집을 단성(丹城)에서 간행하려는 것입니까?[42]

권봉희는 기정진의 학설이 후학을 어긋나게 하고 성현의 정론을 배척하는 것으로 보았다. 그래서 그는 전우와 송병선에게 기정진 이론의 잘못된 점을 확인하고 변론하여 『노사집』 간행을 막아달라고 요청했다. 이때 정의림 또한 송병선에게 편지를 보냈다.

> 노사 선생이 살아계실 때 주기(主氣)가 매우 중요하다는 학자를 보면서 태극과 천명의 실체가 가려져 밝지 못할까 염려했습니다. 그래서 항상 도기(道器)와 상하(上下)의 논의에 대해 찬성하고 반대하는 뜻을 세울 경우에는 정암·퇴계·우계·율곡의 도를 밝히기 위한 것이었습니다. 뜻하지 않은 때에 영남 사람 최동민과 권봉희 등은 『노사집』 가운데 한 두 구절의 말을 지적하여 율곡을 업신여기고 훼손한다고 여깁니다.[43]

---

41) 權鳳熙, 『石梧文集』 卷3, 「書」, 「上宋淵齋(壬寅)」, 3a. “一個人之妄論, 固不足爲栗翁加損, 然但後進之士, 誤信其說, 轉相差謬, 則其弊將至何極也! 況今其門徒, 鋟梓廣布, 思有以易天下, 其爲害斯文, 奚止異端之惑世哉?”

42) 權鳳熙, 『石梧文集』 卷3, 「書」, 「與田艮齋(壬寅)」, 78a. “今蘆沙學得何樣人理氣, 而不顧聖賢定論, 妄肆其胸臆, 奮筆貶斥? 是果甚麽學術, 其遺集之刊於丹城之地也?”

43) 鄭義林, 『日新齋淵源錄』, 「年譜」, 26b. “先師在時見學者主氣太重而慮太極天命之體將掩蔽而不明故每於道器上下之論以寓扶抑之義者無非所以明靜退尤栗之道也. 不意日者嶺人崔東敏權鳳熙等指摘先師集中一二句以爲誣毁栗谷.”

정의림은 기정진이 살아계실 때 이이를 주기론자로 보는 견해를 반대했으며, 조광조·이황·성혼·이이의 도를 밝히기 위해 노력했다고 주장했다. 최동민과 권봉희가 비판하는 한 두 구절은 '기자이(機自爾), 비유사지(非有使之)'를 말한다. 이 구절은 마지막까지 「외필」 논쟁의 핵심으로 등장한다. 정의림이 보낸 이 편지는 『일신재집』에는 수록되지 않고 『일신재선생연원록』의 「연보」에만 존재한다. 송병선은 이 편지에 답장을 보냈다.

> 「외필」의 말단은 이미 다른 사람에게 감히 보이고 가르쳐서는 안 될 것이 있으니 지금 여기에 판각해 넣어 오래도록 전하는 것은 사문을 높이는 본의가 아니며 또한 여러분이 스승을 높이는 도가 아니다.[44]

송병선이 보낸 편지는 기정진 제자들[趙性家·李奎永·崔琡民·鄭時林·鄭載圭·鄭義林·趙相燮]에게 답장하는 것으로 보아 정의림이 노사학파의 대표로 송병선에게 보낸 것인 듯하다. 당시 권봉희 등의 노론과 정의림을 비롯한 노사학파가 기호학파의 종주인 송병선에게 서로의 입장을 전달했는데, 송병선은 결국 경상도 노론의 입장을 옹호하면서 기정진 제자들에게 「외필」에 대해 다시 한번 고려해볼 것을 당부했다. 이처럼 「외필」에 대한 논란은 권봉희와 정의림에 의해 경상도에서 전라도와 충청도로 확산했으며, 기호

44) 宋秉璿, 『淵齋集』 卷之15, 「書」 答蘆沙門生(趙性家, 李奎永, 崔琡民, 鄭時林, 鄭載圭, 鄭義林, 趙相燮) 壬午八月, 20b~21a. "猥筆末段, 旣有不敢掛他人眼爲訓, 則今此入鋟而壽傳者, 似非尊師門之本意也, 亦非僉座下尊師之道也."

학파의 학술 논쟁으로 발전하는 계기가 되었다.

그러자 정의림은 바로 「통고영남열읍장보문(通告嶺南列邑章甫文)」, 「통고호남열읍장보문(通告湖南列邑章甫文)」, 「절작변무문(節酌辨誣文)」, 서시제동지(書示諸同志)」를 지어서 문인들에게 스승 이론의 정당성을 주장했다. 그는 이이의 이론과 기정진의 이론이 다르지 않다고 주장하면서 사문들의 학문적 동요를 막고자 했다.

> 오직 우리 노사 선생은 세상이 쇠하고 도(道)가 미미할 때 태어나 지나간 선현을 잇고 다가오는 후학을 인도하는 그 공이 적지 않다. 멀리는 공·맹과 정·주를 숭상하고, 가까이는 동방의 여러 현인을 본받았는데 율곡 선생에 대해서는 더욱 진심으로 믿었다. 그 리(理)를 논한다면 율곡이 말한 '이통기국(理通氣局)'을 종지로 삼았고, 성정(性情)을 논하면 율곡이 말한 온갖 정은 모두 리(理)에서 일어난다는 것을 확실한 논리로 여겼다.45)

정의림은 기정진이 멀리는 선진유학의 공·맹과 신유학의 정·주를 숭상하고, 가까이는 동양의 여러 현인을 본받았는데 특히 이이의 이론에 대해서는 더욱 절실하게 믿었다고 주장했다. 이것은 기정진이 이이의 이론을 그대로 이어가고 있음을 강조한 것이다.

이때 전우는 기정진의 「납량사의」와 「외필」을 반박하기 위해

45) 鄭義林,『日新齋集』卷12,「雜著」, 通告嶺南列邑章甫文, 13b~14a, 268쪽. "惟我蘆沙奇先生, 生於世衰道微之餘, 而繼往開來, 其功爲不少矣. 遠宗洙泗洛閩, 近法東方諸賢, 而於栗谷先生尤篤信焉. 其論理, 則以栗谷所言理通氣局爲宗旨, 其論性情, 則以栗谷所言萬般之情, 皆發於理爲確論."

1902년에 「납량사의의목(納凉私議疑目)」과 「외필변(猥筆辨)」을 지어 비판했다. 이것은 초기에 편지를 통한 단순한 감정적 주장을 벗어나 학문적 논쟁의 출발점이 되었다. 그래서 정의림은 60세 때(1904)에 전우의 비판에 대해 재비판하면서 「변전우소저노사선생납량사의기의(辨田愚所箸蘆沙先生納凉私議記疑)」와 「변전우소저노사선생외필변(辨田愚所著蘆沙先生猥筆辨)」을 지었다. 이것은 기정진의 이일분수설(理一分殊說)을 옹호하면서 이이의 주장 또한 주리설(主理說)임을 변론한 것이다. 이때 전우는 기정진의 이론에 대해 조목조목 비판했고, 정의림 또한 전우의 비판을 기정진의 입장에서 조목조목 대응했다. 이것은 상호 합일점을 찾는 작업이라기보다는 각자의 입장을 공고히 하는 것이었다. 정의림의 성리학적 출발점과 지향점은 이이로부터 기정진에게 이르는 기호학파의 내부에 놓여있다. 그 구체적인 쟁점은 다음 단락에서 살펴보자.

「납량사의」·「외필」에 대한 쟁점

기호학파 내부 논쟁은 기정진의 학설이 이이를 옹호하는가 아니면 이이를 비판하는가의 문제이다. 정의림은 기본적으로 기정진과 이이의 이론이 서로 다르지 않다고 보았다. 그러므로 이이와 기정진과 정의림의 학문적 흐름을 살피는 것이 중요하다. 그렇다면 이이가 가지고 있는 기본 입장은 무엇인가?

> 리(理)와 기(氣)는 본래 서로 떨어지지 않아 하나의 사물과 같지만, 그 다른 까닭은 리는 무형(無形)이고 기는 유형(有形)이며, 리는 무

위(無爲)이고 기는 유위(有爲)이기 때문이다. 무형하고 무위하면서 유형하고 유위의 주(主)가 되는 것은 리이고, 유형하고 유위하면서 무형하고 무위의 기(器)가 되는 것은 기이다. 리는 무형이고 기는 유형이므로 이통기국(理通氣局)하며, 리는 무위이고 기는 유위이므로 기발이승(氣發理乘)하는 것이다.[46]

이이에게 있어서 리는 형체도 없고 함이 없는 것이며, 기는 형체가 있고 함이 있는 것이다. 즉 발하는 것은 기이고 발하게 하는 까닭은 리이다.[47] 이이는 분명하게 발하는 까닭과 발하는 것을 리와 기로 설명하여 원리와 작용으로 보았다. 예를 들어 집을 지을 때 흙과 나무와 같은 재료인 기가 필요하고, 그 집을 짓기 위해서는 설계도인 리가 있어야 하는 것과 같은 의미이다. 그러므로 리는 무형이고 기는 유형이기 때문에 리는 통하고 기는 국한되는 것[理通氣局]이며, 리는 무위이고 기는 유위이기 때문에 기가 발하여 리가 타는 것[氣發理乘]이다. 그리고 이러한 리와 기는 선후도 없고 이합도 없기 때문에 리와 기가 오묘하게 합하는 관계[理氣妙合]를 갖는다. 여기에서 이이가 고민한 것은 흙과 나무, 설계도만 있는데 어떻게 집을 지을 것인가에 대한 문제이다.

46) 李珥, 『栗谷全書』 卷之10, 「書二」, 答成浩原, 25b~26a. "理氣元不相離, 似是一物, 而其所以異者, 理無形也, 氣有形也, 理無爲也, 氣有爲也. 無形無爲而爲有形有爲之主者, 理也. 有形有爲而爲無形無爲之器者, 氣也. 理無形而氣有形, 故理通而氣局. 理無爲而氣有爲, 故氣發而理乘."

47) 李珥, 『栗谷全書』 卷之10, 「書二」, 答成浩原(壬申), 5a. "大抵發之者, 氣也; 所以發者, 理也. 非氣則不能發, 非理則無所發.(發之以下二十三字, 聖人復起, 不易斯言.) 無先後, 無離合, 不可謂互發也."

> 음과 양이 움직이고 고요할 때, 태극이 그것을 올라타는데 발하는 것은 기이며, 그 기틀을 올라타는 것은 리이다. 그러므로 인심에는 생각이 있고, 도체에는 작용이 없는 것이다. 공자께서 '사람이 도를 넓힐 수는 있어도 도가 사람을 넓히는 것은 아니다'라고 하셨다.[48]

이이는 집의 설계도인 리와 집을 만드는 재료인 기를 조화시키기 위해서 그것을 실현할 인간이 필요하다고 생각했다. 그래서 그는 도체에는 작용이 없지만, 사람의 마음에는 생각이 있다고 보고서 『논어』의 '사람이 도를 넓힐 수는 있어도 도가 사람을 넓히는 것은 아니다'라는 구절을 인용했다. 즉 이이의 리와 기가 실현되기 위해서는 무엇보다 인간 존재의 역할이 중요하다. 그런데 인간은 선한 마음과 악한 마음이 모두 드러나기 때문에 이이는 궁리(窮理)의 공부를 통한 수양론을 중요하게 여겼다. 기정진은 이러한 이이의 사유에 대해 어떻게 이해했는가?

기정진은 "이이의 의론은 『격몽요결(擊蒙要訣)』에 드러나는데 이것은 본래 평탄한 말이다."[49]라고 평가하면서 이이의 견해를 직접적으로 옹호하거나 부정하려는 표현을 사용하지 않는다. 또 이이가 이해하는 태극(太極)에 대해 조성가가 물어보자, 기정진은 "태극에 대해 운운한 전현(前賢)의 의론이 과연 의심스럽다."[50]라

48) 李珥, 『栗谷全書』 卷之20, 「聖學輯要二」, 60a. "陰陽動靜, 而太極乘之, 發者, 氣也, 乘其機者, 理也. 故人心有覺, 道體無爲. 孔子曰人能弘道, 非道弘人."

49) 奇正鎭, 『蘆沙先生文集』 卷之6, 「書」, 答宋義伯, 37a. "乃若栗谷之論, 則見於擊蒙要訣者, 自是平坦."

50) 奇正鎭, 『答問類篇』(호남학국학자료총서 1), 김경국 역, (재)한국학호남진흥원, 2019, 139쪽.

고 보기도 한다. 『문집』의 기록만을 통해서 보면 기정진은 대체로 이황과 이이의 이론을 직접 언급하지 않고, 단지 제자들의 질문에 대해 답하는 수동적인 형식을 취하면서 '전현(前賢)'이라는 표현을 쓸 뿐이다. 정의림은 논쟁의 핵심이 되는 이이의 이론에 대해 질문한다.

> 율곡이 '양이 움직이고 음이 고요한 것은 기(氣)의 기틀이 스스로 그러한 것이다'라고 말했는데 평소에 이해하지 못했습니다. (이 말은 어떻습니까?) 대답하길 "고요함이란 음인데 고요하게 하는 것은 리이다. 움직임이란 양인데 움직이게 하는 것은 리이다. 율곡의 말은 단지 유행의 한 측면만을 설명한 것이네. 그런데 근세 주기의 의론은 대개 모두 여기에서 발원한다네."[51)]

이이를 이해할 때 논쟁이 되는 것은 바로 '기자이(機自爾), 비유사지(非有使之)'의 개념이다. 정의림 또한 자구(字句)만 보고서는 이해할 수 없었던 부분이라고 보았다. 기정진은 이것에 대해 유행하는 현상세계만을 이해하는 방식이지, 그 현상 뒤에 주재하고 시키는 리가 존재한다고 인식했다. 기정진은 "움직임과 고요함은 기이고 움직이게 하고 고요하게 하는 것은 반드시 리이다. 움직이게 하고 고요하게 하는 것이 시켜서 그러한 것이 아니고 무엇이겠는가?"[52)]라고 하여 음양이 동정하는 이유는 천명이 시켜서

51) 奇正鎭, 『蘆沙集』 卷之12, 「書」, 答鄭季方(辛未九月) 38a. "栗谷陽動陰靜, 其機自爾云云, 尋常未解. 靜者陰而使之靜者理也, 動者陽而使之動者理也. 栗谷之言, 特是流行一邊說, 然近世主氣之論, 蓋原於此."

52) 奇正鎭, 『蘆沙集』 卷之16, 「猥筆」, 25b. "動者靜者氣也. 動之靜之者理也, 動之靜之, 非使之然而何?"

한 것임을 분명하게 말했다. 이이는 리가 함이 없기 때문에 리와 기를 작동시키는 사람이 필요했다면, 기정진은 강력하게 시키고 주재할 리를 설정하여 기의 세계를 통제하고자 했다.

> 오직 노사 선생만은 평생 율곡을 높이고 사모했으며, 태극이기의 설과 천명성정의 논리에 밝게 부합하지 않음이 없어 독실하게 믿었다. 『문집』을 살펴보면 뚜렷하게 징험할 수 있다. 다만 '음양동정은 시키는 자가 있는 것이 아니다'라는 한 구절에서 다소 합치되지 않은 곳이 있지만, 문맥의 의미를 살려서 보면 이곳은 단지 유행하는 측면만을 말한 것이라고 여겨진다. 그런데 지금의 주기론자들은 오로지 이 말만을 잡고서 자기 견해의 논증으로 삼는다.[53]

정의림은 기정진이 이이를 사모하고 그 학문을 독실하게 믿었다고 주장한다. 그리고 당시 많은 기호학파가 비판했던 '음양동정은 기틀이 스스로 그러한 것이지 따로 시키는 자가 있는 것이 아니다.'라는 한 구절에 대해서는 약간의 합치되지 못한 곳이 있으니 글자 그대로만 보지 말고 '문맥의 의미를 살려서 보라[活看]'라고 주문한다. '문맥의 의미를 살려서 본다'라는 것은 리가 시켜서 동정(動靜)하게 된다는 것이다. 이것은 이이가 유행의 측면만을 설명한 것이고, 실질적인 근원의 측면에서 보면 시키는 리가 있다는 의미이다. 그런데 근세 주기(主氣)를 논의하는 사람들이 대

53) 鄭義林, 『日新齋集』 권12, 「雜著」 通告湖南列邑章甫文, 15a, 269쪽. "惟蘆沙先生一生尊慕栗谷, 而於太極理氣之說天命性情之論, 無不昭合而篤信焉. 考之文集, 歷歷可徵, 但於'陰靜陽動非有使之'一句語有少未契, 而每活看而通之, 以爲此特流行邊說話矣. 及見今人之主氣者, 專執此語, 以爲己見之證."

개 이 부분을 가져와 자신의 견해를 논증한다는 것이다. 이것은 퇴계학파가 율곡학파를 공격하고 비판하는 논리이다. 그렇지만 글자대로 보면 차이가 있는 것은 분명하다. 당시 학자들은 대부분 이 부분만을 가지고 비판했는데, 정의림은 이이의 이론을 보완하기 위한 것이라고 주장했다.

> 사마온공이 「의맹편」을 지었지만, 그 아들 강이 맹자를 가장 순수하다고 여기고서 경연에서 진강했다. 명도는 『대학』의 순서를 정했지만, 이천은 그것을 개정했다. 오봉의 어긋한 곳은 남헌이 대부분 변별했고, 주희의 정설은 면재가 혹 그것을 어겼다. …… 우리나라에서 회재는 주자의 『대학장구』를 개정했고, 율곡은 퇴계의 사칠에 대한 논의를 변별했으며, 퇴계의 『차의』는 우암이 개정했고, 우암의 『차의』는 농암이 혹 변별했다.[54]

정의림은 기정진이 「납량사의」와 「외필」을 지어 이이의 이론과 다른 모습을 보인 것은 단순히 앞 현인을 업신여겨 훼손하려는 것이 아니라, 학설의 잘못된 계승점을 지적하고 이이가 미처 발명하지 못한 이론을 보완했다는 입장을 보였다.[55] 즉 이론의 변화는 당시의 상황에 맞게 재해석하여 시대적 요구를 실현하기 위한 것이지, 이이의 이론을 부정한 것은 아니다. 그렇다면 왜 정

---

54) 奇正鎭, 『蘆沙集』 卷之13, 「節酌辨誣文」, 2b～3a, 284～285쪽. "溫公作疑孟篇, 而其子康以爲孟子最醇而進講於經筵, 明道定大學編次, 而伊川改定之, 五峯差處, 南軒多辨之, 考亭定說, 勉齋或違焉. …… 至於我東, 則晦齋改定朱子大學章句, 栗谷辨別退溪四端議論, 退溪之箚疑, 尤庵多改之, 尤庵之箚疑, 農巖或辨焉."

55) 박학래, 「日新齋 鄭義林의 性理說 硏究」, 『범한철학』 제41집, 2006, 3쪽.

의림은 당시 기호학파 내부의 끊임없는 비판에도 불구하고 끝까지 기정진의 이론과 이이의 이론이 일치한다고 주장했을까? 정의림은 이이의 이론을 바탕으로 기정진의 사유방식을 받아들여 국가적 위기 상황을 벗어나기 위한 강력한 이론적 근거인 리(理)를 올바로 세우고자 했다. 그래서 그는 리의 의미를 두 가지 관점으로 이해했다.

> 리에 작위함이 없는 것으로써 말하면 "움직이고 고요한 것은 리이고, 움직이게 하고 고요하게 하는 것은 기이다."라고 했다. 리가 주재하는 것으로써 말하면 "움직이고 고요한 것은 기이고 움직이게 하고 고요하게 하는 것은 리이다."라고 했다. 말하는 관점에 따라 각각 그 마땅함이 있다.56)

이것은 움직이고 고요한 것과 움직이게 하고 고요하게 하는 것을 구분하여 양자의 동일성을 주장한 것이다. 이이의 입장에서 보면 리가 무위하여 실질적으로 기를 타고 있는 리가 움직이기 때문에 움직이고 고요한 것은 리이고 움직이게 하고 고요하게 하는 것은 기이다. 하지만 기정진의 입장에서 보면 리가 주재하기 때문에 움직이고 고요한 것은 기이고, 움직이게 하고 고요하게 하는 것은 리이다. 정의림은 이이와 기정진의 입장이 바라보는 시각에 따라 다를 뿐 모두 타당하다고 보았다. 즉 그는 이이의 리무위(理無爲)의 소이연(所以然)의 이치를 수용하면서 기정진의

56) 鄭義林, 『日新齋集』 卷11, 「雜著」, 辨田愚所著蘆沙先生猥筆辨, 25b, 256쪽. "以理無作爲者言, 則曰動靜者理也, 動之靜之者氣也. 以理爲主宰者言, 則曰動靜者氣也, 動之靜之者理也. 隨其地頭 語各有當也."

주재하는 사지연(使之然)의 이치를 받아들였다. 더 나아가 그는 이기관계를 더욱 분명히 구분했다.

> 리(理)가 기(氣)의 주인이 된다는 것은 군자가 신하를 통솔하고, 아버지가 자식을 통솔하고, 남편이 부인을 통솔하는 것과 같다. 기(氣)가 리(理)의 주인이 된다는 것은 신하가 군주의 자리를 빼앗고, 자식이 아버지의 자리를 빼앗고, 아내가 남편의 자리를 빼앗는 것과 같다. 그 득실을 알 수 있다.[57]

정의림은 리와 기의 지위와 역할을 분명히 구분하여 명령하는 사람은 주인이고, 명령받은 사람은 종이다고 보았다. 즉 리와 기는 일체를 이루지만 대등한 관계가 아니라 리주기복(理主氣僕)의 관계에 놓여 있음을 거듭 강조하면서 현상의 이면에서 그 실질로 구조화되어 있는 리(理) 중심의 체계를 구축하려 한 것이다.[58] 이것은 바로 성리학적 가치질서가 실현된 것이고 또한 사회질서가 체계화된 상태이다. 그런데 당시는 기가 리의 자리를 빼앗는 상황으로 소인이 군주의 자리를 빼앗고 오랑캐가 화하(華夏)의 자리를 빼앗았다. 그래서 정의림은 이와 기의 관계를 당시의 시대상황을 극복하는 이론체계로 인식하면서 리에 더욱 절대적인 힘을 부여한 것이다. 이것은 이기의 문제에 대한 존재론적 해석을 넘어서 현실세계를 진단하는 측면으로 확장된 것이다. 정의림은 조

57) 鄭義林, 『日新齋集』 卷6, 「書」, 與朴景立, 23a, 136쪽. "理爲氣主, 如君之統臣, 父之統子, 夫之統妻. 氣爲理主, 如臣奪君位, 子奪父位, 妻奪夫位. 其得失可見矣."

58) 박학래, 「노사학파의 지역적 전개양상과 사상적 특징」, 『국학연구』 제15집, 한국국학진흥원, 2009, 171쪽.

선왕조 500년을 유지해왔던 이기론 체계가 무너지는 현실 앞에서 유학자로서 대처할 수 있는 유일한 방법을 찾았다.

결론

정의림은 이이의 이기설을 수용하면서 기정진의 리(理) 중심의 이기론을 계승했다. 그는 기정진을 만나기 전에 김정묵 → 송치규 → 박영주로 이어지는 사승관계 속에서 이이·김장생·송시열의 성리학 이론을 접했다. 특히 그의 학문과 사상적 기반은 기호학파의 종주인 이이의 이론체계에 있다. 정의림은 기호학파의 학문 이해를 바탕으로 24세에 기정진을 만나면서 이이의 성리설과 접목해 사유했다.

정의림은 기정진 사후에 있었던 「납량사의」와 「외필」을 변론하고 방어하는데 집중하면서 노사학파의 정당성을 확보하고자 했다. 정의림은 20세기 초 논쟁의 발단과 전개 과정에서 중추적인 가교 역할을 했을 뿐만 아니라, 호남이 성리학 논쟁의 중심지가 되는 계기를 마련했다. 이것은 정의림이 새로운 학문체계를 구성하기보다는 기정진과 이이를 융합하는 이론체계를 확립하여 기울어가는 국가를 다시 세우고자 한 것이다. 이 당시는 리의 국가체제가 무너지는 과정에서 성리학자가 리의 역할을 담당할 수밖에 없는 상황이었다. 그래서 정의림은 이이의 리무위(理無爲)와 기유위(氣有爲)의 원리를 담보로 성리학자의 역할을 중요하게 여겼다. 즉 정의림은 국가의 위기를 맞이하여 소이연(所以然)의 원리로써 무위(無爲)하는 리를 받아들이면서, 또 시키고 주재하는 사지연(使之然)의 리를 강조했다. 정의림의 위상은 망국의 위기 상황에서 리(理) 중심의 성리학 체계를 바탕으로 현실 세계에 대응하는 이론적 근거를 구상했다는 점이다. 이것은 유학자로서 조선왕조를 유지해왔던 이기론 체계가 무너지는 국가적 위기 상황을 대처하는 유일한 방법이었다.

한말 기호학파 논쟁은 이이와 기정진의 리(理)에 대한 이해에 따라 달라진다. 그 결과 논쟁은 기호학파 내부의 학문적 분열을 초래했을 뿐만 아니라, 서로의 합일점을 찾기보다는 각자의 주장을 더욱 공고히 하면서 국가적 위기와 함께 침체되는 한계점을 가지고 있다. 필자는 앞으로 현대적 입장에서 다양한 연구 분야로 다시 논의를 확대하여 한말 성리학 논쟁의 간극과 실천방식을 객관적으로 살펴보고, 국가적 위기 상황과 관련하여 고찰할 필요가 있다고 본다.

박로술의 외필론

이 향 준

(전남대학교 학술교수)

들어가면서

호남 유학사에서 기정진은 두 가지 큰 영향을 끼쳤다. 첫째 그는 '理學의 六大家'[1]라는 호칭에서 알 수 있는 것처럼 다른 학자들과 구별되는 성리학 체계를 확립했다. 이런 면에서 기정진과 비견될 수 있는 사람은 16세기의 기대승을 제외하면 거의 찾아볼 수 없다. 다른 한 가지 측면은 기대승조차 달성하지 못한 것이었다. 기정진은 '노사학파'라고 불리는 문인 집단을 창출했다. 성리학적 사유와 학파의 형성이라는 두 가지 측면에서 볼 때 호남유학사에서 이러한 학술적 위상에 도달했던 성리학자는 존재하지 않았다.

최근의 연구는 노사학파의 규모를 직전제자 594, 재전제자

1) 현상윤, 『조선유학사』(서울, 현암사, 1982), 368쪽.

2,888, 삼전제자 4,240, 사전제자 336명 등 모두 8,058명에 이르는 것으로 보고하고 있다. 이 가운데 광주 지역의 문인들은 직전제자 95명을 포함해서 모두 1,226명으로서 15.22%에 해당한다. 이것은 전남의 15,115명(63.48%)에 이어 두 번째로 높은 지역적 분포도를 보여준다.[2)] 실질적으로 단일 도시라는 규모로 환산해서 계산할 경우 광주 지역의 문인집단이 노사학파에서 가장 많은 인적 구성원을 가진다는 뜻이다.

그럼에도 불구하고 오늘날 광주지역의 노사학파에 대한 연구는 거의 찾아볼 수 없다. 오준선(吳駿善, 1851~1931)을 다룬 4편의 글이 2011년 전남대 호남학연구원과 역사문화연구센터가 공동 주최한 「후석 오준선의 생애와 사상」이란 제목의 학술대회에서 발표된 이후 추가적인 몇 편이 나타났을 뿐이다.[3)] 반면에 그를

2) 박학래, 「노사학파의 형성과 노사학의 계승」, 『동양고전연구』 80집(동양고전학회, 2020), 463쪽, [표 2] 노사학파 문인들의 지역별 분포 종합 참조.

3) 이 학술대회에서는 「오준선의 가계와 생애」(노기욱), 「오준선의 학풍과 성리사상」(안동교), 오준선의 『義兵傳』 저술과 후학양성」(홍영기), 「오준선과 지역인물사 연구 전망」(한규무)이라는 네 편의 글이 발표되었다. 이 당시를 기준으로 한규무는 자신의 글을 쓰기 위해 참고할 수 있는 선행연구가 당시까지 권수용의 「호남의 근대 누정 작가·작품 연구-기우만(奇宇萬)·오준선(吳駿先)·고광선(高光善)을 중심으로」(『동방학』 19, 한서대학교 동양고전연구소, 2010, 147~180) 한 편 밖에 없다는 사실을 보고하고 있다. 현재에도 이들의 선행 연구를 제외하고 유일하게 추가된 오준선에 관한 연구는 장선희가 발표한 두 편의 글인데 그 가운데 하나는 광산지역의 한문학 활동을 개괄하면서 그 일부분으로 오준선을 언급하고 있을 뿐이다. 장선회, 「근대전환기 유학자 후석 오준선의 활동양상에 대한 고찰」(『한국시가문화연구』 31집, 한국시가문화학회, 2013, 283~311쪽)·「광주지역의 한문학활동에 관한 연구-광산지역을 중심으로-」(『한국시가문화연구』 29집, 한국고시가문학회, 2012, 285~308쪽)·한규무, 「오준선의 지역인물사 연구 전망」, 『후선 오준선의 생애와 사상 학술대회 자료집』(전남대 호남학연구원·역시문화연구센터), 2011), 67쪽 참조.

제외한 다른 문인들에 대한 학술적 탐구는 전혀 진행되지 않은 상태라고 할 수 있다. 이 때문에 이 지역의 인물들을 발굴하고 이들의 호남 유학사적 맥락과 의의를 밝히려는 연구가 절실하게 요청된다.

이 글은 광주지역 노사학파의 직전제자군 연구의 일환으로서 박로술(朴魯述, 1851～1917)의 생애와 저술을 기반으로 성리학적 특징을 개괄하려고 한다.[4] 그의 생애를 개괄한 다음, 「전간재의 「외필변」을 변론함[辨田艮齋猥筆辨](이하 「변외필변」)」을 중심으로 외필 논쟁(猥筆論爭)의 전개를 배경삼아 박로술의 성리학적 특징을 다룰 것이다. 모두 21조목 이루어진 「변외필변」의 내용은 기정진의 「외필(猥筆)」과 이를 반박하는 전우의 「외필변(猥筆辨)」에 담긴 주요 논점을 재반박하고 있다. 이 글은 기정진-전우-박로술로 이어지는 논쟁의 맥락과 이에 기초한 「변외필변」의 몇몇 논점을 부각시킴으로서 근·현대 호남유학사에서 박로술의 지성사적 위치를 탐색할 것이다.

생애와 사승

박로술의 자는 공선(公善), 호는 석음(石陰), 본관은 평양(平陽:

4) 현재 박로술을 주제화한 선행연구는 존재하는 않고, 다만 한문학(漢文學) 분야에서 장선희가 '근대 이후 광산 지역의 (한문학 활동) 문인'으로서 오준선과 함께 박로술을 소개하고 있는 것이 전부이다. 장선희, 「광주지역의 한문학활동에 관한 연구-광산지역을 중심으로-」(『한국시가문화연구』 29집, 한국고시가문학회, 2012, 302～305쪽 참조.

순천)이다. 1851년 9월 13일 광주(光州) 안청리(安淸里)에서 박양동(朴陽東, 1829～1905)과 장흥 고씨(長興高氏, 1827～1914) 사이에서 태어나, 1917년 6월 23일에 향년 67세로 세상을 떠났다. 그의 할아버지는 박제방(朴濟邦, 1808～1886)으로 자는 순문(舜聞)이고 호는 안호(安湖)이며, 증조는 박의현(朴懿鉉)으로 자는 덕미(德美)이고 호는 백은(白隱)이다. 박의현은 2남 1녀를 두었는데, 두 아들의 이름은 제방(濟邦)·제효(濟孝)이다.[5] 박제방은 아들인 박양동을 비롯해서 1남 4녀를 두었고, 박양동은 4남 2녀를 두었는데 네 아들은 각각 노준(魯準)·노술(魯述)·노춘(魯春)·노홍(魯洪)이다.[6] 어머니 장흥 고씨는 고경명의 후손으로 고제유(高濟儒)의 딸이다.

『노사선생연원록』에는 박제방에서 박노술에 이르기까지 할아버지부터 손자 3대가 모두 문인으로 수록되어 있다. 이것은 박로술이 가학의 영향을 받아 할아버지와 아버지의 손에 이끌려 기정진의 문하에서 수학했음을 짐작하게 만든다.[7] 그의 학문 이력은 어려서부터 시작되었다. 「행장」에는 그의 6세 시절의 일화를 다음과 같이 전하고 있다.

---

5) 宋秉璿, 『淵齋集』 권42(표점영인 한국문집총간 vol.330), 「學生朴公(懿鉉)墓表」, 298쪽 참조.

6) 奇宇萬, 『松沙集』 권46(표점영인 한국문집총간 vol.346), 「安湖處士朴公行狀)」, 498쪽 참조.

7) 3대가 이럴 수 있었던 인연 가운데 하나는 박로술의 집안과 기정진의 집안이 혼맥으로 연결되어 있던 것이 한 이유이기도 했다. 박로술의 고조는 박성렬(朴聖洌)이고, 그는 3남2녀를 두었는데, 첫째가 박의현, 둘째가 박옥현(朴玉鉉), 셋째가 박윤현(朴允鉉)이었다. 그리고 기정진의 넷째 누이가 바로 박윤현의 부인이었다. 기정진, 『노사집』 권28(표점영인 한국문집총간 vol.310), 「睡軒處士朴公行狀」, 601～602쪽 참조.

여섯 살에 큰형이 글을 배우는 것을 보고서 자기도 글을 배우기를 청했다. 관어공이 선생의 나약함을 걱정하자 선생이 말했다. "형은 나이가 많으니 일과로 많은 것을 배우는 것이 당연합니다. 저는 나이가 어리니 제 분수에 따라 조금씩이라고 알아간다면 좋지 않겠습니까?" 부친이 그 말을 기특하게 여겨 형과 함께 배우도록 했다.[8)]

조금 자라자 부모님의 명에 의해 옥천(玉川: 순창)에 있는 김인후가 강학했던 초당인 훈몽재(訓蒙齋)에서 2년 여 동안 학문을 익혔고, 그 뒤 기정진의 문하에 나아가 문인이 되었다. 그가 언제 기정진의 문인이 되었는지는 그 시기를 정확하게 결정할 수 없지만, 어림잡을 수 있는 두 가지 단서가 있다. 첫째 『노사집』과 『석음유고(石陰遺稿)』에 기정진과 박로술이 주고받은 편지가 실려 있지 않다. 반면에 『송사집(松沙集)』에는 기우만(奇宇萬, 1846~1916)이 박로술에게 보낸 다섯 통의 편지가 실려 있고,[9)] 『석음유고』에는 기우만에게 보내는 여섯 통의 편지가 실려 있다.[10)] 또 다른 단서는 박로술이 1851년생이라는 점이다. 박로술이 20대 중반 무렵에 기정진에게 나아갔다 하더라도 이 때는 이미 기정진이 70대 후반에 접어든 시기이다. 즉, 문헌 증거들은 박로술이 노사학파 내부에서 가장 가까이 교류한 인물이 그보다 다섯 살 연상인 기우만이라는 점을 보여주고, 박로술이 1851년생이라는 정황증거를 고려하면 박로술이 기정진에게 나아간 시기는 기정진의

8) 朴魯述, 『石陰遺稿·부록』(전라남도·장성군, 1989), 「행장」, 386쪽.
9) 奇宇萬, 『松沙集』 권5(표점영인 한국문집총간, vol.345), 「答朴公善」, 116~118쪽 참조.
10) 박로술, 『석음유고』, 권2, 「與奇松沙」, 109~120쪽 참조.

만년 무렵이라고 추정할 수 있다.

기정진이 세상을 떠난 4년 뒤인 1893년 박로술은 현량과에 천거가 되었지만, 전시(殿試)에서 탈락했고, 이 이후 다시는 벼슬길에 뜻을 두지 않고 고향에서 후학 양성에 전념했다. 1985년 을미사변이 발생했고, 이듬해 기우만은 의병을 일으켰다. 박로술은 광주향교 장의(掌儀)의 신분으로 이에 호응해서 격서(檄書)를 지어 돌렸다. 한편, 같은 장의였던 박원응(朴源應)과 함께 향리들이 빼돌린 환곡을 색출해서 의병의 군량미로 사용하려다, 향리들의 농간에 의해 박원응은 살해당했고, 기우만은 의병을 해산하라는 왕명을 받고 활동을 중지하고 말았다.

1902년에서 1904년 사이 「외필」과 「납량사의」 등을 둘러싸고 기정진의 성리학에 대한 논란이 가장 격렬했을 때 박로술은 이 논쟁의 주요 텍스트인 두 개의 글에 대한 독립적인 논변을 남겼다. 그는 대략 1902년 후반기에서 1903년 후반기에 이르는 사이에 전우의 「외필변」과 「납량사의의목추록」에 대해 「변외필변」과 「전간재의 「납량사의의목」을 변론함[辨田艮齋納凉私議疑目](이하 「변의목」)」이라는 별도의 변론을 남겼다.

또한 기정진의 사후 박로술은 송병선과 최익현 등 당대 유림의 지도자들과 종유하면서 강학을 이어갔다. 그러나 1905년 을사늑약 이후 국권을 상실하고, 송병선과 최익현 등이 잇달아 순절하자, 그는 뜰에 소나무, 국화, 버드나무를 심고 서재를 '율리전사(栗里田舍)'라고 명명하고서 은거의 삶을 택했다.

1910년 경술국치 당시 박로술은 이미 60세였는데, 당시 총독부에서는 반족유생(班族儒生)과 효자절부(孝子節婦)에게 은사금을 지급한다는 구실로 매국 세력을 회유하려고 했다. 박로술 또한 명단에 올랐으나 이를 거절했고, 이로 인해 비아헌병대와 장성헌병대에 압송되어 회유와 협박에 시달렸지만 그는 끝내 이를 거절했다. 헌병대에 압송되었을 때 그의 심정은 「장성분대소공사(長城分隊所拱辭)」에 실려 있는데 그는 이렇게 말했다.

> 나는 미치광이처럼 또한 병든 몸으로 곤궁하여 돌아갈 곳이 없다. 이에 나의 힘을 헤아리지 않고 의리를 나의 책임으로 삼아 산림에 은둔하여 본심을 지키면서 죽는 날만을 기다리며, 본국의 신하여 백성으로서 지하에 계신 조상을 찾아가 뵈려고 한다. 이것이 나의 생사와 몸에 사무친 염원이었는데, 나의 이름을 끝까지 감추지 못해 잘못 기로(耆老)의 명단에 들어감으로써 은사금을 받들라는 명령으로 매우 나를 다그쳐왔다. 나는 만 번 죽어 백골이 가루가 된다 할지라도 나의 본심을 잃을 수 없으며, 나의 대의를 빼앗길 수 없다.[11]

이미 1905년부터 은거의 삶을 택하고, 1910년 은사금을 거절했던 그의 삶은 1917년까지 계속되었는데, 세상을 떠나기 1년 전에는 기우만의 상을 당해서 집례(執禮)를 맡기도 했다. 1917년이 되자 죽산 안씨 안명화(安命和)의 따님이었던 부인이 향년 68세로 6월 2일에 먼저 세상을 떠났는데, 이 때는 이미 일제의 공동묘지령에 의해 상례를 제대로 치룰 수 없었다. 박노술은 「공동묘공척문(共同墓攻斥文)」 2편을 써서 공동묘지제를 반대했고, 같은 달 광주경찰에 구인되어갔다가, 사흘 만에 의식을 잃은 몸으로 돌아와 23일 자택에서 세상을 떠났다. 그의 묘소는 장성군 서삼면(西三面)

11) 박노술, 『석음유고』 권6, 「長城分隊所拱辭」, 376쪽.

대덕리(大德里) 뒷기슭 선친의 묘소 아랫쪽 건좌(乾坐)에 있고, 부인과 합장되어 있다. 슬하에는 박일규(朴日圭)를 비롯한 1남 4녀를 두었다.

『석음유고』와 외필논쟁

박로술은 6권으로 이루어진 『석음유고(石陰遺稿)』 필사본을 남겼는데, 변시연(邊時淵)의 서문과 함께 1989년 전라남도 및 장성군에 의해 향토문화자료 제39집 영인본 6권 1책으로 출판되었다. 『국역 석음유고』는 박소동(朴小東)에 의해 번역되어 전통족보문화사에서 2017년 간행되었다. 그 가운데 그의 성리학적 특징을 알 수 있는 대표적인 저술은 권6에 실려 있다. 「동오상설(同五常說)」·「변외필변」·「변의목」·「의의조변(疑義條辨)」이 여기에 속한다.

호남지역의 노사학파 직전문인으로서 외필논쟁(猥筆論爭)이 발생했을 때, 자기 자신의 사상적 목소리를 낸 사람들은 의외로 많지 않았다. 오준선, 기우만, 정시림(鄭時林, 1839~1912), 정의림(鄭義林, 1845~1910), 기우승(奇宇承, 1858~1907), 박로술 정도를 거론할 수 있을 뿐이다. 그 가운데 오준선과 기우만은 외필논쟁과 관련된 별도의 저술은 하지 않고, 주로 「통문」을 통해서 자신들의 입장을 밝혔다.[12] 정시림에게는 「외필상질설(猥筆相質說)」이 있

12) 오순선의 연보에는 "신축년(1901) 영남에서 (노사선생의 성리학을) 해치려는 무리들이 나타나 노옹의 이기설이 율옹과 배치된다는 내용의 글을 주고받으면서 비방하고 모욕했다. 공(公: 오준선)은 노옹이 참으로 율옹에게 승복했다고 여겼기에…통문을 발송해서 곡절을 분석 비판했고 사론(士論)은

고, 기우승에게는 「박외필문목변(駁猥筆問目辨)」이 있지만, 「납량사의」에 대해서는 유사한 성격의 글이 없다.[13] 「외필」과 「납량사의」 두 저술에 대한 단독의 저술을 각각 남긴 사람은 정의림과 박로술 두 사람 정도였다. 정의림은 「전우가 쓴 「외필변」를 변론함[辨田愚所著蘆沙先生猥筆辨]」과 「전우가 쓴 「납량사의기의」를 변론함[辨田愚所著蘆沙先生納凉私議記疑]」을 남겼다.[14] 박로술은 이미 말한 것처럼 「변외필변」과 「변의목」 및 「동오상설」을 남겼으며, 외필논쟁과는 간접적으로 연결되는 「의의조변」을 남겼다.

원래 전우가 쓴 「납량사의의목(納凉私議疑目)」이라는 제목은 『간재집·전편』 권14에서 두 번 발견된다. 다시 말해 같은 제목을 가진 두 편의 글이 있는 것이다. 첫 번째 글에는 '임인년(壬寅, 1902)'이라는 추가 설명이 붙어 있고,[15] 두 번째 글에는 '초본에 있던 6조목을 뒤따라 기록한다[初本六條, 追錄.]'라는 내용이 덧붙여져 있다.[16] 이에 따르면 전우는 원래 「납량사의」를 변론하는

(공의 견해를) 올바르다고 했다"라고 해서 오준선이 외필논쟁과 관련한 통문의 발송에 나선 일을 알려주고 있을 뿐이다. 기우만의 경우에는 『송사집』에는 실려 있지 않지만 『부벽록』에 그의 이름으로 발송된 「노사문도통문」이 실려 있다. 吳駿善, 『後石遺稿』 권25, 「행장」, 14후~15전면·金魯洙 編, 『扶闢錄』(서울대 규장학. 고1360-50, 1909), 「蘆沙門徒通文」, 73~77쪽 참조.

13) 鄭時林, 『月波集』 권1, 「猥筆相質說」(국립중앙도서관, 古3648-70-207), 47후~50전면·奇宇承, 『普山先生文集』 1(한국역대 문집총서 vol.515), 「駁猥筆問目辨)」, 114~145쪽 참조.

14) 鄭義林, 『日新齋集』 권11, 「辨田愚所著蘆沙先生納凉私議記疑」, 1전~20후면·「辨田愚所著蘆沙先生猥筆辨」, 21후~34후면 참조.

15) 田愚, 『艮齋集·前編』 권14(표점영인 한국문집총간 vol.333), 「納凉私議疑目(壬寅)」, 127쪽 참조.

16) 두 번째 글을 「납량사의의목추록」이라고 부르는 것은 이 추가 설명에서 두 글자를 따온 것이다. 전우, 『간재집·전편』 권14(표점영인 한국문집총간

초고를 작성한 다음, 거기에서 6조목을 뺀 글을 편집해서 「납량사의의목」이란 제목을 붙였다. 그리고 애초의 초고에서 누락시켰던 6조목을 따로 묶어서 똑같이 「납량사의의목」이란 제목을 붙여둔 것이다. 즉 첫 번째 글이 분량 면에서나 내용 면에서 본론에 해당하고, 「납량사의의목추록」이라고 부르는 두 번째 글은 분량도 6조목에 불과한 부록 정도에 해당한다고 평가할 수 있다. 이런 차이 때문에 정의림의 「변기의」와 박로술의 「변의목」이 전우의 어떤 글을 반박하는 것인지 분명히 이해할 필요가 있다. 내용을 살펴보면 정의림의 글은 「납량사의의목」을 박로술의 글은 「납량사의의목추록」의 6조목을 반박하고 있다. 이를 통해서 알 수 있는 것은 정의림의 「변기의」가 「납량사의의목」을 다룬 본격적인 비판서라고 하기에 적당하다는 것이다. 「변의목」이 6조목만을 다루고 있다는 점에서 「변기의」보다 학술적 중요성이 떨어진다고 평가할 수 있다. 이 때문에 아래에서는 「동오상설」과 「변의목」에 대한 상세한 탐구는 다음 기회로 미루기로 하고 「변외필변」을 중심으로 그의 외필론을 통해 성리학적 특징을 살펴보기로 하겠다.

「외필」의 등장

「변외필변」은 1878년의 「외필」 및 1902년 후반기에 나타난 「외필변」의 출현을 배경으로 한다. 이 텍스트들은 외필논쟁이라

vol.333), 「納凉私議疑目-初本六條, 追錄.-」, 132쪽 참조.

고 알려진 보다 포괄적인 논쟁사의 일부분을 이루고 있다. 박로술의 외필론을 이해하기 위해 외필논쟁 자체의 대략적인 윤곽을 개괄할 필요가 있는 것이다. 이미 이 논쟁의 존재는 안진오의 학위논문에서 소개되었고, 박학래에 의해 체계적으로 다루어졌다.[17] 노사학파 자체의 형성 과정 속에서 이 논쟁이 경남 단성면 소재 신안정사에서의 목판본『노사집』의 세 번째 간행과 어떻게 연관되었는지에 대한 개요는 김봉곤이 약술했으며,[18]「외필」자체의 기원과 철학적 성격을 조선 유학사의 내재적 흐름에서 파악하려는 선행연구는 이향준에 의해 제출되었다.[19] 또한 그는 1878년「외필」의 출현에서 1902년 본격적인 외필논쟁의 시작에 이르는 기간에 생산된 주요 텍스트들 71편의 목록과 그 대략적인 얼개를 개괄했다.[20] 또한 전우의「외필」비판과 그에 따른 노사학과 문인들과의 논쟁에 대한 선행 연구도 있다.[21] 이들을 참조하

17) 안진오,「奇蘆沙 理哲學에 관한 研究-理一分殊의 哲學體系를 中心으로-」(동국대 박사, 1988), 4장 '奇蘆沙에 대한 批判과 擁護', 59~101쪽 참조·박학래,「蘆沙 奇正鎭의 性理說을 둘러싼 기호학계의논쟁-「猥筆」을 중심으로-」,『민족문화연구』48집(고려대 민족문화연구원, 2008), 407~445쪽 참조.

18) 김봉곤,「노사학파의 형성과 활동」(한국학중앙연구원 박사, 2007), 167~169쪽 참조.

19) 이향준,「「외필(猥筆)」의 기원(起源)」,『유학연구』51집(충남대 유학연구소, 2020), 129~155쪽·「「외필(猥筆)」의 외침-기사(騎士)는 죽었는가?-」,『유학연구』54집(충남대 유학연구소, 2021), 213~242쪽 참조.

20) 이향준,「「외필(猥筆)」, 1902-외필논쟁(猥筆論爭)의 시작-」,『범한철학』100집(범한철학회, 2021), 59~94쪽 참조.

21) 양조한의「艮齋와 蘆沙의 猥筆論辨」,『간재학논총』8집(간재학회, 2008), 127~167쪽·김낙진,「기정진과 전우의 성리학적 쟁점과 정재규의 성리설」,『남명학연구』29집(경상대 남명학연구원, 2010), 77~112쪽·이상익,「奇正鎭의「猥筆」과 이에 대한 田愚와 鄭載圭의 논변」,『퇴계학논총』35집

면 「외필」의 출현에서 박로술의 「변외필변」에 이르기까지의 과정을 재구성할 수 있다.

1878년 가을에서 겨울 사이에 기정진은 「외필」을 저술했다. 이 짧은 글은 퇴계학파로부터 율곡학파에 가해진 정치와 사상이 결합된 복합적인 공격의 역사적 전개를 배경으로 나타났다. 무엇보다 먼저 율곡학파를 주기론(主氣論) 혹은 기학(氣學)으로 간주하려는 시각이 존재했으며, 율곡학파 내부에서는 이이와 율곡학파 전체의 성리학이 주리론(主理論)이라는 입장을 견지해야 할 필요성이 생겨났다. 그리고 이 과정에서 기존의 율곡 성리학을 고수하자는 입장과 부분적인 수정을 통해 주리적 성격을 강화해야 한다는 이론적 분기점이 나타난 것이다. 이 가운데 외필은 가장 마지막 노선을 따르려는 시도였다. 따라서 "「외필」에 기정진의 주리론적 사유 내용이 담겨 있다면 그것은 세 번째 주리론이라고 말할 수 있고, 그 주리론의 핵심은 율곡학이 주기론이라는 안팎의 회의적 이해에 대응하기 위한 재반박 과정에서 나온 것"[22]이라고 할 수 있다. 「외필」에 담긴 이 재반박의 구체적 논점을 이상익은 세 가지로 요약했다. 첫째 '機自爾, 非有使之'에 대한 비판이다. 둘째 '理發·理行'에 대한 옹호이다. 셋째 理優位論이다.[23] 이러한 논점은 다음과 같은 진술에서도 공유되고 있다.

(퇴계학부산연구원, 2020), 77~113쪽 참조.

22) 이향준, 「「외필(猥筆)」의 외침」, 『유학연구』 54집(충남대 유학연구소, 2021), 228쪽.

23) 이상익, 「奇正鎭의 「猥筆」과 이에 대한 田愚와 鄭載圭의 논변」, 『퇴계학논총』 35집, 82~85쪽 참조.

「외필」은 '리존무대(理存無對)'의 관점과 율곡학파 성리학의 대전제라고 할 수 있는 '리는 무위이고 기는 유위이다[理無爲, 氣有爲]'는 기초에서 '기발이승일도설' 등에 대한 수정주의적 해석을 제안하는 것이라고 해석할 수 있다. '기자이(氣自爾)'를 '리의 소이연'을 넘어서, '리의 사지연'이라는 측면에서 해석하고, '순리(順理)'라는 조건을 달기는 하지만 기발을 퇴계학파의 어휘라고 할 수 있는 '이발(理發)'과 동일시 할 수 있다는 주장 등이 이런 것이다.[24]

사실 율곡학파에서 '리가 무위이자 주재'라는 이중적 조건과 '기의 자발적 운동'을 뜻하는 것으로 이해되는 '기자이'를 화해시키는 것은 쉬운 것이 아니었다. 1878년 조성가와 기정진은 이 문제를 해결하기 위한 공통의 어휘를 찾고 있었는데, 먼저 그것을 발견한 이는 조성가였지만, 이 어휘의 성리학적 가치를 알아본 것은 기정진이었다. 조성가는 '리의 사지연[理使之然]'[25]이라고 했고, 기정진은 '천명의 사지연[天命使之然]'[26]이라고 불렀다. 그리고 이런 관점에서 '기자이와 비유사지'란 구절을 근원처와 유행처의 구별이라는 전통적인 성리학적 어휘를 이용해서 유행처에 대한 언급으로 제한 해석하자고 제안한 것이 「외필」의 중요한 특징이었다.[27]

---

24) 이향준, 「외필(猥筆)의 외침 – 기사(騎士)는 죽었는가? –」, 『유학연구』 54집, 235쪽.

25) "若原其所以然, 則其自爾處, 卽是理使之然也." 趙姓家, 『月皐先生文集』 권6(국립중앙도서관 소장, 청구기호 古3648-72-103-6), 「上蘆沙先生(戊寅)」, 22~23면.

26) 奇正鎭, 『蘆沙集』 권16(표점영인 한국문집총간 vol.310.), 「猥筆」, 370쪽.

27) 기정진이 「외필」을 통해 "지금 사람들은 '리'자를 보자마자 반드시 기를 찾아 짝으로 만들려고 한다. 이 때문에 리의 유행이라는 한 가지 큰일이

전우와 신득구의 논변

「외필변」의 저자인 전우는 두 가지 계기에 의해 외필논쟁으로 이끌렸다. 이미 1891년의 시점에 전우와 신득구(申得求, 1850~1900) 사이에 「외필」을 둘러싼 논변이 있었다.[28] 그리고 실질적으로 「외필변」의 저술로 전우를 이끈 것은 1902년 권봉희(權鳳熙, 1837~1902)의 「외필」에 대한 문제 제기였다. 현재 『농산집(農山集)』에는 전우에게 보내는 세 통의 편지가 실려 있는데 이 가운데 신묘년(辛卯, 1891)에 보낸 편지가 「외필」의 내용을 언급하고 있다.

> 근세의 학자들이 기를 주장하는 이들이 많습니다. 이 ('비유사지'라는) 네 글자를 잘못 본다면 이것을 가져다 근거로 삼으려는 이가 없지 않을 것입니다. 기장(奇丈)의 뜻은 이런 지경에 이를까 걱정해서, 율옹의 뜻을 밝혀 보는 이들이 문자 때문에 뜻을 해치지 말아야 괜찮다는 것 같습니다. 그런데 이제 그렇지 않다고 하시니 마치 꾸짖고 비판하는 것 같습니다. 또한 '조종하는 힘' 등의 말은 전혀 '리(理)'자에 (속하는) 일이 아니라고 하신 것도 늘 걱정이 됩니다.[29]

신득구는 「외필」에 우호적인 목소리를 전하고 있다. 그는 「외

모두 '기'자의 영역에 속하게 된다"라고 함으로써 이런 생각을 드러내기는 했지만, 이것을 명확하게 표명한 이는 이최선이었다. "一書之內, 有若左右佩劍, 而其實下一節是就流行邊說, 故有所云云." 李最善, 『石田集』 권2, 「讀猥筆」, 68전면.

28) 김봉곤, 「노사학파의 형성과 활동」, 186쪽 참조.

29) 申得求, 『農山集』 권3(표점영인 한국문집총간 속 vol.146), 「與田艮齋(辛卯)」, 514~515쪽.

필」의 저술 의도를 근세의 주기적인 학자들의 오해 가능성을 방지하려는 기정진의 노력이라고 평가하고 있기 때문이다. 이 때문에 그는 오히려 「외필」을 비판하려는 전우의 태도를 경계하고 있음을 알 수 있다. 이와 반면에 전우는 이 시기부터 「외필」에 나타난 성리학적 경향에 비판적이었다. 신득구의 편지에 회답하면서 전우는 이렇게 말했다.

> 제 생각에 근거해서 말하자면 '리(理)'에 붙인 '사(使)'자는 정말로 그렇게 시키는 것이 있다는 말이 아닙니다.…'기(氣)'에 '자(自)'자를 붙이는 것 또한 리가 주재이고 근본이 된다는 뜻에 처음부터 지장을 주는 것은 아닙니다.…또한 옛 책에 사(使)와 자(自) 두 글자를 함께 사용한 곳이 매우 많으니 더욱 지장이 없다고 할 것입니다.[30]

전우의 논리는 비교적 명확하다. 첫째 리를 사지연(使之然)으로 말하는 것은 문자 그대로의 의미에서 '그렇게 시킨다'는 뜻으로 이해되어서는 안 된다. 둘째 기(氣)에 대해 기자이(機自爾)라고 해서 마치 자발적 운동 가능성을 허용하는 것처럼 보이지만, 이것이 리가 기 운동의 주재라는 의미에 방해가 되는 것은 아니다. 그리고 이런 주장을 뒷받침하는 '사'자와 '자'자가 동시에 나타나는 문헌적 증거들이 많다는 것이다. 전우의 논지는 결국 「외필」에서 나타나는 사지연을 수용하지 않고서도, 기자이와 '무위이자 주재로서의 리' 사이에 놓인 이론적 곤란을 기존의 율곡 성리학을 통해 해소할 수 있다는 것이다. 전우의 생각이 율곡학파 내부

30) 田愚, 『艮齋集·前編』 권5(표점영인 한국문집총간 vol.332), 「答申益哉-得求-(辛卯)」, 207쪽.

에서 전형적이라는 것은 1902년 정월 정재규에게 보내는 권명희의 다음과 같은 진술에서 잘 드러난다.

> 가장 명백하게 말한 것이 「이일분수가」입니다. '음양의 고요함과 움직임은 그 기틀이 저절로 그런 것이다'라고 한 것은 사람들이 리가 기를 부리는 것을 마치 주인이 종을 부리는 것처럼, 각각 한 곳에 (따로) 있는 것으로 알까 우려했기에 드디어 이 한 마디 말을 만들어 리와 기가 둘이면서 하나라는 오묘함을 형용한 것입니다. 율곡이 리를 알지 못하고, 주기(主氣)의 관점에서 이 말을 했다면 어떻게 다시 「이일분수가」가 있을 수 있었겠습니까?[31]

송병선의 문인인 권명희는 어투는 다르지만 사실상 기본적인 논지는 전우와 그리 다르지 않다. 즉 그는 「외필」처럼 주장하지 않더라도 이이의 「이일분수가」를 통해 율곡 성리학이 충분히 주리적으로 이해될 수 있다고 주장하고 있기 때문이다. 기자이가 리의 주재성을 훼손하지 않는다는 주장이나, 율곡의 텍스트를 통해 율곡 성리학의 주리성을 옹호할 수 있다는 주장은 사실상 사유의 궤도를 같이하고 있는 것이다. 즉, 이들은 율곡과 그의 성리학이 가지는 권위를 강조하고 유지하려는 입장을 취하고 있다. 그들에 의하면 율곡 성리학에 수정의 필요성은 없는 것이다. 이것은 그들이 공통적으로 율곡에 대한 정통주의적 시각을 고수하고 있었음을 보여준다.

전우가 「외필」에 대해 비판적이지만, 신득구와 전우의 토론이

---

31) 權命熙, 『三畏齋集』 권4(경상대 문천각 전자자료), 「上鄭艾山」, 149쪽.

더 이상으로 진전되었는지를 보여주는 문헌 증거들은 발견되지 않는다. 즉 전우는 「외필」에 비판적이었음에도 아직 이 문제를 공개적인 비판으로 전환할 계기나 필요성을 느끼지 못하고 있었던 것으로 보인다.

그러나 『노사집』의 중간 계획이 실행 단계에 접어들면서 이런 느슨한 분위기는 바뀌어갔다. 김봉곤은 1901년의 시점을 즈음해서 외필논쟁이라고 부를만한 현상이 일어나게 되었는지를 두 가지 측면에서 지적했다. "첫째, 기정진의 신도비명이 같은 충청도에 거주하고 있던 최익현에 의해 쓰여지면서 '斥邪明理' 등의 표현으로 송병선의 권위를 자극하였다는 점과 둘째, 당시 영남 서부지역에서 연재 학파 중심의 도통을 확립하고 노사학파를 배제하기 위한 측면에서 계속적인 논란이 일었다"는 것이다.[32] 김봉곤의 설명에는 나름이 타당성이 있지만, 이 설명이 결여하고 있는 부분 또한 존재한다. 즉 1902년 봄 권봉희가 송병선과 전우에게 「외필」을 문제삼는 편지를 보낸 이후 외필논쟁에 전우가 적극적으로 개입하게 되면서 외필논쟁의 전선이 노사학파와 화서학파 대 영남 노론계 일부, 연재학파 및 전우로 대표되는 간재학파로 확장되었기 때문이다. 이 때문에 김봉곤의 설명에도 불구하고 여전히 박학래의 다음과 같은 보충 설명이 필요한 것이다.

연이어 제기되는 일련의 비판서 중에서도 노사 문인들은 전우의 비판에 대한 반비판에 초점을 맞추었는데, 이것은 당시 전우가 기호낙론의 적통을 계승한 학자이자 당시 기호학계에서 가장 영향력 있

32) 김봉곤, 「노사학파의 형성과 활동」, 169쪽 참조.

> 는 학문집단을 형성하고 있었기 때문이었다. 적어도 노사 문인들은 전우의 비판서가 당시 기호학계 전체의 의견을 담은 것이라는 판단하였고, 이에 따라 전우의 비판에 집중하여 반비판을 전개하면서 스승인 기정진의 학문적 정당성을 확인하였던 것이다.[33]

이에 따라 호남의 노사문인들은 이중적인 전략을 택했다. 그들은 첫째 기호학파 내에서 송병선의 권위를 어느 정도 인정하고 그에게 논쟁의 조정을 부탁하는 한편, 간재의 비판에 대해서는 강력한 반비판으로 대응했던 것이다. 전자의 증거는 송병선이 다수의 노사 문인들에게 답하는 편지에서 발견된다. 이 편지는 1902년 8월에 보낸 것인데 여기에는 수신인의 이름이 조성가(趙性家)·이규영(李奎永)·최숙민(崔璛民)·정시림(鄭時林)·정재규(鄭載圭)·정의림(鄭義林)·조상섭(趙相燮) 이렇게 7명이 등장한다.[34] 유감스럽게도 이들이 송병선에게 먼저 보낸 편지의 원문은 현재 발견되지 않았지만, 그 내용을 짐작할 수 있는 주변 자료 하나가 정의림에게서 발견된다.

> 선사는 일생동안 선현을 존경하고 믿었는데, 유독 한 구절의 변론하는 말 때문에 난적으로 지목되었습니다. 사방을 돌아보아도 하소연할 곳이 없습니다. 삼가 생각하건대 문하는 사문의 맹주로서 온 나라의 유림들이 귀의하고 있고, 또 선사와 계합하는 것도 적지 않습니다. 우리들이 원통함을 하소연하고, 모함을 변론하려는 것이 문하

---

33) 박학래, 「蘆沙 奇正鎭의 性理說을 둘러싼 기호학계의논쟁-「猥筆」을 중심으로-」, 『민족문화연구』 48집(고려대 민족문화연구원, 2008), 414쪽.

34) 송병선, 『연재집』 권15(표점영인 한국문집총간 vol.329), 「答蘆沙門生」, 259쪽 참조.

에게 달려있지 않겠습니까? 이에 비루함을 무릅쓰고 우러러 진실한 마음을 토로하는 것입니다. 삼가 바라건대, 살펴주시고, 특별히 한 말씀 해주셔서, 저들을 징치하심으로써 사림의 실낱같은 명을 보우해 주신다면 천만다행이겠습니다.[35)]

송병선과 달리 전우에 재비판의 노력은 영·호남을 가리지 않고 나타났는데, 단적으로 정재규가 1903년 5월 무렵에 저술한 「외필변변(猥筆辨辨)」이 영남 노사문인들을 대표하는 글이라면,[36)] 정의림과 박로술의 저술은 호남 노사문인들의 입장을 대변하는 것이라고 할 수 있다. 그리고 이 글들의 공통점은 1902년 후반기에 나타난 전우의 「외필변」과 1904년에 나타난 「외필후변(猥筆後辨)」의 사이에 놓여 있다는 점이다.

「외필변」의 비판

1902년 권봉희가 전우에게 「외필」의 변론을 청하는 편지를 보냈을 때는 이미 『노사집』의 중간이 완료된 4월 이후였다. 그는 이 편지에서 이론적인 문제와 성격이 다른 주장을 하나 추가했

35) 이 편지는 『일신재집』에서는 발견되지 않고, 「與宋淵齋(秉璿)書」라는 제목으로 『일신재선생연원록』 권1, 「연보」의 1902년 조목에 실려 있을 뿐이다. 이 편지는 단순히 정의림의 개인적 저술이 아닐 확률이 높은 것이다. 裵錫冕 編, 『일신재선생연원록』 권1(국립중앙도서관, 古2513-187, 1967, 전자자료), 「與宋淵齋(秉璿)書」, 59쪽.

36) "40년 계묘, 선생 61세…여름에 간재 전우의 「양의기의(凉議記疑)」 및 「외필변(猥筆辨)」을 변론했다.[四十年癸卯, 先生六十一歲.…夏辨田艮齋愚凉議記疑及猥筆辨.]" 정재규, 『노백헌집·부록』 권2, 「연보」, 88쪽.

다. 그것은 바로 「외필」이 반율곡적인 저술이라는 것이었다.

> 생각건대 율곡선생은 뒤에 태어난 주자입니다. 관건을 열어젖히고 큰 근원을 통찰해서 우뚝하니 동방의 이학의 조종이 되었고, 사계(沙溪, 金長生, 1548~1631)·우암 이하 여러 선생들이 모두 조술하면서 지키고, 온 나라의 사대부들이 신명처럼 공경하며, 네 계절의 (변화처럼) 믿고 있습니다. 근세에 호남에 기노사(奇蘆沙)가 이론을 만들어 「외필」을 내놓았습니다. (율곡을) 꾸짖고 모독하며 배척하면서 여지를 남기지 않았습니다.[37]

실제로 「외필」이 반율곡적이라는 텍스트라는 주장은 권봉희를 통해 처음 나타난 것이 아니었다. 그것은 이미 1년 전에 한유(韓愉, 1858~1911)를 통해서 나타났다. 그는 권재규(權載奎, 1870~1952)에게 보내는 편지를 통해 "「외필」이 비록 근세 성리학자들의 말폐를 비판하고 있더라도, 그 단서는 율곡이 열어 준 것이기 때문에, 결국에는 율곡을 비난하는 글이라고 주장"했던 것이다.[38] 권봉희는 이것을 직접 율곡에게 연결시켰고, 전우는 이미 「외필」에 대해 부정적이었기에, 이런 주장은 그에게 보다 강한 어조의 비판을 수행할 수 있는 여지를 남겨주었다. 이 때문에 그는 권봉희에게 대답하면서 이 주장을 연장시켜 나가면 주희와 정주와 공맹에까지 이르게 될 것이라고 확장 해석했다.

---

37) 權鳳熙, 『石梧集』 권3, 「與田艮齋」, 7후면.

38) 이향준, 「「외필(猥筆)」, 1902－외필논쟁(猥筆論爭)의 시작－」, 『범한철학』 100집, 102쪽.

본래 선한 성은 본시 기의 혼탁에 얽매이지 않습니다. 그러나 성이 바르게 실현되려면 오히려 기의 청명에서 말미암아야 합니다. 이것이 맹자·정자·장자·주자 네 분이 우리 유학의 언어 바깥에 있는 가르침을 발휘해낸 것이요, 이 때문에 율옹도 곧장 "성현들의 수많은 말들도 사람에게 그 기를 검속해서, 그 기의 본래 모습을 되찾으라는 것일 뿐이다"고 한 것입니다.…노사의 견해대로라면 이 네 분을 모두 '기가 리의 자리를 빼앗고, 스스로 운행하다 멈추면서 천명으로부터 말미암지 않는다'라는 데로 내모는 것이니, 매우 놀라운 일입니다.[39]

한유, 권봉희, 전우로 이어지는 논변의 전개 과정을 따라서 근세 성리학자의 말폐 비판이 율곡 비판으로 이어지고, 율곡 비판이 다시 반정주와 반공맹으로 점층적으로 확산되는 것을 알 수 있다. 전우는 이 편지에 뒤이어 「외필변」을 저술했는데, 김봉곤은 「외필변」의 내용을 정재규의 반론과 대조해서 11개 조항으로 논지를 요약하면서 그 내용을 다음과 같이 정리했다.

전우는 '機自爾 非有使之'를 잘못된 말이 아니며 기정진처럼 理에 動靜이나 조작이 있는 것으로 보아서는 안 된다고 이해하고 있다. 이이의 '機自爾 非有使之'는 공자나 맹자, 정자 주자에 근거한 것으로 天이나 理에 조작이나 작용이 있는 것이 아니라 기에 조작과 작용이 있는 것을 말하는 것이라고 이해하고, 氣는 이러한 운동과 작용에 의해 원리나 표준으로서 리를 실현하는 것이지, 작용성이 없는 리가 작용성이 있는 기를 대신해서는 안 된다고 보았던 것이다.[40]

---

39) 田愚, 『艮齋集·前編』 권2, 「答權校理(鳳熙)」, 53쪽.
40) 김봉곤, 「노사학파의 형성과 활동」, 181쪽.

김낙진은 이러한 사상적 방향성을 "원두처와 유행처 중 어느 것에 초점을 맞추는가가 주리론과 주기론의 갈림이 생기는 곳이라면, 기정진은 주리론 쪽으로 이동해 갔고 전우는 주기론을 신봉한다고 할 수 있다"[41]고 요약했다. 그의 비평은 「외필변」에서는 명시적 표현을 드러내지 않지만, 전우가 같은 해에 쓴 「명기문답(明氣問答)」에 왜 다음과 같은 구절이 등장하는지 설명해 준다.

> "호남의 아무개가 그대를 기를 밝히는 이단의 학문이라고 비난한다는 데, 그대는 어떻게 생각하십니까?" "그 기를 밝히는 것이 이단의 학문이라면 기에 어두워야 바른 학문일 것입니다. 그러나 나는 기를 밝히는 이단의 학문을 원할지언정, 기에 어두운 바른 학문을 원치 않습니다."[42]

전우의 이 말은 우연적인 것이 아니다. 송병순 등에게서 「외필변」에 대한 비판을 받은 이후 1904년에 쓴 보다 강경해진 목소리를 담고 있는 「외필후변」에서 "나는 차라리 주기라고 배척을 당할지언정 4,000년 이래의 여러 성현을 배신해서 주리의 명칭을 거짓으로 뒤집어쓰지 않겠다"[43]라고 함으로써 전우는 자신의 성리학적 방향성이 김낙진이 지적하는 주기적 경향, 더욱 정확하게

41) 김낙진, 「기정진과 전우의 성리학적 쟁점과 정재규의 성리설」, 『남명학연구』 29집, 18쪽.

42) 田愚, 『艮齋集·前編』 권15(표점영인 한국문집총간 vol.333), 「明氣問答」, 151~152쪽.

43) 전우, 『간재집·전편』 권13(표점영인 한국문집총간 vol.333), 「猥筆後辨」, 86쪽.

는 율곡 성리학에 대한 자의식적인 주기적 해석이라는 점을 전혀 숨기려고 하지 않았다. 노사학파의 인물들이 자신들의 사상적 입각점을 표명하기 위해 '주리'라는 낱말을 선택하는 것은 바로 이런 지적 배경이 전제되어 있었기 때문이었다. 그리고 「외필」이 반율곡적이라는 주장을 반박하는 것은 외필논쟁에서 노사학파의 가장 중요한 입각점이었다. 이것은 「변외필변」에서도 분명하게 전제된 것이었다.

주리의 목소리

「변외필변」의 첫 번째 주장은 '주리(主理)'라는 표현 속에 담겨 있다. 이 낱말이 「변외필변」의 2조목에서 등장할 뿐만 아니라 「의의조변」에서도 같은 입장이 반복된다는 것이 그 단적인 증거이다. 그리고 이로부터 두 번째 주장이 유도된다. 다시 말해 '「외필」이 비판하는 '기자이'와 '비유사시'를 첫째 진제인 주리적 관점에서 독해하면 어떻게 설명할 수 있는가?'에 대한 서술이 대두되기 때문이다. 이 질문은 두 가지 주장을 낳았는데 하나는 것이 바로 율곡 성리학에 대한 주리적 이해이다. 두 번째는 주리적 이해의 귀결로서 '기자이 비유사지'를 유행이라는 측면에 제한된 진술로 받아들여야 한다는 「외필」의 입장을 옹호하는 것이다.

사실 이것이 「변외필변」의 핵심적 주장 가운데 하나라는 것은 비슷한 내용이 2조목과 5조목, 19조목과 20조목에서 되풀이해서 강조된다는 데서 쉽게 알 수 있다. 이를 따라 나아가면 자연스럽게 「외필」에 대한 성격 규정에 이르게 된다. 다시 말해 「외필」은 율곡 성리학에 대한 후세 학자들의 주기론적 이해 방식을 반박하려는 저술이지, 성리학자로서 이이라는 개인에 대한 공격을 담고 있는 저술이 아니는 것이다. 그리고 이들의 배후에는 이미 앞에서 말한 한유에서 전우에 이르기까지 점층적으로 확대된 '기정진의 성리학이 반율곡적'이라는 논법에 대한 우려가 강하게 자리잡고 있다.

이런 점에서 주리라는 낱말 자체는 박로술을 넘어서 노사학파 전체의 표어라고 할 수 있다. 이 낱말 공유하는 것은 그 자체로 노사학파 구성원으로서의 정체성을 뜻하기도 했다. 다음 두 가지 사례를 살펴보자.

> 어떤 이가 물었다. "오늘날 이기론에서 주기(主氣)라는 한 측면을 주장하는 이들이 많은데, 무엇을 따라야 합니까?"
> 말했다. "주리를 따라야 한다."
> "율옹(栗翁)은 주리입니까?"
> "율옹은 자양(紫陽: 朱熹)의 적전(嫡傳)으로서 동방 이학의 조종이 되었고, '이통기국(理通氣局)'은 영원한 법문인데 주리가 아니면 무엇이겠는가?"[44]

> 손님의 물음: 세상에는 율곡(栗谷)이 주기(主氣)를 주장했다고 하는 경우들이 있는데 믿을 만합니까?
> 대답: 아니다. 그렇지 않다. 율곡은 주리(主理)설이다.[45]

---

44) 박로술, 『석음유고』 권6, 「疑義條辨」, 363쪽.
45) 정시림, 『월파집』 권1, 「외필상질설」, 47후면.

박로술과 정시림의 진술은 발언자를 서로 뒤바꿔도 전혀 어색하지 않다. 이 유사성은 이들의 가설적 대화에서 세 낱말이 반복되고 있고, 그것들 사이의 상호 관계에 대한 두 사람의 인식이 일치하기 때문이다. 세 낱말은 이이(李珥, 1536~1584), 그리고 주리와 주기이다. 그리고 두 대화는 공통적으로 '이이가 주기론이다'는 주장에 대한 반박으로서 '이이는 주리설이다'라고 대답하고 있다. 「외필」을 이해하기 위해 적어도 조선 유학사에서 서로 다른 용례를 가지는 네 가지 주리/주기 이분법의 존재를 전제해야 하고, 여기에 기초할 때 「외필」의 주리론적 경향은 그 가운데 세 번째에 해당한다는 점은 이미 지적되었다.[46] 이것을 감안하면 박로술의 성리학이 전제하는 주리라는 낱말이 어디에 놓여야 하는 지를 이해할 수 있을 것이다.

> 율옹이 리를 논하면서 리를 위주로 한 것이 한 두 번이 아니라는 것은 참으로 그의 말과 같다. 그러나 세상의 기를 중시하는 이들은 이러한 점을 살펴보지 못한 채, 다만 "(그 기틀이 저절로 그러하지) 그렇게 시키는 것이 있지 않다"는 두 구절만을 최고의 것으로 삼고, 유행의 측면에서 말한 것을 근원의 측면으로 잘못 인식한 나머지, '율곡도 일찍이 기를 중시해서 말했다'고 해서, 차츰차츰 그 본지를 잃어버림으로써 태극·천명의 본체가 가려서 밝지 못하게 되었다. 그리하여 선생은 이런 세태를 걱정하고 탄식하면서 이 글을 지어 율곡이 썼던 말에 폐단이 없을 수 없다는 점을 밝히고, 「외필」이라 명명

46) 「외필」이 '주리/주기'라는 조선 성리학의 고유한 이분법적 어휘와 어떻게 얽혀있는지에 대한 개괄은 이향준, 「외필(猥筆)의 외침-기사(騎士)는 죽었는가?-」, 『유학연구』 54집(충남대 유학연구소, 2021), 213~242쪽 참조.

한 것이다.[47)]

사실상 신득구의 견해와 구별되지 않는 주장이 여기에 나타나고 있다. 그리고 그것은 이미 노사학파 내부에서도 천명된 적이 있는 주장이었다. 이최선은 박로술보다 앞서 "아래 한 구절은 바로 유행이란 측면에서 말한 것이다. 그런데도 요즘 학자들은 말꼬리를 잡고 뜻에 미혹되어 근원의 측면이라고 오인하고 있다"고 말했다.[48)] 즉 이들은 공통적으로 이이의 발언을 유행이라는 측면에서의 제한적인 의미로 해석하려는 것이 「외필」의 주된 논지 가운데 하나라는 점을 지적했다. 「변외필변」의 근저에 놓여 있는 기본적 입장은 노사학파 문인들의 일관된 입장인 것이다.

이것은 당연한 일이지만 그럼에도 불구하고 노사학파의 문인들 사이에서 이런 공통점이 두드러지는 이유는 한 가지가 더 있다. 즉 그들은 기정진의 사후에 회계강사(會稽講社)나 뇌룡정(雷龍亭) 및 신안정사와 같은 학술적 거점과 1891년의 종산강회(鐘山講會)와 같은 학술적 모임을 통해 자신들의 학문적 견해를 공유하고 토론했으며, 이 과정에서 기정진의 성리학에 대한 이해를 지속적으로 공유했던 것이다.[49)] 이 과정에서 자연스럽게 누적된 가장 대표적인 어휘가 주리이며, 이것은 곧이어 이이의 진술을 유행의 측면에 국한시켜 이해해야 한다는 주장으로 이어졌다. 그리고 바로 이 주장이 「외필」을 비롯한 기정진의 성리학이 반율곡적으로 독해되어서는 안 된다는 논변의 근거였기 때문에, 「변외필

47) 박로술, 『석음유고』 권6, 「辨田艮齋猥筆辨」, 341~342쪽.
48) 李最善, 『石田集』 권2, 「獨猥筆」, 68쪽 참조.
49) 김봉곤, 「노사학파의 형성과 활동」, 148~151쪽 참조.

변」을 비롯한 노사학파의 전우 비판에서 반복적으로 강조되었던 것은 바로 이 유행의 관점에서 이이의 발언을 이해해야 한다는 주장이었던 것이다.

계보학적 옹호

기정진 성리학 전체를 관통하는 핵심어가 주리라는 점을 전제하고, 그 다음 「외필」이 논란을 일으킨 '기자이 비유사지'의 의미를 유행의 측면으로 제한하는 것이 「변외필변」의 두 가지 전제였다. 이와 함께 「변외필변」 전체의 논조를 포괄하고 있는 것이 또 하나 더 있다. 그것은 「외필」이 성리학자로서 이이에 대한 개인적 비판이 아니라는 주장이었다. 이 주장은 어째서 「변외필변」의 1조목이 도리의 공공성에 대한 주장과 함께 시작되는지를 설명해준다. 박로술은 "도리는 공공연한 것이다. 남이 쓴 글을 보고서 의심이 들거나 통하지 않는 부분이 있으면, 학사라면 공평한 마음으로 공정하게 말하면서 강론하고 밝히는 데 힘써야 할 뿐이다"[50]라고 말했다. 이런 주장은 또한 이미 1902년에 정재규가 쓴 「변무문시제동지(辨誣文示諸同志(이하 「변무문」)」에서 나타난 논법이었고,[51] 정의림은 정재규의 「변무문」을 요약하면서 다시 한 번 비슷한 어투를 되풀이했다.

50) 박로술, 『석음유고』 권6, 「辨田艮齋猥筆辨」, 339쪽.

51) "蓋義理公物也, 所見旣異, 則不敢苟同." 정재규, 『老栢軒集)』 권29, 「辨誣文示諸同志」, 29후면.

의리는 천하의 공공연한 것입니다. 자식이라고 해서 그의 아버지에게 사사로이 할 수 없고, 동생이라고 해서 그의 형에게 사사로이 할 수 없으며, 제자라고 해서 그의 스승에게 사사로이 할 수 없고, 후세의 현자라고 해서 앞선 현자에게 사사로이 할 수 없습니다.[52]

이런 주장들은 「변외필변」과 동일한 논지를 전제한다. 그들이 강조하려는 것은 기정진의 「외필」을 공공의 의리를 논한 것이지, 이이와의 사적인 관계에 대한 비평으로 읽어서는 안 된다는 것이다. 이것은 「외필」의 반대자들에게 논점을 「외필」이 말하는 내용에 집중하게 함으로써, 「외필」이 이이와 정주 및 공맹이란 인물들에 대한 반대라는 논법으로 읽히게 되는 위험성을 제거하려는 장치이다. 동시에 이것은 이 담론의 주요 내용으로서 주리와 유행이란 측면에 국한된 진술로서 '기자이 비유사지'의 의미를 다시 환기시킨다. 그리고 이 두 가지가 전제될 때 이제 박로술은 기정진과 이이의 사상적 연속성을 언급할 수 있었다. 나아가 이이를 주희와 연결시킴으로써 박로술은 한유에서 전우에 이르는 반율곡적 성리학자로서 기정진의 의미를 이들과는 정확하게 반대되는 지점에 위치시켰다. 이렇게 볼 경우 「외필」은 기정진과 이이를, 나아가 주희의 사상적 후계자로서 이이를 연결시키는 이론적 고리로 간주되었다. 실제로 「변외필변」의 9조목은 바로 이 내용을 진술하고 있다.

율옹은 훗날의 주자로서, 주자의 견해를 따라 주자의 말을 말했기에

52) 정의림, 『일신재집』 권13, 「節酌辨誣文」, 2후면.

> 또한 이와 같았던 것인데, 오늘날 율옹을 배우는 이들은 안목이 원활하지 못해 그 바깥을 보았을 뿐, 그 내면을 보지 못하고, 그 끝만을 보았을 뿐 그 뿌리를 보지 못하고서 한 부분을 가리며 '전현의 말이 이와 같았다'고 한다.…그 잘못된 근원을 막고 그 폐단을 바로잡지 않을 수 없다. 바로 이것이 선생이 간절히 세상의 도의를 걱정한 이유이다.[53]

따라서 박로술에 의하면 「외필」은 선현들에 적대적인 텍스트로 간주될 수 없다. 그는 「변외필변」의 5조목, 12조목, 21조목을 통해 주희에서 이이로, 이이에서 기정진으로 이어지는 성리학적 계보의 타당성을 계속 역설했다. 그가 「외필변」의 저술의 취지를 "서로의 주된 뜻은 크게 동떨어진 것도 아닌데, 그의 마음가짐이 본래 따지고 이리저리 재는 데에서 나와 배척하려는 의도를 벗어나지 못했고, 이치를 강론해서 밝혀 도를 찾으려는 뜻을 볼 수가 없다"[54]라고 단정하는 것도 이 때문이었다. 박로술이 「외필」과 「외필변」의 '주된 뜻이 크게 동떨어진 것이 아니다'라고 하는 이유는 다음 진술을 통해 알 수 있다.

> 간재는 "움직임과 고요함은 조작이다"[55]고 했고 또 "움직임과 고요

53) 박로술, 「석음유고』 권6, 「辨田艮齋猥筆辨」, 345~346쪽.
54) 같은 책, 같은 글, 341~342쪽.
55) 현재 『간재집』에 실린 「외필변」에는 "動靜者, 作用也."라고 되어 있을 뿐 '動靜者, 造作也.'라고 한 구절이 없다. 그러나 정의림의 「辨田愚所著蘆沙先生猥筆辨」에서는 「외필변」의 내용을 인용하면서 "朱子雅言, 理無造作. 動靜者, 造作也, 故曰機自爾也."라고 말하고 있다. 이것은 정의림과 박로술이 참조한 「외필변」의 원고가 『간재집』에 실린 원고보다 초고에 가깝고, 거기에는 이 구절이 포함되어 있었다는 것을 증명한다.

함은 작용이다"고도 했다. 움직임과 고요함을 조작 또는 작용이라 말하는 것은 그럴 수 있다. 그러나 움직이게 하고, 고요하게 하는 것을 조작과 작용이라고 한다면, "태극이 움직여 양을 낳고 고요해서 음을 낳는다"는 것은 무엇을 말하는 것인가? 태극이 어떻게 조작하고 작용하는 물건이겠는가? 타당치 못한 것 같다. 나라면 '움직이게 하고 고요하게 하는 것이 바로 조작과 작용의 오묘함 지점'이라고 하겠다.

이미 신득구와의 논변에서 전우는 박로술이 말하고 있는 것과 그리 거리가 멀지 않은 주장을 한 적이 있었다. 즉 전우가 "'리(理)'에 붙인 '사(使)'자는 정말로 그렇게 시키는 것이 있다는 말이 아니다"라고 하는 것이나, 박로술이 '태극이 어떻게 조작하고 작용하는 물건이겠는가?'라고 반문하는 것 또한 거리가 멀지 않다. 이 때문에 박로술은 "「외필변」에서는 '사람들이 '사'자를 작용의 뜻으로 착각할까 걱정했다'라고 하니, 이것은 하나의 웃음거리일 뿐이다"라고 말할 수 있었던 것이다. 이것은 전우에게 주재와 기자이가 서로 모순되지 않는 진술이었다면, 박로술에게는 주재와 사지연의 의미가 동일한 관점에서 이해되고 있었다는 것을 뜻한다.

모든 일이 스스로 작용하는 것이라면 어떤 '시키는[使]' 것이 있겠는가? 스스로 작용하지 않고 다만 그 일을 주재함을 말할 뿐이다. '사'자가 작용의 뜻이 될 수 없다는 것은 말을 배우는 어린아이라도 당연히 알 수 있는 뜻인데, 어찌하여 이 점을 지나치게 염려하는 것인가?[56)]

이러한 주장은 1878년 조성가의 편지에 그 단서가 담겨 있다. 즉 노사학파에서 리의 사지연이라는 주장은 처음부터 '소이연'으로서의 리 개념을 설명하기 위해 제안된 개념이다. 조성가가 "그렇게 된 까닭을 살펴보면 '저절로 그러한 곳[自爾處]'이란 곧 리가 그렇게 시키는 것입니다"[57]라고 했을 때, 이미 소이연의 내용을 보다 명료화하기 위해 선택한 용어가 '사지연'이라는 것이 분명하게 드러나고 있다. 이 때문에 박로술은 다시 한 번 자신의 관점을 더욱 명확하게 강조할 수 있었다. "선생의 이 말씀은 율옹의 도를 더욱 빛내주는 것인데, 부질없이 서로 욕하고 험담하는 이는 스스로 율옹을 존중하고 믿는다만 도리어 그 도를 해치는 것이 아니겠는가?"[58] 다시 말해 도리의 공공성과 유행의 측면에서 '기자이'를 바라보라는 박로술의 언급은 「외필」을 율곡 개인에 대한 비판으로 읽는 이들의 시각을 오히려 율곡에 대한 폄훼로 간주하려는 재반박으로 이어지는 것이다. 이 때문에 「변외필변」에는 이런 이중성의 결합에 기초한 진술들이 반복해서 나타났다. 이 지점에 이르면 이제 주기에 반대하는 주리적 관점, '기자이 비유사지'를 유행의 측면에서의 해석하는 것, 기정진 성리학의 계보학적 정통성과 연속성 확보라는 것이 「변외필변」의 주된 논지라는 것을 확인할 수 있다. 이 때문에 「변외필변」의 다른 조목들은 이 세 가지 논점들이 「외필변」에서 주장한 11조목에 대한 세부적인 반박과 함께 서로 뒤얽히고 중첩된 채로 제시되는 특징들을

---

56) 박로술, 『석음유고』 권6, 「辨田艮齋猥筆辨」, 343쪽.
57) 趙姓家, 『月皐先生文集』 권6(국립중앙도서관, 古3648-72-103-6), 「上蘆沙先生(戊寅)」, 11전·후면.
58) 박로술, 『석음유고』 권6, 「辨田艮齋猥筆辨」, 344쪽.

갖는다.

변함없는 사지연(使之然)의 이중성

「변외필변」의 특정 구절들을 지배하는 세 가지 핵심적 경향성이 존재한다면, 개별 구절들은 이러한 방향성에 강한 지배를 받는다. 예를 들어 율곡 성리학을 주리적으로 수용한다는 것은 그 이면에 또 다른 얼굴을 갖게 된다. 왜냐하면 퇴계학파가 '주기', '인기위리(認氣爲理)' 및 '리의 사물화(死物化)'를 상호 연관된 개념틀로 사용했기 때문이다. 따라서 「변외필변」이 주기에 반대한다면 이것은 동시에 '인기위리'에 반대하고, '리의 사물화'에 반대할 것이라고 추론할 수 있다. 실제로 「변외필변」의 11, 12, 18조목은 공통적으로 율곡 성리학의 주기적 이해에 대한 비판을 보여준다. 한편 10조목과 16조목은 전우가 「외필변」에서 「외필」의 성리학적 사유를 '인기위리'라고 규정하려고 시도한 것을 재비판하고 반박하고 있다.

> 또한 (선생이) "움직이게 하고 고요하게 하는 것은 리다"라고 한 것은 율옹의 "발하는 것은 기다"라는 구절과 맥락이 같은데, "어찌 '기를 리로 인식하는' 데로 귀결되지 않겠는가?"라고 하는 것인가? 이 단락은 더욱 의심스럽다.[59]

59) 박로술, 『석음유고』 권6, 「辨田艮齋猥筆辨」, 346쪽.

"리에는 정의와 조작이 없다"라는 말은 누가 그렇지 않다고 말하겠는가? 하지만 어떻게 '소이연으로서의 까닭'이 없겠는가? 이처럼 소이연으로서의 까닭이 있음에도 운용과 조작은 오로지 기에 달려있다고 한다면 이것은 '말이 가고' '다리가 걸어간다'라는 격이니, 기를 리로 인식하는 실마리는 실제 여기에 뿌리를 둔다. 이것이 율옹의 본뜻을 상실했다는 것이다.60)

'리의 사물화'에 반대하는 것도 마찬가지다. 이것은 이미 「외필」에서 "기가 리를 따라서 발현한다면 기발이 곧 이발이다"라고 한 데서 나타난 경향성이었는데, 「변외필설」은 이러한 성리학적 특징을 한 걸음 더 밀고 나아갔다. 즉, 「외필」에서는 특정한 조건을 배경으로 기발과 이발을 동일시하고 있는 반면에, 박로술은 18조목을 통해 이발설의 노사학파적 의미를 분명히 옹호하려고 했다.

'이기호발(理氣互發)' 네 글자는 율옹이 옳지 않다고 했지만, '이발위비(理發爲非)' 네 글자는 틀림없이 요즘 사람의 입에서 나온 말이다. 율옹은 운용의 측면에 근거하여 그 기만을 가리켜 '기발'이라고 했지만, 발동하게 하는 소이는 곧 리로서 참으로 그 위에 실려 있다. 이 때문에 '리가 타고 있다'라고 말했던 것이지, 어떻게 '이발은 잘못이다'라고 말할 수 있겠는가?61)

노사학파의 사상적 미묘함은 여기에서 다시 한 번 드러난다.

---

60) 박로술, 『석음유고』 권6, 「辨田艮齋猥筆辨」, 349쪽.
61) 박로술, 『석음유고』 권6, 「辨田艮齋猥筆辨」, 350~351쪽.

이이가 이황의 이기호발설을 부정하고 기발이승일도설을 제창했다는 것은 알려진 사실이다. 그럼에도 노사학파는 이이식의 기발이승일도설이 리의 사물화로 간주되는 것에 대해서는 매우 강한 거부감을 가지고 있었다. 「외필」 자체가 율곡학파가 사용하기를 회피하는 '이발'이라는 용어를 담고 있다는 사실 자체가 그것을 증명한다. 이제 박로술은 호발의 부정과 이발의 부정을 분리하려고 시도한다. 그는 이이가 '리가 타고 있다[理乘]'이라는 표현을 배제하지 않고 있다는 점을 그 근거로 제시하면서 '이발설이 잘못이다'라는 주장을 이이로부터 떼어 내 주기적인 율곡학파 후학들의 주장이라고 간주하는 것이다. 이것은 다시 한 번 리 중심적인 율곡 성리학 이해가 퇴계학파의 성리학설로 근접해간다는 점을 증명함과 동시에 퇴계학파식의 이발설에 저항하려는 경향성의 이중적 이끌림에 의해 유지되고 있다는 점을 분명히 보여준다. 여전히 이러한 생각이 "이황의 이발설이 의도하는 것인가에 대해서는 의문의 여지가 남는다"[62]고 말할 수 있기 때문이다.

결국 이러한 이중적 흔들림은 연관된 두 가지로 설명할 수 있다. 하나는 원초적으로 기정진이 사용한 리의 사지연이라는 특징이 "리의 무위성을 보존하면서, 리 개념에 어떤 의미에서든 '힘'의 주체로서의 성격을 부여하기 때문"[63]에 나타난 것이라는 점이다. 이런 성격 부여는 그 자체가 퇴계학파로부터 율곡의 성리학에 가해진 '리의 사물화'라는 경향에 저항하기 위해 고안된 것이다. 즉, 기정진은 어떤 형태로든 부분적으로 자신이 주장하는 율

62) 이향준, 「외필의 외침」, 『유학연구』 54집, 236쪽 참조.
63) 이향준, 「외필의 기원」, 『유학연구』 51집, 151쪽.

곡 성리학의 '주리'적 수용을 위해 리의 활물화(活物化)라는 방향으로 자신의 성리학적 사색을 추구해 나갔기 때문이기도 한 것이다. 따라서 박로술의 「변외필변」이 호발과 이발 사이에 선을 긋는 것 또한 이러한 경향의 연장선상에서 이해할 수 있을 것이다.

나가면서

호남 유학사에서 기정진은 성리학적 사유의 창출과 학파의 형성이라는 점에서 독보적인 위상을 확보했다. 그의 제자군은 전남·북을 중심으로 전국에 걸쳐 있었는데, 가장 많은 제자군은 역시 광주광역시 주변에 분포해있다. 이 때문에 이 글은 광주지역에서 기정진의 직전제자군을 대표하는 한 사람인 박로술의 생애와 그의 외필론을 다루었다.

박로술은 대략 1902년 후반에서 1903년 하반기 사이에 「변외필변」을 저술했다. 이 저술은 1902년에 나온 전우의 「외필변」을 반론하는 것이고, 「외필변」은 1878년에 저술된 기정진의 「외필」을 비판하는 저술이었다. 「변외필변」은 21조목으로 이루어졌는데, 전체적으로 가장 심각하게 고려한 내용은 「외필」 및 기정진의 성리학이 반율곡적이라는 주장을 반박하는 것이었다. 이러한 기조를 배경으로 박로술은 대략 세 가지 정도의 핵심 논점을 주장했다. 첫째 기정진 성리학의 '주리'적 성격을 강조했다. 이 낱말은 적어도 '주기'와 '인기위리' 및 '리의 사물화'에 대한 반대를 동시에 함축한다. 둘째 이를 배경으로 주희-이이-기정진의 성리학적 계보가 사상적인 연속성을 가지고 있다고 주장했다. 셋째 노사학파에서 「외필」을 옹호하는 근본 논리로서 이이의 '기자이 비유사지'를 주기적으로 이해하는 것을 반대하고 유행의 측면에 국한된 진술로 수용하려는 것이 「외필」의 주된 논지임을 주장했다. 이것은 기본적으로 박로술이 「외필변」을 비롯한 외부의 「외필」 비판을 기정진의 학술적 위상을 훼손시키려는 의도로 파악했다는 것을 뜻한다. 그렇다면 「변외필변」은 기정진의 학술적 위상을 제고하기 위한 목적을 중심에 두고 연관된 성리학적 논점들을 주변에 배치한 저술이라고 평가할 수 있다. 아마도 이것이 전우의 「외필변」을 거론하면서 '서로의 주된 뜻은 크게 동떨어진 것도 아닌데, 그의 마음가짐이 본래 따지고 이리저리 재는 데에서 나와 배척하려는 의도를 벗어나지 못했다'라는 서술에서 출발한 「변외필변」이 주희와 이이, 기정진의 사상적 일치를 주장하는 것으로 끝나는 이유일 것이다.

결론적으로 「변외필변」의 핵심 주장 세 가지는 각기 흩어진 채로 살펴보면 박로술 개인의 것이라기보다는 차라리 노사학파 전체의 일관된 입장에 가깝다. 이것은 기정진의 사후 여러 가지 형태로 이루어진 노사학파의 강학 전통 속에서 확인된 논점들이 박로술의 손을 통해 「변외필변」으로 구체화된 것이라고 이해할 수 있다. 이런 점에서 박로술의 「변외필변」은 정의림(鄭義林, 1845~1910)의 「전우가 쓴 「외필변」를 변론함[辨田愚所著蘆沙先生猥筆辨」과 함께 호남지역 노사 문인들의 외필론을 이해할 수 있는 대표적인 저술로서의 특징이 무엇인지를 확인시켜 준다.

이 글에서는 「변외필변」의 주된 특징 세 가지 만을 지적하는 데서 그쳤지만, 이상의 결론은 잠정적인 것으로 받아들여져야 한다. 외필논쟁의 과정에서 다양하게 나타난 주변 자료들과의 비교를 통해 그 의미가 보다 섬세하게 고찰되어야 할 필요성이 있기 때문이다. 나아가 「동오상설」과 「변의목」을 비롯한 잡저와 간찰류에 산재된 보다 구체적인 학문적 교유 활동과 토론 내용들에 대한 탐구도 남겨진 과제이다. 결국 박로술의 지성사적 위상은 이 지역 노사학파 문인집단에 대한 개별 연구의 성과가 축적된 배경 위에서 검토되어야 할 필요성이 있는 것이다.

노사를 찾아서

— 이직현의 「호행일기(湖行日記)」를 중심으로 —

이 향 준

(전남대학교 학술교수)

들어가면서

1876년 4월 4일 27세의 한 젊은 유학자가 경남 합천에서 스승을 찾아 길을 나섰다. 그가 4월 12일 전남 장성에 도착해서 처음으로 얼굴을 마주한 이는 79세의 노사(蘆沙) 기정진(奇正鎭, 1798~1879)이었다. 이렇게 이직현(李直鉉, 1850~1928)은 기정진의 만년 제자 가운데 한 사람이 되었다. 그는 이 여정을 「호행일기(湖行日記)」[1]라는 짤막한 저술 속에 담아두었다. 여기에 담긴 내용은 우리 근대 학술사에서 매우 희귀한 장면에 속한다. 근대 지성사에서는 낯설지 않지만, 오늘날에는 발견하기 힘든 영·호남을 가로지르는 학문적 상호 작용의 한 양상이 고스란히 담겨있기 때문이

1) 李直鉉, 『是菴文集』 권9, 「湖行日記」, 1전~9후면.

다. 그럼에도 불구하고 「호행일기」와 그 저자에 대해서는 잘 알려져 있지 않다. 이 글은 이직현의 「호행일기」를 중심으로 영·호남을 가로질렀던 한 여정의 과정과 내용, 그리고 그 의의를 살펴보려고 한다.

노사학파(蘆沙學派)는 전우(田愚, 1841~1922)의 간재학파(艮齋學派)와 더불어 근·현대 호남 지성사의 가장 중요한 학술적 탐구 주제 가운데 하나다. 특히 노사학파는 지리산권을 중심으로 전국적인 영향력을 행사했는데, 그 학술적 영향 가운데 하나는 경남지역 노사학파라고 부를 수 있는 학술 집단을 형성한 것이었다. 이것은 기정진과 경남, 합천, 산청, 진주, 하동 등을 포괄하는 경남지역 젊은 유학자들 사이의 폭넓은 학술 교류가 존재했다는 것을 뜻한다. 정재규(鄭載圭, 1843~1911)·조성가(趙性家, 1824~1904)·최숙민(崔琡民, 1837~1905)은 이런 흐름을 대표하는 이들이다. 현재 이 지역간 학술 교류사에 관한 탐구 작업들이 진행되고 있지만 여전히 더 많은 연구의 영역들이 남아있다. 그 가운데 하나가 경남지역 노사학파의 직전제자군을 거론하려고 할 때 빼놓을 수 없는 이직현이다. 그는 한문학자이자 항일우국지사로 소개되고 있을 뿐, 아직 노사학파의 일원으로서 학술적 위상이 검토된 적이 없었기 때문이다.

이런 관점에서 이직현을 탐구하려고 할 때 제일 먼저 만나는 기록이 바로 「호행일기」다. 1876년 4월 4일부터 4월 24일까지의 합천에서 장성을 오가는 21일 동안의 행적을 담은 이 일기는 문자 그대로 '노사를 찾아서' 떠난 여정의 기록이다. 이를 통해 우리는 그들의 만남과 이 만남을 통해 나타난 지성사적 장면들, 및 이를 계기로 형성되는 이직현의 성리학적 정체성을 추적할 수 있는 단서 등을 발견할 수 있다.

구체적으로 이 글은 먼저 이직현의 가계와 생애 및 그에 대한 선행 연구를 개괄할 것이다. 그 다음 그가 노사학파의 일원이 되는 과정이 구체적으로 어떻게 이루어졌는지를 「호행일기」를 중심으로 섬세하게 살펴볼 것이다. 그 내용은 크게 두 가지 방향으로 진행될 것이다. 하나는 이직현의 21일간의 여정을 시간적 순서대로 따라가면서 그 과정을 재구성하는 것이다. 다른 하나는 이직현의 여정 속에서 나타나는 대화와 담론의 내용을 단서로 이직현의 성리학적 정체성을 주변 자료를 통해 추적해 볼 것이다. 결국 이 글은 「호행일기」를 중심으로 이직현을 영남지역 노사학파의 일원으로 소개함과 동시에 이를 통해 그의 성리학적 방향성을 조망해 봄으로서, 이후의 보다 폭넓은 연구의 확대를 자극하는 계기로 삼고자 한다.

생애와 선행 연구

이직현의 본관(本貫)은 강양(江陽: 陜川)이고, 자는 필서(弼瑞), 호는 시암(是庵)이다.[2] 합천의 토성으로서 합천 이씨는 영향력

---

2) 강양 이씨, 즉 합천 이씨는 경주(慶州) 이씨에서 나누어진 성씨로서 그들의 공통 선조는 신라 시대의 좌명공신 표암공 이알평(李謁平)이다. 합천 이씨의 시조가 되는 이는 신라말에 상서령(尙書令)을 지낸 이개(李開)였는데, 그는 고려에 종사하지 않으려고 합천으로 거주지를 옮겼고 이로 인해 합천을 본관으로 사용하게 되었다고 한다. 宋秉璿, 『淵齋集』 권40(표점영인 한국문집총간 vol.330), 「進士 贈參議李公(東喬)墓表」, 273쪽 참조.

있는 현조(顯祖)를 배출함으로써 지역의 명문가로 발돋움할 수 있었다.

> 합천 지방에서 가장 강력한 영향력을 행사한 합천 이씨의 경우, 고려 고종 때의 이순목李淳牧을 비롯하여 조선조의 명신인 이희증李希曾, 이희민李希閔, 이희안李希顔 등을 배출함으로써 경상우도의 명문가로 성정할 수 있었고, 이것이 그들의 재지 기반을 구축하는 결정적 힘으로 작용하였다.[3)]

경상우도의 명문가라는 배경만이 이직현의 등장을 모두 설명하는 것은 아니다. 그 이면에는 경상우도의 노론화 경향이라는 흐름이 얽혀 들어가고 있었기 때문이다. 이연숙은 이미 18세기 부근에 경상우도의 주요 집안들이 노론화 되어 가면서 '신생노론(新生老論)', '신출노론(新出老論)'이라고 부를 수 있는 가문들이 출현하고 있음을 보고하고 있다.[4)]

이직현의 5대조인 이동교(李東喬, 1712~1767)에게서 이런 경향이 발견된다. 즉 그는 이재(李縡, 1680~1746)와 윤봉구(尹鳳九, 1683~1767)의 문인이었다.[5)] 이재는 김창협(金昌協, 1651~1708)의

3) 박병련 외, 『남명학파와 영남우도의 사림』(예문서원, 2004), 99쪽.

4) "송시열의 문인 가문은…우도의 상주권은 창령성씨, 인천채씨, 인동장씨이고, 진주권은 안동권씨이다.…신출노론들은…갑술환국 후 세력이 확대되었다. 이들은 17세기 중반이후 '우율승무소', '에론서', '사계승무소', '양송승무소' 등 중앙 정계에서 정치적인 쟁점이 있을 때마다 세대를 이어가며 서인 내지 노론의 입장을 취하였다." 이연숙, 「17~18세기 영남지역 노론의 동향」, 『역사와실학』 23집(역사와실학회, 2002), 113쪽.

5) 宋秉璿, 『淵齋集』 권40(표점영인 한국문집총간 vol.330), 「進士贈參議李公墓表」, 273쪽. "公嘗遊於李陶菴·尹屛溪兩先生門, 得蒙奬許, 斯可以

문인이고 윤봉구는 권상하(權尙夏, 1641~1721) 문하의 강문팔학사(江門八學士) 가운데 한 사람이라는 것을 고려하면, 이미 이 시점에 이직현의 집안은 영남지역 노론 가문의 일원으로서 자리잡고 있음을 알 수 있다. 이직현의 가계는 이동교를 이어서 이호(李浩) — 이달근(李達根) — 이방희(李邦熙)를 거쳐 아버지인 요와(樂窩) 이규문(李奎文, 1806~1866)에 이른다.

이규문은 어유효(魚有孝)의 따님인 함종(咸從) 어씨(魚氏)와 1녀를 낳았고, 안석능(安碩能)의 따님인 강진(康津) 안씨(安氏)와 4남 1녀를 낳았는데, 이직현은 강진 안씨가 낳은 4남 가운데 막내였다. 4형제 가운데 첫째는 이태현(李泰鉉, 1838~1904)이고[6], 둘째는 이우현(李禹鉉, 1841~1911)이다.[7] 셋째인 이정현(李廷鉉, 1845~1894)은 출계해서 종숙(從叔) 이규인(李奎仁)의 후사가 되었다.[8] 이직현은 철종 1년(1850) 2월 12일 경상도 초계군(草溪郡) 양동면(良洞面) 상대촌(上臺村: 경상남도 합천군 초계면(草溪面) 무릉(武陵))에서 태어나, 1928년 세상을 떠났다.

그의 부인은 광주(光州) 노씨(盧氏)로서 고금당(古今堂) 노덕규(盧德奎, 1803~1869)의 둘째 따님이다. 1849년 8월 3일에 태어나 1912년 5월 24일에 세상을 떠났다. 노씨와의 사이에는 딸이 하나 있었지만, 일찍 세상을 떠나고 다른 자식이 없었기에 이직현은 큰 형인 이태현의 둘째 이원칠(李源七)을 후사로 삼았다. 그러나

不朽."

6) 『시암문집』 권16, 「伯兄春灘公墓誌銘」, 25후면~27후면 참조.

7) 『시암문집』 권16, 「仲兄退愚公墓誌銘」, 30전~31후면 참조.

8) 『시암문집』 권15, 「祭叔兄秋灘公文」, 7전~10전면· 권20, 「先妣贈貞夫人康津安氏行錄」, 15전면 참조.

이원칠 또한 아들이 없었기 때문에 셋째 형인 이정현의 손자 이정상(李靖相)을 후사로 삼았다.[9)]

그는 1876년 4월 장성 진안의 기정진을 찾아가서 집지의 예를 행하고, 스승으로 모셨다. 이 때 그의 나이는 27세였고, 기정진의 나이는 79세였다. 실제로 이직현이 기정진을 직접 만난 것은 이 달 12일부터 14일까지의 2박3일 뿐이었다.

3년 뒤인 1879년 기정진은 세상을 떠났고 이직현은 고향에서 강학 활동에 종사했다. 『노사선생연원록』만을 토대로 헤아려보아도 그가 배출한 노사학파의 재전문인들은 초계와 합천 지역을 중심으로 모두 52명에 이른다.[10)] 김봉곤은 그의 강학 활동을 이렇게 요약했다.

> 이직현은 기정진이 죽기 3년 전 배알하여 제자가 된 인물로서 가장 늦게 강학활동에 참여하게 되었다. 그의 문인들을 주로 초계와 합천 일대에 걸쳐 있는데, 1880년대 후반 무렵부터 1890년대 후반 무렵에 태어난 인물이 대부분이기 때문에 대체로 1910년대 무렵에 이직현의 문인집단이 형성된 것으로 보인다.[11)]

이런 강학 활동과 함께 그는 1902년 4월 산청의 신안정사에서 『노사집』이 세 번째로 간행된 시기를 즈음해서 「외필」을 둘

9) 金甯漢, 『及愚齋集』 권18, 「日中處士李公墓碣銘」, 32전면. "以伯公子源七爲嗣, 源七又無男, 以叔公孫靖相繼之."

10) 김봉곤, 「蘆沙學派의 形成과 活動」(한국학 중앙연구원 박사학위논문, 2007), 144쪽, 표 〈3-11〉 참조.

11) 같은 글, 146쪽. 인용문에서 굵은 글씨체로 '3년'이라고 한 것은 원문의 '2년'을 필자가 수정한 것이다.

러싼 논쟁이 발생했을 때 이와 연관된 세 편의 글을 썼다. 하나는 1903년 「상송연재선생(上宋淵齋先生)」이고[12], 이와 비슷한 시기에 쓰인 것으로 추정되는 「식당론시제동지(息黨論示諸同志)」[13] 이며, 다른 하나는 전우(田愚, 1841~1922)의 「외필후변(猥筆後辨)」이 나타난 직후인 1904~05년 즈음에 쓴 것으로 추정되는 「술외(述猥)」이다.[14]

---

12) 이 편지는 1903년에 송병선에게 보낸 것인데, 1902년 신안정사에서 『노사집』이 중간된 이후 일부에서 나타난 문집을 훼판과 외필을 삭제하라는 극렬한 움직임을 송병선이 조정해 줄 것을 용청하는 내용이다. 노사학파의 다른 제자들이 기정진과 이이 사이의 철학적 연속성을 강조하는 것과 대조적으로 이직현은 「외필」의 내용 자체보다는 그로 인한 논란이 일어나는 당시를 '우리 무리는 초췌하고 사학을 들끓어 오르는 시기'라고 가정하고, 학계의 분열을 더욱 우려하고 있다. 『시암문집』 권2, 「上宋淵齋先生」, 5전~7전면 참조.

13) 이 글은 구체적인 저술 시점에 기록되어 있지 않지만, 그 내용이 당론의 분열을 종식시킬 것을 주장하는 것이기 때문에, 외필논쟁의 와중에 송병선에게 보내는 편지와 그 논의가 연속선상에 놓여 있다는 것을 알 수 있다. 그렇다면 이 글 또한 이 즈음의 것이라고 추정할 수 있다. 『시암문집』 권10, 「息黨論示諸同志」, 7전~8전면 참조.

14) 전우는 권봉희(權鳳熙, 1837~1902)의 편지에 자극을 받아 「외필」과 기정진 성리학에 대한 비판에 주목하게 되었고, 이미 1902년에 「외필변(猥筆辨)」을 썼다. 그러나 송병순(宋秉珣, 1839~1912)을 비롯한 주변 인물들로부터 "말이 간략하고 기운이 평이해서 보는 이들이 세유(世儒)의 기상이 없다고 탄식했다"는 비평을 들은 뒤 1904년 다시 한 번 「외필후변」을 썼다. 그리고 그 사이에 이미 정재규는 1903년의 시점에서 전우의 「외필변」을 반박하는 「외필변변」을 썼다. 이직현의 「술외(述猥)」에서는 이미 「외필후변」의 내용을 인용하고 있는데, 이것은 최소한 기정진의 「외필」—전우의 「외필변」—정재규의 「외필변변」—전우의 「외필후변」으로 이어지는 논쟁의 맥락을 전제한 다음에야 「술외」의 지성사적 의의가 토론될 수 있다는 뜻이다. 달리 말하자면 기정진의 「외필」을 둘러싼 '외필논쟁'의 전체적 양상을 배경으로 이직현의 성리사상이 탐구되어야 할 여지가 있음을 보여준다. 여기에서는 이 문제를 지적만 하고 다음의 탐구 과제로 남겨두기로 한다. 전우, 『간재집·전편』 권13(표점영인 한국문집총간 vol.333),

1910년 경술국치를 통해 조선이 일본의 식민지배에 놓이게 되자 이직현은 전통적인 성리학자로서 단순히 강학에만 종사하는 것이 아닌 항일우국지사로서의 모습을 보여주기 시작했다. 그는 1910년 은사금을 통해 유학자들을 회유하려는 일제의 시도에 저항했던 자신의 행적을 글로 남겼다.[15] 일제의 묘적법(墓籍法)을 반대하는 글을 남겼으며,[16] 1914년에는 총독 데라우치 마사다케(寺內正毅)에게 두 차례의 글을 보내 성균관을 경학원으로 강등시키고, 조선부동산 등기령을 통해 성균관의 토지와 임야를 비롯한 재산을 몰수한 것을 비판했다.[17] 나아가 1918년에는 데라우치의 뒤를 이어 두 번째 조선총독에 부임한 하게가와 요시미치(長谷川好道)에게도 만동묘의 향사를 폐지하는 것에 항의하는 서신을 보냈다.[18] 특히 이 글들은 일종의 공개서한이었는데, 조선총독을 "일본 왕이 조선에 파견한 사신"으로 여겨 '일사(日使)'라고 부르는 등 적대감을 숨기지 않았다.[19] 구본욱은 이러한 독립 운동가로서의 이직현의 행적을 이렇게 요약했다.

> 1905년(을사)에 륵약이 체결되자 오적을 척결할 것을 전국의 유림에게 선포하였으며, 1910년(경술) 7월 그의 나이 61세에 국치를 당하자 비분강개하여 통곡을 하였으며, 그해 11월에 일제가 그를 회유하기 위하여 내린 은사금을 물리쳤을 뿐만 아니라, 일중처사로

「猥筆後辨」, 88쪽· 이직현, 『시암문집』 권10, 「述猥」, 1전~6전면 참조.

15) 『시암문집』 권10, 「却金顚末」, 13후~19전면 참조.

16) 같은 책, 「墓籍法從不從論」, 20후~21전면 참조.

17) 위의 책, 「抵日使寺內正毅」, 19후~20전면 참조.

18) 위의 책, 「抵日使長谷川好道」, 21전~22후면 참조.

19) 이민홍, 『시암 이직현 평전』(시암선생추모사업회, 2019), 86쪽 참조.

자처하며 79세로 서거할 때까지 일제에 철저히 항거를 한 독립우국 지사였다"[20]

구체적으로 구본욱은 1919년 합천 초계 지역의 3.1 독립 운동과 대동단 만세 운동 및 의친왕 이하 33인의 선언서, 만동묘 종사 통문 등을 통해 보다 세부적인 항일 행적을 조망하고 있다. 즉 "합천 초계 출신의 거유로서 70세의 노구에도 불구하고 초계 지역의 3.1 만세 운동을 실행할 수 있게 하였을 뿐만 아니라 지방의 차원을 넘어서 비밀리에 조직된 대동단에 가입하여 상행의 임시정부와 교통을 하려고 하였다…또한 서울에서 이루어진 제2의 독립선언을 통하여 조국대한의 독립을 위하야 일제에 항거한 불굴의 항일유학자라는 것을 알 수 있다."[21]라고 총평하고 있다.[22]

그가 남긴 문집은 그가 세상을 떠난 뒤 문집 간행소(刊行所)가 마련된 일중정(日中亭) 유회소(儒會所)에서 1932~1933년에 걸쳐 간행한 21권 11책의 『시암선생문집(是菴先生文集: 이하 『시암문집』)』이 있다. 이 책은 목판본 21권 11책으로 목록(目錄) 1책과 본집(本集) 21권 10책을 합친 것이다. 『시암문집』은 21권이나 되는 분량에도 불구하고 이직현 본인의 전기 자료가 실려 있지 않다. 동강(東江) 김녕한(金甯漢, 1878~1950)이 지은 「묘갈명」과 추

20) 구본욱, 「항일 유학자 시암 이직현의 독립운동에 대하여」, 『조선사연구』 15집(조선사연구회, 2006), 93~94쪽.

21) 같은 책, 같은 글. 103~104쪽.

22) 세상을 떠나고 90여년이 지난 2017년이 되어서야 이직현의 항일활동은 건국포장의 수여를 통해 공식적인 인정을 받게 되었다.

연(秋淵) 권용현(權龍鉉, 1899～1987)이 지은 「묘표」가 각자의 문집에 실려 있을 뿐이다.[23)]

그는 비교적 늦은 시기에 기정진의 문인이 되었다. 기존의 연구는 문학자로서, 항일독립운동지사로서의 이직현을 부각하고 있는 두 편의 소논문과 미완성인 채로 발간된 한 권의 『평전』이 있을 뿐이다.[24)] 이것을 제외하면 영남지역 노사학파의 직전문인군을 대표하는 인물 가운데 한 사람이었음에도, 학술적인 조명을 받지 못한 채 방치되어 있었다고 말할 수 있다.

김봉곤은 영남지역 노사학파의 주요 인물군을 다루는 장에서 조성가·최숙민·정재규만을 비중있게 언급하고 있을 뿐이다.[25)] 다만 재전제자 배출 현황에 이르면 이직현의 이름은 최숙민, 정재규와 함께 언급된다. 그는 『노사선생연원록』을 기준으로 최숙민 24명, 정재규 126명, 이직현 52명의 재전제자가 기록되어 있다는 사실을 상기시킴으로써, 경상지역 노사학파의 확산에 이직현의 역할이 적지 않았을 것이라는 점을 암시하고는 있지만, 이를 계기로 그의 중요성을 강조하는 다른 서술을 찾아보기는 힘들다.

『평전』의 필자인 이민홍은 이직현의 「화양구곡」과 「방장초가」

---

23) 金甯漢, 『及愚齋集』 권18, 「日中處士李公墓碣銘」, 30후～32전면·權龍鉉, 『秋淵先生文集』 권30, 「是菴先生李公墓表」, 18후～19후면 참조.

24) 이민홍, 『시암 이직현 평전』·「是菴 李直鉉 문학연구」, 『東方漢文學』 78집(동방한문학회, 2019), 305～331쪽·구본욱, 「항일 유학자 시암(是菴) 이직현(李直鉉)의 독립운동에 대하여」, 『조선사연구』 15집(조선사연구회, 2006), 93～110쪽 참조.

25) 김봉곤, 「嶺南地域에서의 蘆沙學派와 寒洲學派의 成立과 學術交流」, 『공자학』 14호(한국공자학회, 2007), 70～73쪽 참조.

를 주희의 「무이도가」와의 연관성 속에서 다루었다.[26] 여기에서도 이직현의 성리학적 특징은 "시암은 독립 운동가였으며 성리학자였다. 성리학의 학맥은 주자에서 근원하여, '율곡·우암·수암·노사'로 이어진 老論係 사인으로 분류되고, 이기설의 관점으로 보면 주리론자로 비정된다"[27]라는 짤막한 비평 속에 담겨 있을 뿐 구체적인 탐구로 이어지지는 않고 있다. 물론 이민홍은 『시암 이직현 평전』의 6장을 그의 성리학적 사유를 소개하는 데 할애하고 있지만, 한문학 전공자로서의 시각 탓인지 1900년대 초반 노사학파를 둘러싼 학술적 쟁점들에 대한 이해와 서술이 부재하다는 단점을 드러내고 있다.

예를 들어 1902년 외필논쟁이 본격화되면서 이직현은 송병선에게 편지를 보내 자신의 견해를 표명했고, 더욱 적극적으로는 「술외」를 통해 전우의 견해를 반박하면서, 「외필」에 대한 독자적 견해를 제시하기도 했다. 또한 「심설문답(心說問答)」[28]을 통해 한주학파의 심즉리(心卽理)와 마주친 노사학파의 일원으로서 자신의 성리학적 견해를 드러내기도 했다. 그러나 이민홍의 『평전』은 이런 학술사적 맥락에 기초한 이직현의 성리학적 텍스트에 대한 이해와 분석을 보여주지 못했다. 구본옥의 연구 역시 그의 문집에 미처 실리지 않은 항일행적의 소개에 초점이 맞추어져 있을 뿐 노사학파의 일원으로서 이직현의 성리학적 특성에 대해서는 거의 언급을 하지 않고 있다. 이것은 문학자이자 항일지사로서의 행적

26) 이민홍, 「是菴 李直鉉 문학연구」, 『동방한문학』 78집, 328쪽.
27) 같은 책, 같은 곳.
28) 『시암문집』 권10, 「心說問答」, 8전면~10후면 참조.

을 넘어서 이직현의 성리학적 사유를 검토해야 할 필요성을 제기한다.

떠나기 전에

노사학파에는 기정진에게 강학을 받으면서 그 과정과 내용을 일기류(日記類)의 글을 통해 남긴 저술이 다수 존재한다. 조성가의 「사상일기(沙上日記)」, 정재규의 「사상기문(沙上記聞)」 및 정의림의 「일신재일기(日新齋日記)」가 대표적이다. 기본적으로 「호행일기」 또한 이러한 범주에 속한다. 호남으로의 여정을 기록한 일기라는 점에서 일종의 기행문이면서, 동시에 이 여정의 과정에 기정진과의 만남을 통해 주고받은 대화의 내용을 기록한 학술적인 글이기도 한 것이다.

이 글은 네 부분으로 나누어서 읽을 수 있다. 첫째 1876년 4월 4일 이직현이 기정진을 만나기 위해 합천의 집을 떠나기 직전의 상황이다. 둘째 4월 4일에 출발해서 4월 12일 오후에 장성 진원에 도착하기까지의 여정이다. 셋째, 12일 오후부터 14일 오전까지 2박 3일 동안 이직현과 기정진 사이에 오고간 대화의 내용이다. 넷째 14일 오전에 장성을 출발해 다시 합천의 집으로 돌아오는 23일까지의 여정이다.

조성가와 최숙민, 정재규가 기정진을 어떻게 사사하게 되었는지는 이미 선행 연구를 통해 알려져 있다. 조성가의 경우는 학자로 대성하기를 바랐던 아버지의 명으로, 정재규의 경우에는 몽

관(夢關) 최유윤(崔惟允, 1808~1877)의 인도로 기정진의 제자가 되었다.[29] 한편 최숙민은 조성가와의 교유를 통해 기정진을 알게 되었고, 아버지에게 기정진의 문인이 될 것을 청해서 소망을 이룰 수 있었다.[30]

이직현의 경우 이들과 다른 점이 있다. 자기 자신의 독자적인 판단에 따라 기정진에게 수학할 것을 결심했다는 정황이 「호행일기」의 첫 부분에 담겨 있다. 이직현이 기정진의 문인이 되려는 마음을 가지고 있었던 것은 일시적인 것이 아니었다. 첫 부분에는 그가 왜 기정진에게 수학하려는 생각을 갖게 되었는지, 나아가 미래의 이직현이 어떤 학문적 진로를 택하게 되는 지를 짐작하게 만드는 성리학적 사유의 방향성이 어느 정도 예고되어 있다.

> 노사 기선생은 사림이 분열한 이후에 태어나, 존화(尊華)와 주리(主理)의 학문의 단서를 남겨진 경서에서 터득했다. 우뚝하게 당세의 종사가 되었다. 내가 익히 들었기에 그 문하에 들어가 귀의하려고 했으나, 인사에 시달리고 영남과 호남의 간격이 있었기에 뜻을 이루지 못했다. 나이가 좀 들고, 식견이 조금 나아지기를 기다렸다가 나아가 절충하더라도 또한 늦지 않을 것이라고 생각했다. 금년에 선생은 나이가 이미 79세가 되었으니, 상황이 이러한데 훗날을 기다릴 수 있겠는가?[31]

29) 김봉곤, 「노사학파의 형성과 활동」, 134쪽 참조.
30) 같은 글, 140쪽.
31) 『시암문집』 권9, 「호행일기」, 1전면.

박학래의 추정에 의하면 기정진의 본격적인 강학 활동은 1842년 즈음에 시작되었다.[32] 이 때문에 1876년의 시점에서 이직현은 기정진의 명성을 이미 오래 전부터 알고 있었던 것이다. 그러나 이런저런 일들과 영남과 호남 사이의 거리, 그리고 어린 나이 등을 이유로 계속 실행에 옮기는 것을 미루고 있었던 것이다. 그러는 사이 기정진의 나이는 이미 79세가 되었고 자신은 27세가 되었기에 더 이상 미룰 수가 없다고 판단했다.

이러한 판단의 근저에 무엇이 있었는지도 발견할 수 있다. 그것은 '존화와 주리의 학문'이라는 낱말 속에 담겨 있다. 1876년은 조선과 일본 사이에 강화도 조약이라고 알려진 조일수호조규(朝日修好條規)가 체결된 해였다. 이것은 조미수호통상조약(1872), 조불수호통상조약(1886)으로 이어졌다. 강요된 개방이라는 역사적 흐름의 시작을 알리는 해였던 것이다. 정확하게 이 해보다 10년 전인 병인년(丙寅年)은 병인양요(丙寅洋擾)가 발생했고, 「임술의책」과 함께 기정진의 위정척사론을 대표한다는 「병인소(丙寅疏)」[33]가 나타난 해였다.[34] 최익현은 이 시기를 즈음한 기정진의 위상

32) 기정진은 1842년 전설사 별제를 제수받고 조정에 며칠 나아갔는데, 이를 마지막으로 벼슬에 나아갈 것을 단념하고 강학에 전념하기 시작했다. 이때부터 계산하면 1876년은 이미 기정진이 본격적인 강학을 시작한 지 30년이 넘은 시점이었다, 박학래, 『기정진: 한말 성리학의 거유』(성균관대 출판부, 2008), 47쪽 참조.

33) 기정진, 『노사집』 2, 안동교 옮김(경인문화사, 2019), 「병인소」, 17~32쪽 참조.

34) 기정진의 위정척사론은 다음 연구를 참조하라. 홍영기, 「蘆沙學派의 형성과 衛正斥邪運動」, 『한국근대사연구』 10(한국근대사학회, 1999), 박학래, 「蘆沙 奇正鎭의 現實認識과 社會改革論-衛正斥邪論을 中心으로-」, 『동양철학연구』 36집(동양철학연구회, 2004), 125~147쪽 참조.김봉곤, 「노사 기정진의 사상의 형성과 위정척사운동」, 『조선시대사학보』 30집(조선시대

을 이렇게 표현했다.

> 상(上: 고종) 재위 3년(1866)에 병인양요가 일어나 적이 강화도를 함락시켰다. 조야는 뒤숭숭했고 간사한 말을 하는 자들은 화의(和議)를 제창하기도 했다. 이때 대의를 치켜세운 두 원로가 나와서, 간사한 논의를 꺾고, 불끈 성내면서 홍수(洪水)·맹수(猛獸)와 같은 재앙을 몰아내는 것을 자신의 책무로 삼았으니, 바로 노사 기 선생과 화서 이 선생이다. 그 후 병자년(1876)에 조일수호조약이 체결되어 두 선생의 말과 같이 화란이 차례로 일어나자, 군민들은 비로소 두 선생의 선견지명에 감복했고 더욱 우러르며 사모했다.[35)]

이처럼 1876년의 시점에서 이미 기정진은 이항로(李恒老, 1792~1868)와 함께 위정척사론의 대표자로 간주되고 있었는데, 이 위정척사론의 핵심에 놓인 단어가 바로 존화(尊華)와 주리(主理)라고 할 수 있다. 특히 '주리의 학문'이라는 표현은 이직현이 기정진을 만나기 이전부터 어느 정도 기정진 성리학의 얼개를 이해하고 있었다는 점을 보여준다. 훗날 이직현은 여기에서 암시된 주리(主理)의 의미를 보다 명료하게 표현했다.

> 리와 기를 논하는 주리(主理)가 진실로 옳으니…리가 주인이라면 기는 종이 되고, 기가 주인이라면 리는 종복이 된다. 기가 주인이 되고 리가 종이 되는 것이 괜찮겠는가? 군자의 학문은 주리이지 주기가 아니다.[36)]

사학회, 2004),

35) 崔益鉉,『勉菴集』권25(표점영인 한국문집총간 vol.326),「蘆沙先生奇公神道碑銘」, 22쪽.

이것은 「외필」에서 기정진이 "기(氣)의 발현과 운행은 실제로는 이(理)에게서 명령을 받은 것이니, 명령하는 것은 주인이 되고 명령을 받는 것이 종이다. 종이 그 노역을 담당하고 주인이 그 공로를 차지하는 것은 천지간에 변치 않는 질서이다"[37]라고 한 것과 거의 구별되지 않는다. 이직현의 기정진의 설명을 '주리'라는 어휘로 집약하고 있을 뿐이다.

그러나 그가 말하는 주리(主理)의 의미는 그렇게 단순하지 않았다.[38] 「호행일기」는 기정진을 만나기 이전에 이직현·이정현과 기정진의 문인인 정재규 사이에 학술적 토론이 진행 중이었음을 알려주고 있다.[39] 실제로 『시암문집』 권2에는 정재규에게 보내는 여섯 통의 편지가 실려 있는데, 첫 편이 병자년(1876) 1월에 보낸 것이다. 이 편지의 「별지(別紙)」에서 이미 율곡 성리학에 기초한 심과 성, 본연지성과 기질지성의 이해 문제가 논란이 되고 있는 것을 발견할 수 있다.[40] 그리고 두 번째로 실린 편지에서 이직현은 주리(主理)라는 낱말의 이해를 둘러싸고 정재규와 논란을 벌이고 있다.

주리(主理)란 리가 기의 주재임을 가리키는 것이지, 리만 있을 뿐 기

---

36) 『시암문집』 권4, 「答金重吉」, 32후면.
37) 기정진, 『노사집』 5, 박명희 외 옮김(경인문화사, 2019),
38) 기정진 성리학에서 '주리'의 의미를 이해하기 위한 최신 연구로는 이향준, 『한말 성리학계에서 노사학파(蘆沙學派)의 형성과 활동』(한국전통문화대학교 한국철학연구소·전남대학교철학연구교육센터 공동 학술대회 자료집, 2020), 「「외필(猥筆)」의 외침: 기사(騎士)는 죽었는가?」, 103~120쪽 참조.
39) 『시암문집』 권9, 「호행일기」, 2전면 참조.
40) 『시암문집』 권2, 「答鄭厚允(載圭)」, 8후~10후면 참조.

가 없다는 말이 아닙니다. (리가) 무위(無爲)라는 말도 리가 작위하는 일이 없음을 가리킬 뿐, 리가 한 덩어리의 등한(等閒)한 죽은 물건[死物]으로서 있어도 그만 없어도 그만이라는 말이 아닙니다. 무위(無爲)라고 할 때의 위(爲)란 작위(作爲)라는 뜻이니, 어찌 무위를 '그 오묘함이 없다'라고 할 수 있겠습니까?…기가 리의 (명령을) 듣고 곧게 발동하는[直發] 경우는 기발(氣發)이 곧 이발(理發)입니다. 리의 명령을 듣지 않고 멋대로 발동[橫發]하는 경우는 비록 리에 뿌리를 두고 있을지라도 도리어 리를 해치니 이것은 바로 기의 잘못[氣之過]입니다.[41]

이 편지는 연도 표기가 없이 1876년의 편지와 1904년의 편지 사이에 배치되어 있어서 시기를 대략적으로 추정할 수밖에 없는데, 여기에서 이직현은 정재규의 주리(主理)에 대한 이해를 비판하고 있다. 그 과정에서 이직현이 「외필」에 대한 미묘한 수정을 시도하고 있다는 것을 발견할 수 있다. 즉 「외필」에서는 '리를 따라서 발현한다[順理而發]'라는 조건으로 기발을 이발과 동일시한다고 말하고 있다.[42] 그러나 이직현은 이 표현을 수정해서 '리의 명령을 따라서 곧게 발현한다[聽理而直發]'로 바꾸고 있다. 이것은 기의 '직발(直發)'에 대비되는 '(리의) 명령을 따르지 않고 멋대로 발현하는[不聽命而橫發]', '횡발(橫發)'을 가정한다는 뜻이다. 이직현의 의도는 명확하지만, 「외필」이 기발과 이발의 동질성을 언급할 때 직발과 횡발의 구도를 함축하고 있었는지는 불투명하다.

---

41) 『시암문집』 권2, 「答鄭厚允」, 11전~11후면 참조.

42) 기정진, 『노사집』 권16(표점영인 한국문집총간 vol.310), 「외필」, 371쪽 참조.

내부적인 입장 차이에도 불구하고 여전히 도드라지는 것은 커다란 동질성이다. 이직현 또한 정재규와 마찬가지로 "율곡은 노사에게 선현으로서 후세의 노사를 기다렸고, 노사는 율곡의 후현으로서 율곡의 학문을 미루어 밝혔다"[43]고 인식했다는 점에는 의심의 여지가 없었다. 그들 모두를 관통하는 학술적 어휘는 '주리=율곡=노사'라는 계열체의 학문적 동질성이기 때문이다. 여기에서 알 수 있는 것은 이직현이 기정진을 만나기 이전부터 성리학적 사유의 방향성에서 율곡학파에 속하고, 거기에 주리적이라는 측면에서 율곡학의 한 계승자로서 기정진을 인식하고 있었다는 점이다.

장성에 도착하기까지

일단 이러한 방향성 속에서 기정진에게 수학하기로 마음을 먹었음에도, 이직현은 곧장 길을 떠나지 않았다. 그는 이 결심을 실천하는 것이 과연 자신에게 길한 일이 될지, 흉한 일이 될지를 예단할 수 없었기 때문이었다. 결국 그는 점을 치기로 결정했다.

> 점을 쳐서 이괘가 복괘로 변하는 괘를 얻었다. 제3효, 4효, 상효 셋이 움직였기에 두 괘의 단사(彖辭)로 점을 치면서 이괘를 정(貞)으로 복괘를 회(悔)로 간주해서 풀이했더니 정(貞)은 "거듭 밝음으로 바름에 붙어서 천하(天下)를 교화(敎化)하여 이룬다"고 했으니 선생의

43) 『시암문집』 권10, 「述猥」, 1전면.

> 상징이요', 회(悔)는 "반복되어 그 도가 칠일 만에 되돌아오니, 가는 곳들 둠이 이로울 것이다"고 했으니, 소자(小子)의 상징이 되었다.[44]

이 구절은 대략 세 단계의 과정을 서술하고 있다. 첫째 이괘가 복괘로 변했다는 것은 역학 용어로는 본괘(本卦)는 이괘(離卦: ☲☲)이고 지괘(之卦)는 복괘(復卦:☷☳)로 결정되었다는 뜻이다. 이렇게 되기 위해서는 이괘의 3효·4효·상효(上爻)가 각각 양효(陽爻)에서 음효(陰爻)로 변해야 하는데, 이것은 점을 치는 과정에서 이 세 효가 모두 노양(老陽)에 해당하는 수인 9를 얻었다는 것을 의미한다. 둘째 이직현은 세 개의 효가 변했기 때문에 본괘인 이괘를 정(貞)으로 지괘인 복괘를 회(悔)로 간주했다. 이것은 전통적으로 확립된 점법의 한 가지 전통을 따른 것인데, 예를 들어 송대 정형(程迥)의 『주역고점법(周易古占法)』에서는 이렇게 말하고 있다.

> 여섯 효가 모두 변하지 않으면, 괘의 단사로 점을 치되, 내괘(內卦)를 정(貞)으로 외괘(外卦)를 회(悔)로 간주한다. 한 효가 변하면 변하는 효로 점을 친다. 둘·셋·네 효가 변하면 본괘(本卦)를 정으로 지괘(之卦)를 회(悔)로 삼는다. 다섯 효가 변하면 변하지 않는 효로 점을 친다. 여섯 효가 모두 변하면 건곤(乾坤)의 용구(用九)·용육(用六)이란 두 가지 용례를 점례(占例)로 삼는다.[45]

정(貞)과 회(悔)는 다양한 용례가 있지만 가장 일반적 해석은 길과 흉이었다. 그래서 이직현은 일단 본괘인 이괘를 길한 것으로,

---

44) 『시암문집』 권9, 「호행일기」, 1전~1후면.
45) 程迥, 『周易古占法』(『경인문연각사고전서』 vol.12), 602~603쪽.

지괘인 복괘를 흉한 것으로 간주한 다음, 이 길흉의 추세를 보다 구체화하기 위해 두 괘의 단사(彖辭)와 연결시켰다. 정(貞)은 이괘의 단사와 회(悔)는 복괘의 단사와 연결되었고, 결과적으로 그는 이괘를 스승의 상징으로, 복괘를 선생에게 가르침을 청하는 젊은이[小子]의 상징으로 풀이했으며, 점의 최종적인 결과를 길하다고 판단했다. 떠나는 날을 점치는 것이 뒤를 이었고 그 날은 1876년 4월 4일로 결정되었다.

그는 먼저 어머니와 큰 형에게 자신의 결정을 아뢰고 두 사람의 격려를 받았다. 그런데 기정진에게 나아갈 생각을 품고 있었던 것은 이교문의 아들 가운데 둘째를 제외한 세 사람이 모두 공통적이었다. 그러나 큰형과 셋째형은 이런저런 사정으로 직접 기정진을 만나기 위한 여정을 포기했고, 장성으로 가는 이직현의 손에 스승의 예를 갖추는 편지를 들려 보냄으로써 간접적인 방식으로 기정진의 문인이 되었다. 현재 『노산선생연원록』에는 세 형제의 이름이 모두 등재되어 있는데, 실제로 기정진을 직접 만나본 사람은 이직현이 유일했다. 이태현은 "이 여행은 나도 뜻하는 것이지만 족보를 만드느라 하루도 떠날 수 없어서 우선 편지로 집지를 하니, 네가 가서 올리도록 해라"[46]라고 하면서 그에게 인사를 올리는 편지 한 통과 자신의 평소 학술적 의문을 묻는 「의의(疑義)」 한 통을 부탁했다. 이태현은 '족보를 만드는 일'을 핑계로 대었지만, 실제로는 가난한 집안 형편 때문에 장자로서 부모를 공양하는 일에 얽매여 자신은 집을 비울 수 없었기 때문에 동생을 대신 보낸 것이었다.

46) 『시암문집』 권10, 「호행일기」, 1후면.

노사 기선생이 남쪽에서 굴기해서 한 시대의 유종(儒宗)이 되었다. 선형도 이런 소식을 듣고서 마음으로 기뻐했지만, 집안이 가난하고 부모님이 연로해서 문하에 나아가 가르침을 청할 수 없었다. 이에 나에게 가서 스승으로 삼도록 했다. 다만 이 기회를 빌어 편지를 지어 집지하고, 「의의」로 질정했다.[47]

이것은 셋째 형인 이정현의 경우에도 마찬가지였다. 그는 이직현의 여정을 삼산(三山)까지 동행했는데 이태현과 동일한 어투로 "이번 여행을 함께 하지 못하는 것이 나에게 한스럽다. 네가 가게 되었으니, 내 뜻이나 내가 가는 것과 무슨 차이가 있겠느냐? 이제 올리는 편지와 문목(問目)이 있으니, 도착하는 날 공손히 올리도록 해라"[48]라고 부탁했다. 이렇게 해서 이직현은 큰 형과 셋째 형의 편지 각 한 통씩과 「의의」와 「문목」 한 통을 소지하게 되었다. 거기에 이직현 자신이 기정진에게 집지할 예물로서 종이 한 묶음과 「의록(疑錄)」 한 통을 소지했기 때문에, 그는 모두 세 통의 질의하는 내용의 글과 두 편의 집지하는 편지, 및 예물로 쓰일 종이 한 묶음을 가지고 길을 떠났다. 그의 여정은 합천에서 장성의 진안에 이르는 노선이었는데, 이 여정의 대략적인 개요는 다음과 같았다.

기정진 문도들이 영남에서 장성으로 오는 경로는 크게 두 가지이다. 하나는 삼가→산청→함양→운봉→남원→순창→장성인데, 이 길은 경호강을 따라 나 있는 길을 따라 산청과 함양까지 간 다음 다시

47) 『시암문집』 권16, 「伯兄春灘公墓誌銘」, 12후면.
48) 『시암문집』 권9, 「호행일기」, 2전면.

> 지리산의 북쪽방면으로 통해 있는 길을 따라 남원까지 와서 이어 순창을 거쳐 장성에 이르는 길이다. 이 길은 주로 함양과 산청, 삼가 일대의 문인들이 이용하였다. 이 길 부근에는 삼가에는 정재규의 집안이나 최산두 집안, 산청에는 경호강가의 대포리에 사는 민안부의 후손, 함양에는 정여창의 후손들과 단양우씨 집안이 있다. 또 전라도로 넘어오면 운봉에는 함양 오씨 집안, 남원에는 원천면의 풍천노씨 집안이나 죽산안씨 집안, 순창에는 기기진 등의 행주기씨 집안이나 광산김씨 등의 일족이 살고 있었기 때문에 영남의 기정진 문인들은 이들과 교유하거나 도움을 받을 수 있었던 것이다.[49]

이직현은 4월 4일 셋째 형과 함께 집을 떠나서 삼산 운곡동, 매형인 이준익(李準益) 집에 도착해서 이틀을 머물렀다. 4월 5일 그와 이정현은 이준익의 큰 형인 이성달(李聖達)을 통해 정재규에게 편지를 보냈다. 6일 이정현과 헤어지고 삼산을 출발해서 권신보(權愼甫)를 방문했으며, 7일 황매령을 넘고, 경수를 지나 천령의 우기주(禹箕疇)의 집에 도착했다.

우기주는 김봉곤이 보고하는 단양 우씨에 속하는 인물로 짐작되는데, 이직현은 "우기주가 사상(沙上)에서 종유한 적이 있었기에 한 번 보고서 오랜 사이처럼 기뻐하면서 사문의 동정을 여러 가지 말해주었다"[50]라고 기록하고 있다.[51] 그리고 우기주는 이직

---

49) 김봉곤, 「노사학파의 형성과 활동」, 135쪽.

50) 『시암문집』 권9, 「호행일기」, 2후면.

51) 이것은 우기주가 기정진의 문인이라는 뜻인데, 『노사선생연원록』에는 우기주의 이름이 발견되지 않는다. 다만 『연원록』 권3, 25전면에는 단양 우씨로서 자는 내범(乃範), 거주지는 함양(咸陽)인 우기주(禹琪疇)의 이름이 실려 있는데, 이 글의 인명과는 가운데 글자가 다르다. 같은 인물이 다르게 표현된 것인지의 여부는 알 수 없다.

현에게 뜻밖의 말을 들려주었다. "선생은 맏아들의 상을 당해서 외인이 오는 것을 받지 않는다. 그대의 여정은 그만두라"[52]고 충고했기 때문이다. 「연보」에 의하면 1876년 1월 기정진은 큰아들인 기만연(奇晚衍, 1819~1876)을 잃었고, 그 자신은 풍현증(風眩症)으로 고생을 하던 시절이었다.[53] 우기주가 이직현에게 장성을 가더라도 소용이 없을 것이라고 조언한 것은 이런 사정 때문이었다.

이미 결심을 굳히고 점을 통해 확인했던 이직현은 자신의 뜻을 꺾지 않고 계속 길을 떠났다. 4월 8일 그는 운봉의 안치를 넘었고, 태조의 황산대첩비를 둘러보았다. 9일 연치를 지나서 남원부에 도착했고, 10일에는 비행치(飛行峙)을 휘돌며 길을 떠나 배로 적성강을 건넌 후 그 근처에서 숙박을 했다. 4월 11일 그는 순창을 거쳐 담양읍에 도착해서 다시 1박을 한 후, 12일 오후 드디어 장성 진원에 도착했다. 기정진은 1862년부터 하사리(河沙里)에서 지내다 1875년 겨울 장성 고진원(古珍原: 현재의 진원면) 창리(倉里)로 거처를 옮겼기 때문이었다.[54]

기정진과의 만남

이직현은 1876년 4월 12일부터 14일 오전까지 창리에 머물렀다. 이직현과 기정진의 만남은 어떤 대화가 오고갔는가? 현재 이

52) 『시암문집』 권9, 「호행일기」, 2후면.
53) 기정진, 『노사집』 7, 안동교 외 옮김(경인문화사. 2019), 「연보」, 363쪽 참조.
54) 『시암문집』 권9, 「호행일기」, 2후면 참조.

만남에서 어떤 말들이 오고갔는지를 보여주는 자료는 세 가지가 남아 있다. 첫째는 「호행일기」다. 둘째는 『시암문집』 권3에 실린 「상노사기선생문목(上蘆沙奇先生問目)」이다. 셋째는 『노사집』 권11에 실린 이태현·이정현에게 보내는 편지 한 편과 이태현·이정현·이직현 삼형제에게 보내는 편지 한 편 이렇게 두 편이다.

12일 오후 이직현과 기정진은 인사를 나눈 후 이직현의 가계와 형제들에 관한 몇 가지 내용을 주고받았고, 저녁에는 『맹자』와 관련된 두 가지 주제, 즉 하후씨(夏后氏)를 어째서 '씨(氏)'라고 칭하는지, 삼대(三代)의 전제(田制)는 어째서 차이를 가지는지 등을 논했다. 13일 아침이 되자 이직현은 정식으로 집지의 예를 행하려다 기정진에게 만류를 당했다. 그리고 이직현은 자신이 소지한 편지와 질문하는 글을 올렸다. 그것들 각각을 이직현은 이태현의 「의의」, 이정현의 「문목」, 자기 자신의 경우에는 「의록」이라고 구별해서 표현했다.

> 4.13 아침 의관을 정제하고 집지의 예를 행하려고 했다. 정종택(鄭鍾澤)을 통해 이런 뜻을 전하고 문 밖에서 꿇어 앉아 기다렸다. 이에 앞서 먼저 큰 형이 보낸 편지를 올렸고, 그 다음 셋째 형이 보낸 편지 및 「문목」을 올렸고, 그 다음 내가 물으려 했던 『중용』·『대학』 및 태극과 관련된 「의의(疑義)」를 올렸다.55)

선생은 「문목」을 당겨서 구절마다 말로 가르쳐 주면서 말했다. "논한 『중용』과 『대학』은 크게 잘못된 곳은 없다. 다만, 이것은 문장의

55) 『시암문집』 권9, 「호행일기」, 4후면.

의미를 이해하는 게 어려운 것이 아니라, 한 글자 한 구절들 모두에서 말하고 있는 것이 어떤 일인지를 찾아서 공부를 해야만 경전이 빈 말로 귀결되지 않을 것인데, 이것이 어려운 일이다."[56]

이 두 구절에 따르면 이직현이 묻고자 했던 것의 내용은 『중용』과 『대학』과 관련된 것임을 알 수 있다. 그렇다면 이 글은 지금 어디에 있는가? 『시암문집』 권3 ~ 권8은 「서(書)」 부분인데 그 가운데 권3 부분은 이직현이 '올림[上]'이라고 표현하는 연배에 있는 인물들에게 보낸 편지가 실려 있다. 기정진에게 보내는 편지는 모두 두 편이 실려 있고 첫 번째 편지는 「상노사기선생문목(上蘆沙奇先生問目)」이라는 제목으로 병자년(1876) 4월이라고 주가 붙어 있다. 다른 하나는 「상노사기선생(上蘆沙奇先生)」이라는 제목이 붙어 있을 뿐, 구체적인 일자가 표기되어 있지 않지만, "천 리 바깥에서 (명성을) 전해 듣고 (선생을 만나) '한 달 동안 봄바람 속에 앉아 있었던 날'이 바로 옛 사람인 (소순이) 가만히 앉아있었던 나이였다"[57]는 표현과 "어린 양(陽)이 되돌아 온다고 고한다[穉陽告復]"[58]고 한 구절을 통해 1876년의 11월 즈음이라는 것을 알 수 있다. 그러니까 후자는 이미 이 해 4월에 기정진을 만나고 온 이직현이 스승에게 '성현의 위기지학에 대한 가르침을 내려 줄 것'을 청한 편지인 것이다.

그러나 첫 글은 이와 성격이 약간 다르다. 『시암문집』의 편집자들은 이 글을 이직현이 기정진에게 올리는 편지로 취급하기로

56) 같은 글, 6전면.
57) 『시암문집』 권3, 「上蘆沙奇先生」, 2후면.
58) 같은 글, 3전면.

결정한 것처럼 보인다. 그러나 엄격하게 말하자면 이 글은 첫 구절부터 편지의 체제가 아니라는 것을 알 수 있다. 제일 먼저 '병자년 4월'이라는 표기가 덧붙여져 있는데, 이것은 1876년 4월을 가리킨다. 이때는 이직현이 기정진을 처음 만나고 집지한 바로 그 달이다. 이 글이 편지라면 쉰둘이나 차이가 나는 어린 제자가 나이든 스승에게 보내는 편지로서, 그에 어울리는 격식을 갖추어야 한다. 그러나 이 편지는 아무런 인사말도 없이 곧장 "주자는 허령불매 네 글자를…[朱子曰虛靈不昧四字…]"[59]이라고 시작하고 있다. 마찬가지로 이 글에는 일반적으로 편지를 끝마치는 관용적 표현들이 없다. 즉 이 글은 단순한 편지가 아니라 제목 자체에서 드러나는 것처럼 「문목」의 체제다. 여기에 수록된 질문은 모두 넷 인데 각각 『대학장구』 1장의 명덕과 허령불매의 관계, 『중용』 16장의 귀신, 『중용』의 계구와 신독, 『중용』이 체제에 관한 것이다. 간단하게 말해서 질문의 범위는 『대학』과 『중용』에 걸쳐 있다.

또 하나 문제가 되는 것은 이 편지가 발송된 시점이다. 이 날 4일 이직현은 기정진을 방문하기 위해 길을 떠나 12일에 장성에서 기정진을 처음 만났다. 이 편지에 날짜가 쓰여 있지 않지만 4월이라는 점을 고려하고, 이직현의 이 글에 담긴 질문 내용들이 하루아침에 나온 것이 아니라면 이 편지를 써서 보낼 필요가 없이 직접 기정진에게 물어 볼 기회가 있었다는 뜻이다. 그런데 왜 하필이면 4월에 편지를 보내서 물어 본 것일까?

이 두 가지 의문을 종합하면 가장 합리적인 추론은 이 글이 사

59) 『시암문집』 권3, 「上蘆沙奇先生問目」, 1전면.

실은 편지가 아니라, 이직현이 소지했던 「의록」이라는 것이다. 이미 「호행일기」에서 반복적으로 이직현과 기정진은 『대학』과 『중용』에 대한 이직현의 「문목」을 언급하고 있다. 따라서 이 글은 사실 이직현이 소지한 「문목」이었기 때문에 편지의 앞뒤에 으레 들어가는 인사말이나 관용적으로 마치는 말이 없이 순수한 네 가지 질문만으로 이루어져 있었던 것이라고 추정할 수 있다.

기정진은 무엇을 말했나?

한편, 이직현의 방문에는 두 형이 가르침을 청하는 편지가 동반되었다. 『노사집』에는 이직현 형제들에게 보내는 두 통의 편지가 실려 있는데, 첫 번째 편지는 이태현과 이정현이 보낸 편지와 질문에 대답하는 것이었다. 한 번도 얼굴을 보지 못한 경상도 청년 유학자들이 막내 동생을 통해 자신에게 집지하겠다는 뜻과 함께 학술적 질문을 제기하자, 기정진은 "영남에서 독서하는 종자(種子)가 사라지지 않았도다"[60]라고 감탄하면서 질문에 대해서는 일일이 대답할 수 없는 심정을 이렇게 표현했다.

> 조목을 따라 답하는 것은 힘이 감당하지 못하니 어찌하겠는가. 주 선생(朱先生)이 일찍이 "차라리 성길지언정 조밀하지 말고, 차라리 얕을지언정 깊지 말라."는 말을 하였네. 매양 세상에 학자(學子)들을 보면 책에 대하여 마음을 자세하게 쓰는 경우가 드무니, 주 선생의

60) 기정진, 『노사집』 3, 박명희 외(경인문화사, 2018), 「이원서(태현)와 숙서(정현)에게 답하다」, 625쪽.

> 가르침으로 이런 사람에게 베풀면 참으로 이것은 물로 물을 구하는 것이네. 그러므로 평생 동안 한 번도 이 말을 들먹이지 않았는데 지금 원컨대 족하를 위하여 이를 읊조리네.[61]

이것만 보면 기정진이 이직현의 두 형이 제기한 학술적 질문에는 별다른 대답을 하지 않은 것으로 보인다. 하지만 「호행일기」는 이것이 끝이 아니라는 것을 보여 준다.

> 14일 아침에…(선생이) 「의의」와 「문목」 두 별지를 내놓으면서 말했다. "이것들은 조목별로 대답할 수가 없네. 말할 수 있는 것은 그대에게 이미 말했으니, 그대가 가지고 가게나." 나는 물러났는데, 잠시 후에 다시 부르시더니 말했다. "별지에 답하지 못하는 것이 마음에 뭔가 빠진 듯하네. 다시 몇 글자를 써서 줄 터이니 자네가 자세히 생각해 보게나." 그리고 그 글에서 말했다. "사람들이 입을 열기만 하면…"[62]

인용문의 마지막 구절은 『노사집』 권11에 실려 있는 두 번째 편지의 첫 구절과 정확하게 일치한다. 즉 기정진은 각자의 질문에 대답하지 않는 대신 이직현 삼형제에게 모두 대답하는 편지의 형식으로 자신의 견해를 밝혔던 것이다. 그리고 이 편지에서 훗날 이직현이 자신의 호를 시암(是菴)이라는 지었던 계기가 되었던 가르침이 등장한다.

61) 같은 책, 같은 곳.
62) 『시암문집』 권9, 「호행일기」, 8전면.

> 천하는 다만 하나의 옳음과 하나의 그름이 있었을 뿐 다시는 그 밖의 일은 없네. 옛 성인이 세상에 가르침을 전하는 것은 다만 옳은 곳을 찾게 하고자 한 것뿐이네. 일이 옳은 곳에 도달하면 기(器) 또한 도(道)이고 도 또한 기이니 이와 기를 논할 것이 아니네.…지금 사람들은 그렇지 않아 시(是) 자의 위에다 또 이기를 구하니 이른바 머리 위에 머리를 얹은 격이요, 벽 속에 기둥을 더하는 격이니 실사(實事)에 있어서 어찌 한 푼의 이익이 있겠는가.[63]

옳음[是]과 리(理), 나아가 이기(理氣)와의 일치를 강조하는 기정진의 가르침은 이직현에게 깊은 인상을 남겼다. 1989년 이직현은 「시암편제(是菴扁題)」를 통해 기정진의 가르침에 다음과 같은 진술을 덧붙였다.

> 세상의 사물들은 시비가 늘 섞여 있고, 갑을의 위치가 같지 않으며, 과거와 현재의 일들은 변화가 끝이 없다. 격물치지(格物致知)라는 지평에서 공부를 쌓지 않는다면 올바른 곳을 알아차리는 것은 향원(鄕原)의 사이비, 자막(子莫)의 집중, 석씨(釋氏)의 근사한 것에 가깝지 않겠는가? 선생이 (옳은 곳을) 찾으라[尋]고 하고, 구하라[求]고 한 것은 그 가운데 격물치지의 뜻을 갖고 있다. 세상의 어떤 일이 찾고 구하지 않고서 얻을 수 있겠는가? 찾고 구하는 것도 내게 달린 것이요, 옳고 그름도 내게 달린 것일 뿐이다. 이들 사이의 선택과 지향을 정밀히 살피고 밝게 분별하지 않을 수 있겠는가?[64]

기정진이 강조하고 이직현이 받아들였던 '하나의 옳음'에 대한

63) 『노사집』 3, 「이원서·숙서·필서(직현)에게 답하다」, 626쪽.
64) 『시암문집』 권9, 「是菴扁題」, 23전·후면.

신념은 성리학적 사유에서 낯선 것이 아니다. 장재(張載)는 "천하의 의리는 다만 하나의 옳음[一箇是]이 있을 뿐 두 가지 옳음[兩箇是]이란 있을 수 없다"고 했고,[65] 정이(程頤)는 "성인은 하나의 옳음을 알 뿐이다"고 했으며,[66] 주희(朱熹)는 이들의 생각을 종합적으로 이렇게 표현했다.

> 배우는 사람의 공부는 단지 한 가지 옳음을 추구할 뿐이다. 세상의 이치는 옳음과 그름 두 가지에 불과하다. 옳음을 따르면 선함이 되고, 그름을 따르면 악함이 된다. 부모를 섬길 때는 반드시 효도해야 하는데, 그렇지 않다면 부모를 섬기는 도리가 아니다. 임금을 섬길 때는 반드시 충성스러워야 하는데, 그렇지 않다면 임금을 섬기는 도리가 아니다. 모든 일에서 항상 옳고 그름을 살펴서 그 옳은 것을 선택하여 행해야 한다. 성인께서 쉬지 않고 정성을 다하여 사람들을 가르친 것도 다만 이 이치를 드러내어 밝혔을 뿐이다.[67]

그러므로 이직현에게 영향을 드리운 기정진의 가장 중요한 가르침 가운데 하나는 주희에 의해 확립된 격물치지와 그 결과로서 옳음과 그름의 구별, 그리고 여기에서 나아간 실천과 불실천이라는 구도 속에서 강하게 결합되어 있다. 다시 한 번 주희의 말을 빌리자면 주희, 기정진, 이직현의 공통된 입장은 다음과 같은 진술 속에서 일관된다고 말할 수 있을 것이다.

---

65) 張載, 『張載集』(漢京文化事業有限公司, 1983), 『經學理窟』, 275쪽.

66) 정호·정이, 『이정유서』 Ⅲ, 이향준 외 옮기(광주; 발해 그래픽스, 2019), 225쪽.

67) 朱熹, 『朱子全書』 vol.14(上海古籍出版社·安徽教育出版社, 2002.), 『朱子語類』 권13, 394쪽.

'격물(格物)' 두 글자는 가장 이상적이다. '물(物)'이란 사물을 가리킨다. 사물의 이치를 궁극에 이르도록 탐구해서 최고의 경지에 도달해야만 한다. (거기에 도달하면) 하나의 옳음이 있고, 하나의 그름이 있으니, 옳은 것은 행하고 그른 것은 행하지 않는 것이다. 자신의 몸과 마음에서 모두 하나하나 옳고 그름을 체험해야 한다. 문자를 강론할 때도, 사물에 접촉할 때도 각각 체험하고, 점점 미루어 넓혀 나가면, 경지는 자연스레 넓어질 것이다.68)

이들의 말과 그 속에 표명된 태도 속에서는 격물치지와 옳음, 그리고 옳음의 실천이라는 귀결이 자연스럽게 연결되어 있다. 그러므로 이것은 옳음을 찾고 구하는 것이 격물치지와 실천을 매개하는 가장 중요한 고리라는 것을 뜻한다. 그러므로 과연 무엇이 유일한 하나의 옳음인가 하는 질문이 대두하는 것이다. 그리고 「호행일기」의 첫 구절은 이미 기정진을 찾아가기에 앞서 이직현이 그 옳음의 의미를 존화와 주리라고 요약하고 있다는 사실을 보여준다.

이별과 귀향

기정진과 이직현은 계속해서 세 형제 가운데 누구의 것이라고는 구체적으로 밝히지 않은 「문목」의 내용을 토론했다. 기정진은 「문목」의 내용 중에 한원진(韓元震)의 학설이 언급되고 있는 것을 지적하면서 이야기의 주제는 조선 유학자들과 중국 유학자들의

68) 주희, 『주자전서』 vol.14, 『주자어류』 권15, 463쪽.

학술적 의론, 명나라 유학자들의 문장, 이정 형제의 제자인 윤돈의 학문 등으로 번졌다. 그 다음 이직현은 자신의 6대조와 5대조인 이지영과 이동교의 행적과 관련된 일을 토론했다. 기정진은 세 형제 모두에게 답하는 편지를 이직현에게 보여주고, 그 내용을 일러 주었으며, 이직현은 가르침을 받은 다음 물러나 기우만과 함께 경의(經義)를 논했다.

이 날 저녁 이직현은 기정진에게 『상서』 「요전(堯典)」에 실린 천체 운행, 「무성(武成)」의 한 구절 및 『근사록』의 내용을 질문한 다음 자신의 형제들과 이진상(李震相, 1818~1886) 사이에 '심즉리(心卽理)'를 둘러싼 논란이 있었다는 사실을 언급하면서 이렇게 물었다.

> 한주 이진상은 심즉리(心卽理)를 주장하며 『맹자』의 '인(仁)은 인심이다'는 주장을 인용해서 증명하려고 했습니다. 셋째 형은 왕복하며 논변했지만, 일치하지 못했는데 그 득실이 어떻습니까?[69)]

이직현에 의하면 이진상은 심즉리라는 주장을 『맹자』의 본문과 연결시켰다. 이 말은 이진상이 두 가지 동일시에 근거한 논변을 펼쳤다는 뜻이다. 즉 한 측면에서 「심은 인심」이고, 다른 측면에서 「리는 인」이다. 일단 이것을 받아들이면 그 다음에 인과 인심을 동일시하는 근거로 『맹자』의 본문을 인용하기만 하면 자연스럽게 심과 리의 동일시로 나아갈 수 있다. 이에 대한 기정진의 대답은 현대적으로 해석하자면 이진상의 논리가 일종의 형식논리

69) 『시암문집』 권9, 「호행일기」, 7후면.

학적 측면에서 주연과 부주연의 관계에 해당하기 때문에, 평면적인 동일시의 근거로 이해되어서는 안 된다는 것이었다. 그래서 그는 이직현의 이름을 물은 다음에 이렇게 반문했다.

> '이직현이 초계 사람이다'라고 하는 것은 괜찮다. 그렇다고 '초계 사람이 이직현이다'라고 한다면 이것이 말이 되겠는가? 인은 인심이요, 마음은 곧 이치라는 주장도 이와 다를 것이 무엇이겠는가?[70]

기정진의 이 대답은 훗날 이직현이 1917년 「심설문답」을 지어 이진상의 심즉리를 논했을 때 다시 한 번 반복되었다.[71] 이 날의 마지막 질문은 이직현이 이이(李珥, 1536~1584)의 "리가 기에 머무른다[理寓於氣]"는 구절에서 '머무른다[寓]'는 말의 의미를 물은 것이었다. 기정진은 '리는 기의 주재'라는 이이의 주장을 환기시키면서 '머무른다'는 표현에 깊은 의미를 두지 말라는 답변으로 이 날의 대화를 마무리했다.

14일 아침 기정진은 '먼 곳에서 보낸 편지에 직접 답을 하지 않는 것은 공손하지 못한 행동'이라며 이직현의 두 형에게 보내는 편지 및 이직현 삼형제에게 보내는 편지 이렇게 두 통을 건네주었다. 아침을 먹은 후에 이직현은 귀향할 것을 아뢰었고, 기정진은 "그대의 조예가 이미 이와 같으니 더욱 힘쓰게나. 나는 얼마 되지 않으면 세상을 떠날 터이니, 이 세상에서 다시 볼 날이 언제겠는가?"라고 하며 작별의 말을 대신했다.[72]

---

70) 같은 책, 같은 곳.

71) 이직현, 『是菴文集』 권10, 「心說問答」, 8후~9전면 참조.

72) 『시암문집』 권9, 「호행일기」, 8후면.

이직현은 기우만 형제와 다른 문인들의 전송을 받으면 14일 오전에 장성을 떠났다. 고향으로 돌아가는 여정은 11일이 걸렸지만, 이미 기정진을 방문하고 집지를 한 다음이었는지 이직현의 여정을 상대적으로 단순했다. 14일 김유(金濡)와 함께 길을 떠나 담양의 경계에서 헤어진 뒤 15일에 우기주(禹箕疇)의 친척이자 기정진의 문인인 우사영(禹士泳)을 방문했고, 며칠 뒤인 23일 그는 임곡(林谷)의 최장(崔丈)이라고 불리는 연장자를 방문해서 셋째 형이 부탁한 편지를 전달했고, 또한 자신의 호남행의 경과를 알려주었다. 그리고 다음날 저녁 무렵 그는 집에 도착했다.

나오면서

이 글은 19세기 후반 영·호남을 가로지르는 학술적 교류의 한 양상을 이직현의 「호행일기」를 중심으로 살펴본 것이다. 1876년의 4월에 있었던 21일 간의 행적으로 따라가면서, 그의 행적과 성리학적 문제의식의 단초들을 살펴보았다. 그 결과 이직현의 여정은 합천에서 장성을 오가는 왕복에 있는 것이 아니라, 세 가지 학술적 방향성을 따라 진행되었음을 발견할 수 있었다. 첫째는 이미 기정진에게 수학하기 이전에 이직현의 성리학적 사유가 존화와 주리의 학문적 방향성을 공유하고 있었다는 점이다. 둘째는 영남 노론계의 일원으로서 이직현은 이이와 노사를 주리(主理)라는 일관된 맥락에서 이해하고 수용하고 있었다. 셋째 이상의 두 가지 동질성에서도 불구하고 이직현은 기정진뿐만 아니라, 정재규와 같은 문인군들과 변별되는 성리학적 문제의식을 가지고 있었고, 외부적으로는 당대의 이진상의 심즉리(心卽理)와 같은 성리학적 사유와 대면하면서 자신의 성리학적 사고를 쌓아나갔다. 이것들은 모두 훗날의 저술과 학술적 방향성을 암시하는 젊은 이직현의 성리학적 사유의 단초를 보여주는 것이다.

물론, 이 글의 약점도 존재한다. 「호행일기」 자체가 부분적으로 학술적 성격을 포함하기는 하지만 기본적으로 일종의 기행문이기 때문에 이 속에 담긴 내용이 얼마나 결정적으로 이직현의 성리학적 자의식을 형성하는 데 기여했는지에 대해서는 토론의 여지가 있다. 즉 이 글은 영남 지역 노사학파에 속하는 성리학자로서 이직현의 성리사상을 전체적으로 재구성하지 못한다. 19세기말 영남의 젊은 유학자가 호남에 기초를 둔 노사학파의 일원이 되는 과정의 한 양상을 학계에 소개하고 있을 뿐이다. 그리고 우리가 아는 것은 이 여행 이후 그가 거의 평생을 고향에서 지냈으며 그 자신의 신념과 학문을 52명의 제자들에게 전파했고, 일제의 은사금을 거절했으며 총독을 왜사(倭使)라고 불렀고, 일제가 조선의 전통을 훼손하는 것에 격렬하게 반대했다는 것이다. 또한 일제 식민지시기를 '철저의 완고학자'로서, 항일우국지사로서 살았다는 평가이다.

따라서 1876년 21일간의 여정이 그에게 안겨준 학문적 문제의식이 그 이후에 어떻게 그의 생애와 함께했는지에 대해서 더 많은 연구가 필요하다. 이 탐구의 필요성은 권용현의 「묘표」의 한 구절을 인용함으로써 적절하게 표현할 수 있을 것이다.

> 선생의 학문을 모르면 그 세운 바의 근본을 모르게 되고, 선생의 절의정신을 파악하지 못하면 그 배운 바와 성취한 공효를 알지 모한다. 세상에서 오로지 선생의 절의를 사모하기만 하고, 그 본연의 뜻을 탐구하지 않으면 어찌 족히 선생을 안다고 하겠는가? 옛 현자가 이르기를 '절의정신만 있고 학문에 뿌리가 없으면 과격해지기 쉽고, 학문은 있으되 절의정신이 없으면 거짓 학문에 불과하다'라고 했는데, 선생을 통해 이 말의 참뜻을 증험할 수 있다.73)

권용현은 한 유학자를 이해하기 위해 그의 행적뿐만이 아니라, 그의 학문의 뿌리가 탐구되어야 한다는 상식적인 진술을 이직현의 생애에 대한 요약 속에서 보여준다. 이것은 자신들의 학문이 거짓 학문[僞學]이 되지 않기 위해 학문과 절의가 병행되어야 한다는 신념을 가지고 그것을 실천하는 데 평생을 바쳤던 유학자의 모습을 전달한다. 이직현의 항일행적에 새겨진 절의의 뿌리가 그의 학문에 있다는 사실을 받아들인다면, 이 성리학자의 내면과 삶을 아우르는 폭넓고 섬세한 탐구는 앞으로 열려진 탐구의 영역에 속할 것이다.

73) 權龍鉉, 『秋淵先生文集』 권30, 「是菴先生李公墓表」, 19전면.

참고문헌

고영진, 『호남사림의 학맥과 사상』, 혜안, 2007.

구본욱, 「항일 유학자 시암 이직현의 독립운동에 대하여」, 『조선사연구』 15집, 조선사연구회, 2006.

權　近, 『陽村集』.

權命熙, 『三畏齋集』.

______, 『石梧文集』.

권수용, 「노사학파의 누정 건립활동 연구」, 『석당논총』 49권, 동아대학교 석당학술원, 2011.

______, 「1900년 전후 화순 유학의 흥성과 정의림의 역할」, 『지방사와 지방문화』 17권, 역사문화학회, 2014, 127～162쪽.

權龍鉉, 『秋淵先生文集』.

권정안 외, 『조선조 유학사상의 탐구』, 여강출판사, 1988.

金甯漢, 『及愚齋集』.

金魯洙 編, 『扶闢錄』, 서울대 규장학. 고1360-50, 1909.

奇大升, 『高峯集』.

奇宇萬, 『松沙集』, 표점영인 한국문집총간 vol.346.

奇宇承, 『普山先生文集』 1, 한국역대 문집총서 vol.515.

기정진, 『蘆沙文集』, 아성문화사, 1976.

______, 『蘆沙文集』(『蘆沙先生淵源錄』), 보경문화사, 1983.

______, 『노사집』 1～7, 안동교 외 옮김, 경인문화사, 2019.

______, 『答問類篇』.

______, 『蘆沙先生淵源錄』.

______, 『蘆沙集』, 표점영인 한국문집총간 vol.310.

김귀석, 「월파 정시림의 생애와 시문학 연구」, 『한국시가문화연구』 25권, 한국고시가문학회, 2010.

김낙진, 「기정진과 전우의 성리학적 쟁점과 정재규의 성리설」, 『남명학 연구』 29집.

김봉곤, 「蘆沙學派의 形成과 活動」, 한국학 중앙연구원 박사학위논문, 2007.

______, 「蘆沙學說에 대한 淵齋學派의 批判」, 『한국사상사학』 33집, 사상사회연구소, 2009.

金鳳文, 『湖南人物志』, 梨花文化史, 1991.

金尙喆 외, 『國朝寶鑑』.

金錫九, 『大谷遺稿』(『韓國近代文集選刊』 2), 한국학호남진흥원, 2019.

金宗直, 『佔畢齋集』.

李　珥, 『栗谷全書』

李直鉉, 『是菴文集』.

李最善, 『石田集』.

茂長鄕校 編, 『松沙儒林淵源錄』, 무장향교, 1967.

朴魯述, 『石陰遺稿』, 전라남도·장성군, 1989.

박병련 외, 『남명학파와 영남우도의 사림』, 예문서원, 2004, 99쪽.

朴永柱, 『無邪齋集』.

박학래, 『기정진 철학사상 연구』, 고려대학교 민족문화연구원, 2003.

______, 「대곡 김석구의 성리설 연구」, 『민족문화연구』 제43호, 고려대학교 민족문화연구원, 2005.

______, 「日新齋 鄭義林의 性理說 硏究」, 『범한철학』 제41집, 범한철학회, 2006, 77～105쪽.

______, 『기정진: 한말 성리학의 거유』, 성균관대학교 출판부, 2008.

______, 「蘆沙 奇正鎭의 性理說을 둘러싼 기호학계의 논쟁-「猥筆」을 중심으로-」, 『민족문화연구』 48집, 고려대학교 민족문화연구원, 2008.

______, 「노사학파의 지역적 전개양상과 사상적 특성」, 『국학연구』 제

15호(한국국학진흥원), 2009.
______, 「蘆沙學派의 형성과 蘆沙學의 계승」, 『동양고전연구』 80집, 동양고전학회, 2020.
裵錫晃 編, 『日新齋先生淵源錄』, 국립중앙도서관, 古2513-187, 1967.
宋秉璿, 『淵齋集』.
宋時烈, 『宋子大全』.
宋穉圭, 『剛齋集』.
申得求, 『農山集』, 표점영인 한국문집총간 속 vol.146.
안진오, 「奇蘆沙 理哲學에 관한 硏究―理一分殊의 哲學體系를 中心으로-」, 동국대 박사, 1988.
안진오 외, 『호남의 유학자들』, 전남대학교출판부, 2016.
______, 『호남의 유학자들 Ⅱ』, 전남대학교출판문화원, 2018.
吳駿善, 『後石遺稿』.
유기상, 『조선후기 실학자의 풍수사상』, 경인문화사, 2017.
유호석, 『牟陽誌』, 1963.
윤사순, 『조선, 도덕의 성찰』, 돌베개, 2010.
______, 『한국유학사―한국유학의 특수성 탐구(상·하)』, 지식산업사, 2012.
이민홍, 「是菴 李直鉉 문학연구」, 『東方漢文學』 78집, 동방한문학회, 2019.
______, 『시암 이직현 평전』, 시암선생추모사업회, 2019.
이상익, 「奇正鎭의 「猥筆」과 이에 대한 田愚와 鄭載圭의 논변」, 『퇴계학논총』 35집, 퇴계학부산연구원, 2020.
이연숙, 「17～18세기 영남지역 노론의 동향」, 『역사와실학』 23집, 역사와실학회, 2002.
이향준, 「「외필(猥筆)」의 기원(起源)」, 『유학연구』 51집, 충남대학교 유학연구소, 2020.
______, 「「외필(猥筆)」, 1902-외필논쟁(猥筆論爭)의 시작-」, 『범한철학』

100집, 범한철학회, 2021.
______, 「「외필(猥筆)」의 외침-기사(騎士)는 죽었는가?-」, 『유학연구』 54집, 충남대학교 유학연구소, 2021.
이형성, 「고창지역 노사 기정진의 문인과 유물유적에 대한 고찰」, 『동양고전연구』 제79집, 동양고전학회, 2020.
張載, 『張載集』, 漢京文化事業有限公司, 1983.
張漢祐·鄭鍾煥 編輯, 『光州鄭氏總觀』, 光州鄭氏大宗會, 2017.
田愚, 『艮齋集』, 표점영인 한국문집총간 vol.333～334.
鄭琦鎬 編輯, 『光州鄭氏族譜』 上, 光州鄭氏族譜編纂會, 2001.
鄭時林 著, 『國譯 月波集』, 李栢淳 譯, 寶城郡, 寶城鄉校, 1998.
______, 『月波續集』.
______, 『月波集』, 국립중앙도서관, 古3648-70-207.
______, 『日新齋淵源錄』.
______, 『日新齋集』.
鄭載圭, 『老栢軒集』.
程迥, 『周易古占法』, 『경인문연각사고전서』 vol.12.
정호·정이, 『이정유서』 Ⅰ～Ⅳ, 류근성 외 옮김, 발해그래픽스, 2019.
趙姓家, 『月皐先生文集』, 국립중앙도서관 소장, 古3648-72-103-6.
조의곤, 『東塢遺稿』(『韓國近代文集選刊』 2), 한국학호남진흥원, 2019.
朱熹, 『朱子全書』 vol.1～27, 上海古籍出版社·安徽敎育出版社, 2002.
최대우 외, 『19세기 호남유학의 재구성-노사학파의 형성과 발전』, 전남대학교출판부, 2015.
최영성, 『한국유학통사(하)』, 심산, 2006.
최영진, 『유교사상의 본질과 현재성』(유교문화연구총서 1, 유교문화연구소 성균관대학교 동아시아학술원), 성균대학교 출판부, 2002.
崔益鉉, 『勉菴集』, 표점영인 한국문집총간 vol.326.
최창조, 『한국의 풍수사상』, 민음사, 1984.

한국사상사연구회, 『조선 유학의 학파들』, 예문서원, 2009.

許穆, 『眉叟記言』.

현상윤, 『조선유학사』, 서울, 현암사, 1982.

홍영기, 『대한제국기 호남의병 연구』, 일조각, 2004.

『朝鮮王朝實錄』.

UCI : G704-001234.2006.41.2.011

UCI : G704-001407.2014.17.2.010

UCI : G704-001834.2009..15.003

전남대학교 철학연구교육센터 근대호남유학연구 총서 2

노사학파 문인들의 삶과 사유

ㅣ 직전 제자를 중심으로 ㅣ

인 쇄 2021년 6월 21일
발 행 2021년 6월 25일

저 자 박학래·이형성·조우진·이향준
발행인 정성택
발행처 전남대학교출판문화원

등 록 1981. 5. 21. 제53호
주 소 61186 광주광역시 북구 용봉로 77
전 화 (062) 530-0571~2
마케팅 (062) 530-0573
팩 스 (062) 530-0579
홈페이지 http://www.cnup.co.kr
이메일 cnup0571@hanmail.net

값 15,000 원

ISBN 978-89-6849-820-6 (93800)

이 저서는 2019년 대한민국 교육부와 한국연구재단의 지원을 받아 수행된 연구임
(NRF-2019S1A5C2A02082534)